Julian Nida-Rümelin

HUMANISMUS ALS LEITKULTUR

Ein Perspektivenwechsel

Julian Nida-Rümelin

HUMANISMUS ALS LEITKULTUR

Ein Perspektivenwechsel

Herausgegeben von Elif Özmen

Verlag C.H. Beck

© Verlag C.H. Beck oHG, München 2006
Satz: Fotosatz Otto Gutfreund, Darmstadt
Druck und Bindung: Ebner & Spiegel, Ulm
Gedruckt auf säurefreiem, alterungsbeständigem Papier
(hergestellt aus chlorfrei gebleichtem Zellstoff)
Printed in Germany
ISBN 10:   3 406 54370 7
ISBN 13: 978 3 406 54370 8

www.beck.de

Inhalt

Dritter Teil
PERSPEKTIVEN DER
ZIVILGESELLSCHAFT

Vierter Teil
INTERVIEW MIT
ULF POSCHARDT

Vorwort der Herausgeberin

«Bildung ist das, was bleibt, wenn man alles vergessen hat!» – diese Antwort gibt Julian Nida-Rümelin auf die Frage, was Bildung ist,[1] und unter dieses Motto könnte man auch die hier versammelten Reden und Schriften zur Bildungs- und Kulturpolitik stellen. In Anlehnung an einen Ausspruch von Mark Twain – «Bildung ist das, was bleibt, wenn der letzte Dollar weg ist» – gründet Humanismus auf einem Menschenbild, das sich als notwendiges Gegenstück und sinnvolle Ergänzung zu der populären Skizze des *homo oeconomicus* begreift. Ein erneuerter Humanismus ist der Motor der Umsteuerung weg von einer auf Nutzenanwendung und ökonomische Verwertbarkeit fokussierten Bildungs- und Kulturpolitik. Zweckfreiheit statt Instrumentalisierung, Respekt vor der Eigengesetzlichkeit von Forschung und Lehre, von Kunst und Kultur sind die Leitsätze dieses Humanismus. Zum anderen ist Humanismus die Grundlage einer auf Kooperation und Anerkennung gründenden, eine soziale und politische Einheit formierenden Gesellschaft. Humanistische Werte – Freiheit und Gleichheit, Würde und Autonomie, Selbstachtung und Achtung anderer, Toleranz, Pluralismus, Gerechtigkeit – können nicht nur das Urteilen und Handeln jedes Einzelnen anleiten, sondern, politisch verstanden, Normen für das gesellschaftliche Zusammenleben etablieren. Bei der Suche nach einem Titel für dieses Buch sind wir auf einen Begriff gestoßen, der dieses normative Potential eines erneuerten Humanismus in Bildung, Kultur und Gesellschaft zum Ausdruck bringt, wenngleich in provozierender Weise. «Humanismus als Leitkultur» greift auf die von Bassam Tibi entwickelte Vorstellung zurück, dass die «europäische Leitkultur» einer Beliebigkeit der politischen Werte entgegensteht, aber ebenso einer Haltung der Intoleranz, der nationalen Normierung von Lebensformen, dem Zwang zur Assimilation.[2] Das Faktum der

---

1 In: «Der Fragebogen», Forschung & Lehre 10/2000.
2 Vgl. Bassam Tibi: *Europa ohne Identität. Die Krise der multikulturellen Gesellschaft*, München 1998. Im Folgenden wurde der von Tibi oder auch Theo Sommer (in: *ZEIT* 30/

kulturellen Pluralität in modernen Gesellschaften verlangt nach einer Offenlegung der normativen Grundlagen der Gesellschaft. Der hier skizzierte erneuerte Humanismus ist ein Versuch, die Grundlagen und Perspektiven von kulturell pluralistischen, aber auf Werten gründenden Zivilgesellschaften zu klären.

Der Autor dieses Buches ist ein leidenschaftlicher Humanist, was, wie ich Mal um Mal feststellen konnte, sowohl Linke als auch Konservative leidenschaftlich aufbringt – die Linken, weil sein Plädoyer für einen Perspektivenwechsel in der Kultur- und Bildungspolitik ihnen seltsam altmodisch anmutet, die Konservativen, weil sie den Humanismus (des 19. Jahrhunderts), den bürgerschaftlich entkleideten, auf das Studium der alten Sprachen reduzierten Humanismus, als ihr ureigenes Terrain verstehen.

Ich hatte ursprünglich mit Julian Nida-Rümelin nur als meinem akademischen Lehrer an der Universität Göttingen zu tun, wo er bis zu seinem Amt als Münchner Kulturreferent seit 1993 ordentlicher Professor für Philosophie war. Dann bat er mich, zusammen mit einem Kollegen, das Fachgebiet Wissenschaft des Kulturreferats aufzubauen, und schließlich – nach seinem Wechsel ins Kulturstaatsministerium (2000–2002) – wurde ich seine persönliche Referentin. Bei vielen öffentlichen Auftritten aus verschiedenem Anlass, zu denen die vorliegenden Reden (und aus Reden entstandenen Schriften) gehalten wurden, konnte ich die Reaktionen der Zuhörerschaft persönlich erfahren. Die große Rolle, die der Rede in der Politik zukommt, steht ja oftmals in einem Widerspruch zu den vom Blatt monoton abgelesenen, von einem Referenten auf Punkt und Komma (vor-)ausformulierten Reden vieler Politikerinnen und Politiker. Der einzige zweifellose Vorteil hierbei ist, dass sich Journalisten die Mühe des Zuhörens gegebenenfalls nicht machen müssen, da die Manuskripte (zumeist sogar vorab) verteilt werden. Nicht so bei Nida-Rümelin, der, unabhängig vom Thema, fast durchweg frei und stets um Verständnis und Klarheit bemüht spricht. Für die Zuhörerinnen und Zuhörer ist das unerwartet, anregend und anspruchsvoll. Anspruchsvoll deswegen, weil Nida-Rümelin es zu vermeiden sucht, das spannungsreiche Verhältnis von akademischem Ethos, das dem klaren Argument um der Sache wil-

1998) gerade nicht nationalstaatlich oder ethisch verwendete Begriff von konservativen und rechten Politikern und Journalisten zu «*deutscher* Leitkultur» verkürzt.

len verpflichtet ist, und politischem Ethos zugunsten von Letzterem aufzulösen. Politische Entscheidungsfindungen stehen ja weniger im Zeichen der Sache, um die mit Gründen und Gegengründen gerungen wird, sondern in einem engen Zusammenhang mit ihrer medialen Darstellung und Veröffentlichung. So kommt die Tendenz, Dinge zuzuspitzen oder auch zu polemisieren bis hin zur Unwahrhaftigkeit in die politische Rede hinein.[3] Dieses Spannungsverhältnis von Politik und Wissenschaft verkörpert sich in der Person Nida-Rümelins, dem seit früher Jugend politisch engagierten Philosophen, der sich auch als politischer Amtsträger nicht auf bloße politische Aktion reduzieren ließ, sondern sich stets auch als Intellektueller begriff. Das ist nur möglich in einem politischen System, das sich für «Seiteneinsteiger» offen hält, das es ihnen erlaubt, ihre spezifischen Hintergründe aus Wissenschaft, Kunst, Kultur oder Wirtschaft fruchtbar in die politische Sphäre einzubringen. Wenn die vorliegenden Reden und Schriften zu einer Debatte über die zukünftigen Ziele und Themen der Bildungs- und Kulturpolitik Deutschlands beitragen, wäre auch die umgekehrte Öffnung, nämlich der Wissenschaft, der Kunst und Kultur sowie der Wirtschaft für die Politik, gelungen.

Zum Aufbau und zu den Inhalten dieses Buches: Die hier versammelten Reden und Schriften aus den Jahren 1996–2005 skizzieren einen erneuerten, einen zeitgemäßen Humanismus, der sich den Herausforderungen der Zeit stellt. Diese werden in einer Bestandsaufnahme benannt (*Bildung und Kultur in Deutschland – zur Lage*) und dann aus verschiedenen Perspektiven angegangen: zum einen historisch, wobei die besondere Rolle Deutschlands als Kultur- und Bildungsnation hervorgehoben und zugleich der humanistische Kern dieses Verständnisses als genuin europäisch anerkannt wird. Zum anderen wird auf den Zusammenhang von Bildung und Persönlichkeitsbildung hingewiesen, der Entwicklung von Fähigkeiten und Tugenden, die die Orientierung in einer postmodern zerfaserten Welt erleichtern können. Zum Dritten kommt eine ökonomische Dimension ins Spiel: Der bei Bildungs- und Kulturpolitikern

3 Die Rede-Texte sind meist aus Tonband-Abschriften entstanden, die für diese Veröffentlichung lediglich gekürzt oder geglättet wurden. So konnte der Stil – und vielleicht auch die Atmosphäre – der freien Rede, einschließlich der für sie typischen Sprechgrammatik, bewahrt werden.

wie in Feuilletons um sich greifende Ökonomismus wird kritisiert, zugleich aber Bildung als die beste Ausbildung, die sich letztlich auch ökonomisch auszahlt, betrachtet (*Erster Teil: Bildung und Kultur – Grundlagen*).

Im nächsten Teil geht es um das Verhältnis von Kunst und Lebenswelt, wobei die Ausführungen zu einzelnen Themen die grundsätzlichen Überlegungen zur humanistischen Bildung und Kultur im Blick behalten. Zu diesen Themen gehören: Erneuerung in Wissenschaft und Kunst, Baukultur, Musikkultur, Buchkultur. Ausgespart wurde der Bereich Filmkultur – das große Engagement Nida-Rümelins für den deutschen Film ist gut bekannt und praktisch wirksam geworden – nicht zuletzt in dem neuen Filmförderungsgesetz (*Zweiter Teil: Kunst und Lebenswelt*).

Erneuerter Humanismus hat eine über die Bereiche Bildung, Kultur und Lebenswelt hinausweisende, dezidiert politische Dimension: Demokratien bedürfen einer Unterfütterung durch eine Kultur der Kooperation, einer Kultur des Respektes und der gegenseitigen Anerkennung. Ein solcher humanistischer Individualismus stellt den Minimalbestand geteilter Normen, Werte und Einstellungen bereit, der erst Verständigung, bürgerschaftliche und gesellschaftliche Interaktion ermöglicht. Die Idee der Zivilgesellschaft wird unter verschiedenen Aspekten erörtert: kulturelle Differenz und kulturelle Integration, Mehrsprachigkeit, Probleme und Perspektiven offener Gesellschaften (*Dritter Teil: Perspektiven der Zivilgesellschaft*).

Der vierte und letzte Teil enthält ein Interview, das Ulf Poschardt unmittelbar nach dem Ausscheiden vom Amt des Kulturstaatsministers Anfang des Jahres 2003 mit Julian Nida-Rümelin geführt hat und das in sehr persönlicher Weise die eigene Herkunft, den akademischen und politischen Werdegang, die ethischen, politischen und ästhetischen Überzeugungen thematisiert. Zugleich bekommt man einen guten Einblick in seine politischen Tätigkeitsfelder – und auch Erfolge –, also in die Handlungsdimension eines «erneuerten Humanismus».

Ich danke Ulf Poschardt dafür, dass das Interview in dieses Buch aufgenommen werden konnte, sowie Claudia Althaus vom Beck-Verlag für ihre Unterstützung und ihr Engagement.

München, im Oktober 2005   *Elif Özmen*

Bildung und Kultur in Deutschland – zur Lage

Über einige Jahrzehnte definierte sich Deutschland in hohem Maße über seine Leistungen in Bildung und Kultur. Als verspätete Nation bot die nationale Geschichte nur wenig Identifikationsmöglichkeiten – dies galt schon lange vor der Schreckensherrschaft der Nazis. Deutschland wurde bewundert für seine wissenschaftlichen Leistungen, für seine Universitäten und Gymnasien, für seine Komponisten, Schriftsteller und Künstler. Schon der Erste Weltkrieg war eine Zäsur. Der Glanz einer Bildungs- und Kulturnation verblasste. Die Kämpfe um und innerhalb der Weimarer Demokratie banden allzu viel Energie, um an die besten Zeiten vor dem Ersten Weltkrieg, nun unter veränderten Vorzeichen einer demokratischen Ordnung, anzuknüpfen. Die nationalsozialistische Bildungs- und Kulturpolitik entfesselte alle besonders im Kleinbürgertum verwurzelten antimodernen und anti-aufklärerischen Reflexe. Das Werk der Kulturdestruktion begleitete die größte humane Katastrophe des Völkermordes an den Juden, der Millionen Kriegstoten, der Verelendung und Verfolgung. Der Exodus der jüdischen und kritischen Intelligenz und die Verstrickungen der verbliebenen intellektuellen und kulturellen Eliten mit dem Nazi-Regime haben nach dem Zweiten Weltkrieg ein geistiges Vakuum hinterlassen, das nur mühsam durch restaurative Rückbesinnung auf überkommene Familienideale, das Wiedererstarken der Kirchen als politische und geistige Kräfte, aber vor allem durch den ökonomischen Erfolg und den Stolz auf das deutsche «Wirtschaftswunder» gefüllt wurde. Die Identifikation mit der harten D-Mark ist nunmehr dahin und die Tatsache, dass der Euro schon wenige Jahre nach seiner Einführung von ähnlicher Härte ist, bietet angesichts europäischer und speziell deutscher Verzagtheiten keinen Ersatz. Die ökonomische Performance, um es im Jargon unserer Wirtschaftseliten auszudrücken, lässt zu wünschen übrig, und der Sozialstaat musste in einer Phase wirtschaftlicher Schwäche so kräftig umgebaut werden, dass auch dieses Erfolgsprodukt der jüngsten deutschen Geschichte wenig Halt bietet.

Eine tief greifende Verunsicherung der deutschen Gesellschaft im Laufe der letzten Jahre ging vermutlich von den Pisa-Ergebnissen und ihrer Diskussion aus. Man hatte doch weithin als selbstverständlich angenommen, dass die deutschen Gymnasien und Universitäten zu den besten der Welt gehören. Man wusste wohl, dass es an manchen Schulen Schwierigkeiten gibt – schon deswegen, weil ein Gutteil der Schüler nur schlecht deutsch sprach – aber dass auch die besten 10 Prozent der Schüler in Deutschland deutlich schlechter abschnitten als in vielen anderen Industrieländern; das hatten die wenigsten erwartet. Es war ein schwacher Trost, dass Pisa den einen oder anderen Ansatzpunkt bot, alte Scharmützel wieder aufzugreifen, etwa den Streit zwischen Gesamtschulbefürwortern und ihren Gegnern oder zwischen den Befürwortern stärker leistungsbezogener Selektion und denjenigen, die möglichst alle mitnehmen wollen. Merkwürdig deplaziert wirkten diese Debatten aus zwei Gründen: Zum einen, weil die Ergebnisse doch sehr deutlich machten, dass die Bildungspolitik in allen ihren bundesdeutschen Varianten mit Pisa ein schlechtes Zeugnis ausgestellt bekommen hatte und die innerdeutschen Leistungsdifferenzen zwar nicht zu verkennen sind, aber auch die besseren Bundesländer im internationalen Vergleich eben nur schwach abgeschnitten hatten. Vor allem aber, weil die so intensiv geführte Schuldebatte in Deutschland um die Organisationsform und um Strukturen des Bildungswesens an der Problematik ganz offenkundig vorbeigeht. Nähere Analysen der führenden Länder zeigen, dass es vor allem der Unterrichtsstil ist, der dort für die weit besseren Ergebnisse verantwortlich ist. Hinzu kommen ein kulturelles bildungsfreundliches Umfeld und der feste politische Wille, in die Zukunft der Kinder und Jugendlichen zu investieren. Der Pisa-Befund zeigt vor allem eines: Die Wandlung Deutschlands von der ehemaligen Bildungs- und Kulturnation zu einem politischen Zwerg, der sich fast ausschließlich über ökonomische Leistungen definiert, ist nicht ohne Folgen geblieben: Das Fundament dieses ökonomischen Erfolges, die Kenntnisse und Fähigkeiten, die Tugenden und Einstellungen, die diesen Erfolg erst langfristig sichern können, erodiert.[4]

4 PISA II hat zwei überraschende Ergebnisse erbracht. Zum einen eine rasche Verbesserung des deutschen Ergebnisses insgesamt schon drei Jahre nach PISA I. Das deutet darauf hin, dass hier ein vorhandenes Potential durch geringe Modifikationen des

Es gab bislang keinen Pisa-Test für die Kultur. Allerdings ist zu vermuten, dass Deutschland bei einem fairen internationalen Vergleich im Gegensatz zur Bildung auf einem der vordersten Plätze rangieren würde, vermutlich nach Österreich und nach Frankreich, aber weit vor Großbritannien, Italien, Spanien, von den USA oder Australien ganz zu schweigen. Bei einem solchen Test würde die kulturell interessierte Weltöffentlichkeit staunend feststellen, dass die Hälfte aller Theater- und Opernbühnen der Welt in den drei deutschsprachigen Ländern steht. Auch die Kulturbürger in Deutschland würden sich wohl verwundert die Augen reiben, wenn sie erführen, dass jährlich rund zweihundert Museen in Deutschland neu gegründet werden oder dass die Zahl der Museumsbesucher in Deutschland fast zehnmal so hoch ist wie die Zahl der Besucher von Bundesligaspielen.

Bis heute zehrt dieses Land davon, dass seine kleinteiligen politischen Strukturen im größeren Rahmen des Heiligen Römischen Reiches Deutscher Nation und darüber hinaus bis zur Gründung des Klein-Deutschen Reiches 1871 in den glücklicheren Phasen eine Konkurrenz auch um kulturelle Einrichtungen nach sich zog. Der Versuch einiger deutscher Fürsten, den Unmut des Volkes zu dämpfen und damit einer Revolution nach französischem Muster vorzubeugen, indem man Jagden und Immobilien dem allgemeinen Volk zugänglich machte, hat dazu beigetragen. Die Kunstsammlungen kleinerer und größerer Fürstentümer, von den deutschen Königen ganz zu schweigen, bilden den Nukleus einer Residenzkultur, von dem die Kommunen, die Länder und der Bund bis heute zehren. Die Neigung des deutschen Bürgertums, anders als dasjenige älterer europäischer Demokratien, in Lebensstil und Gesinnung den Adelsstand nachzuahmen, hat hier zu Lande die Kammermusik erblühen lassen, wovon bis heute Generationen von Jugendlichen

Unterrichts in Richtung Textverständnis und vor allem mathematischer und naturwissenschaftlicher Problemlösungskompetenz besser genutzt wurde. Interessanterweise schnitten deutsche Jugendliche bei alltäglichen Problemlösungen schon bei PISA I relativ gut ab. Die zweite Überraschung war, dass etwa das Bundesland Bayern im OECD-Vergleich an dritter (Lesen) bzw. fünfter (Mathematik) Stelle rangierte. Dies ist ein Hinweis darauf, dass die Einführung von Gesamtschulen neben den Gymnasien die Hauptschulen zu Restschulen macht, die im unteren Bereich die Leistungen weiter verschlechtern. Dies ist auch deswegen ein überraschender Befund, weil die führenden Länder keine frühe Selektion vorsehen, sondern als Regelschulen das realisieren, was in etwa dem deutschen Konzept der Gesamtschule entspricht.

zehren, die manchmal zu ihrem Leidwesen zu Violinunterricht und Klavierspiel angehalten werden. Auch diese gutbürgerliche Kultur des klassischen Musizierens, der besinnlichen Familienabende, der Lektüre klassischer Texte, ist seit den 1960er Jahren deutlich zurückgegangen. Heute beklagen gelegentlich erfahrene Rockbarden und Popmusikexperten, dass mit diesem Niedergang auch das Nachwuchspotential in ihrer Branche schwindet. Immerhin, die Musikschulen erfreuen sich nach wie vor großer Beliebtheit und der Innenminister hat Recht, wenn er sagt, «wer Musikschulen schließt, gefährdet die innere Sicherheit».

Die moderne Kunst und die moderne, so genannte «ernste Musik» hatte es auch im Deutschland der Jahrhundertwende schwer. Der Blaue Reiter in München war nicht die umjubelte Wende zum neuen Stil, sondern eine belächelte oder verachtete Randerscheinung des Kulturgeschehens der damaligen Kunstmetropole München. Dennoch konkurrierte München mit Berlin um die größte Attraktivität in Lebensstil und Attitüde für junge Intellektuelle und Künstler. Berlin wurde in der Zwischenkriegszeit möglicherweise zur weltoffensten, liberalsten und faszinierendsten europäischen Hauptstadt. Zwölf Jahre Nazi-Diktatur und die Restaurationszeit danach haben das Land zurückgeworfen, die Kunstrezeption retardieren lassen. In den vergangenen Jahren gab es jedoch eine deutliche Trendwende. Auch die bildungsferneren Teile der Bevölkerung öffnen sich den modernen Sprachen der Kunst. Es ist eine neue Offenheit für die zeitgenössische Kunst entstanden. Unter den weltweit erfolgreichsten Künstlern befinden sich auffällig viele Deutsche. Das Land hätte so gesehen durchaus Grund, sich wieder stärker als Kulturnation zu definieren.

Aber diese positiven Entwicklungen werden verdeckt durch einen zumindest propagierten, oft genug aber auch praktizierten Rückzug des Staates auf allen seinen Ebenen aus der kulturellen Verantwortung. Die deutsche Kulturstaatstradition erodiert: teilweise gut gemeint in Gestalt neuer Organisationsmodelle mit Teilprivatisierungen, Einrichtung von GmbHs, Outsourcing und Benchmarking, teilweise in Gestalt von Mittelkürzungen, fast überall durch Einfrieren der Etats und gelegentlich durch das brutalere Mittel der Schließung ganzer Einrichtungen. Begleitet wird diese Politik vom Alarmismus der Betroffenen, deren oft aggressive Kritik vergessen lässt, in welchem Umfang sich insbesondere die deutschen Kommunen trotz größter Etatprobleme für ihre kulturellen Einrichtungen engagieren.

Steht Deutschland an einem Wendepunkt? Wird sich dieses Land in Zukunft wieder als Bildungs- und Kulturnation definieren und damit die langfristigen Grundlagen für sozialen Zusammenhalt, politische Gestaltungskraft und ökonomische Stärke legen? Reicht der Pisa-Schock aus, um die schleichende Marginalisierung von Bildung und Kultur zu beenden, eine Trendumkehr zu bewirken und die staatlichen und gesellschaftlichen Ressourcen wieder auf diese beiden, eng miteinander verkoppelten Bereiche zu konzentrieren? Jedenfalls wurde über Bildungsfragen in der Öffentlichkeit schon lange nicht mehr so intensiv diskutiert wie heute. Aber in welche Richtung?

Im Zuge des Bologna-Prozesses werden die neuen Studiengänge an den Universitäten unter zwei Gesichtspunkten konzipiert, was den staatlichen Vorgaben entspricht: solche, die berufsorientiert und solche die wissenschaftsorientiert sind. Dies aber ist gerade die falsche Alternative. Der große Erfolg der Humboldt'schen Reformen an den deutschen Universitäten bestand gerade darin, dass die traditionelle, noch vom Mittelalter übernommene Ausbildungsorientierung durch eine Bildungsorientierung ersetzt wurde und – paradoxerweise – damit nicht nur eine wissenschaftliche Dynamik ausgelöst wurde, die in einer raschen Etablierung neuer Forschungsrichtungen ihren deutlichsten Ausdruck fand, sondern die Studierenden befähigte, selbstständig zu denken. Die Abkehr von der bloßen Vermittlung von Lehrbuchwissen und die frühzeitige Konfrontation mit der Forschung formte Persönlichkeiten, die von Urteilskraft und Entscheidungsstärke geprägt waren. Jetzt dem größeren Teil der Studierenden kanonisiertes Bildungswissen zu vermitteln – in Modulbeschreibungen festgelegt – und den kleineren Teil zum wissenschaftlichen Nachwuchs auszubilden, das wäre mit Sicherheit der falsche Weg. Es ist in den vergangenen Jahrzehnten versäumt worden, die Fachhochschulen deutlich auszubauen und dabei ihren spezifischen Charakter als Fachhochschulen zu bewahren. Diese Fehlentwicklung kann man nicht dadurch korrigieren, dass man nun die Universitäten zu großen Fachhochschulen umbaut. Eine weitere Angleichung dieser beiden Einrichtungen macht weder aus der Sicht der Fachhochschulen noch der Universitäten

Sinn. Früher war dieses Ziel der Vereinheitlichung von Fachhochschulen und Universitäten für sozialdemokratische Hochschulpolitik charakteristisch. Heute scheint es unter der Hand zur gemeinsamen Zielsetzung der Wissenschaftspolitik geworden zu sein, die von vielen Professoren auch an den Universitäten schon deswegen unterstützt wird, weil ihnen dieses hohe Maß an Eigenverantwortung und die beständige Herausforderung, an der Spitze der Forschungsfront zu stehen, immer schon Unbehagen bereitet hat. Sie empfinden die Verschulung ganz offenkundig auch als eine Entlastung, die es ihnen ermöglicht, mit kanonisierten Lehrveranstaltungen ihren Vorbereitungsaufwand zu reduzieren, standardisierte Prüfungsfragen zu stellen, Komplexität zu reduzieren. Zu befürchten ist, dass dabei das Besondere der Universität – Lehre, die unmittelbar aus der Forschung hervorgeht, zu präsentieren und Forschung zu leisten, die für die Lehre relevant ist – verloren geht. Man darf aber auch nicht darüber hinwegsehen, dass ein Gutteil der heute an den Universitäten Studierenden von ihren intellektuellen Möglichkeiten für ein wissenschaftliches Studium im hergebrachten Sinne im Grunde nicht geeignet ist. Diejenigen Studierenden, die schon frühzeitig genau wissen wollen, was sie als Minimum lernen müssen, schließen am Ende ihr Studium erfolgreich ab. Viele werden nicht von Neugierde auf die Wissenschaft an die Universitäten geführt, sondern streben einen Studienabschluss lediglich deshalb an, weil sie glauben, sich damit besser im Erwerbsleben behaupten zu können. Die deutsche Wissenschaftspolitik – und es gibt hinreichend viele Äußerungen von Thomas Goppel bis Edelgard Bulmahn, mit denen sich dieses belegen ließe – erwartet von den Universitäten in erster Linie eine große und effiziente Lehranstalt zu sein. Hier rächt sich, dass für die Wissenschaftspolitik meist Menschen Verantwortung tragen, die die Wissenschaft bestenfalls im Studium ein wenig kennen gelernt haben, die die «geistige Verfassung» der Wissenschaft aber nicht verstanden haben. Dies gilt in noch höherem Maße für die aus einem juristischen Blickwinkel erfolgende Politikberatung in den Abteilungen der Ministerien. Dass gerade diejenigen Wissenschaftler, deren Dienstpflichten auf ein Minimum beschränkt sind, die ihre acht Stunden Lehrverpflichtungen einzuhalten haben, aber thematisch und organisatorisch völlig frei sind, sich meist bis an die äußerste Grenze ihrer Belastbarkeit für die Wissenschaft und für ihre Studierenden engagieren, passt nicht in dieses Weltbild. In den Geisteswissenschaften jedenfalls können Professoren wenig dazuverdienen, Gutachtertätigkeit gibt es kaum, und die Möglichkeiten, durch Rufe und Rufabwendungen sein Gehalt aufzubessern, beschränken sich auf einen relativ kleinen Prozentsatz der Spitzenforscher. Der Anreiz für die Wissenschaftler ist demnach nicht ökonomischer Natur, sondern sie sind intrinsisch motiviert, was dem ökonomischen Denken und der durch dieses Denken geprägten Politik fremd erscheinen muss. Vielleicht hilft da ein Hinweis: Die Herabsetzung der Altersbegrenzung von 68 auf 65 Jahre im Zuge der Umstellung von Emeritierung auf Pensionierung haben fast alle der betroffenen Professoren kritisiert. Dies simple Faktum mag das hohe Maß an intrinsischer Motivation in der Wissenschaft illustrieren. Während andernorts alle Chancen für vorzeitigen Ruhestand genutzt werden und das durchschnittliche Ruhestandsalter unter 59 Jahren liegt, arbeiten Professoren meist bis über ihr siebzigstes Lebensjahr hinaus. Untersuchungen zeigen, dass die wöchentliche Arbeitslast dabei um die 60 Stunden pendelt. Wenn hier von Seiten der Wissenschaftspolitik Maßnahmen diskutiert werden, wie man Leistungsanreize geben kann, um Professoren zu einem stärkeren Einsatz zu bringen, dann zeigt dies lediglich, dass hier zwei Weltanschauungen aufeinander treffen. Die der intrinsischen Motivation durch die Wissenschaft einerseits, deren beredtester Ausdruck das Humboldt'sche Universitätsideal ist, und die in den Kategorien des *homo oeconomicus* denkende zeitgenössische Politik andererseits. Da es nicht sein kann, dass jemand hoch motiviert, intensiv und lange arbeitet, ohne entsprechende ökonomische Leistungsanreize zu haben, müssen diese gesetzt werden, um die Professoren erst dazu zu bringen, hoch motiviert, intensiv und lange zu arbeiten.

Das neue politische Interesse an Bildung bietet die Chance, sich in Deutschland auf seine traditionellen Stärken zu besinnen. Die Gefahr liegt in einer ökonomischen und politischen Instrumentalisierung zweier sensibler Kraftzentren der Gesellschaft, die sich nur aus sich selbst heraus entwickeln lassen und deren politische und ökonomische Steuerung großen Schaden anrichten kann. Eine geistige Perspektive, der es nicht um Organisationsformen, sondern um die Erneuerung dessen geht, was man als humanistische Substanz

unseres Bildungswesens bezeichnen könnte, ist heute mehr denn je
vonnöten.

Die gemeinsame und für beide Bereiche zentrale Problematik der
Bildungs- und der Kulturpolitik ist, dass die staatlichen und politischen Akteure Verantwortung für die kulturelle und die Bildungs-
entwicklung wahrnehmen müssen, zugleich aber die Eigengesetzlichkeit von Bildung und Kultur zu beachten haben. Eine nahe
liegende Reaktion auf diese anhaltende Problematik besteht in der
inhaltlichen Abstinenz der politischen Akteure, insbesondere der
staatlichen Institutionen. Dann ginge es lediglich darum, entsprechende finanzielle und personelle Ressourcen zur Verfügung zu
stellen, um diese beiden miteinander verkoppelten und komplexen
Systeme sich ihren eigenen Gesetzlichkeiten entsprechend entwickeln zu lassen. Dies lässt sich aber aus zwei Gründen nicht durchhalten: Zum einen erwarten die steuerzahlenden Wahlbürger, dass
ihre Mittel nach inhaltlichen Kriterien vergeben werden, dass mit
ihrer Vergabe also ein politischer Gestaltungsanspruch verbunden
ist. Politiker reagieren auf solche Erwartungen in der Regel dadurch, dass sie ihre Handlungskompetenz und ihre Möglichkeiten
überzeichnen. Die steuernden Versuche der politischen Administration richten dann in sensiblen Bereichen von Bildung, Kunst und
Wissenschaft umso mehr Schaden an. Hier eine gute Balance zu
halten zwischen Gestaltungsanspruch und staatlicher Verantwortung und andererseits den Eigengesetzlichkeiten von Bildung, Wissenschaft und Kultur Rechnung zu tragen, ist die hohe Kunst der
Bildungs- und Kulturpolitik. In der Tat ist ein komplexes Gefüge
von Institutionen seit dem Ende des 19. Jahrhunderts entstanden,
um die Autonomie von Kunst, Wissenschaft und Forschung, die
ausweislich Art. 5 Grundgesetz Verfassungsrang hat, zu sichern.
Dieses hohe Maß an Autonomie hält die Politik auf Distanz – im
Guten wie im Schlechten. Der Kulturdezernent einer Stadt oder
der Kultusminister eines Landes wird von bedeutenden Kunstinsti-
tutionen als Geldgeber und Investor geschätzt, als Kooperations-
partner auf Distanz gehalten und als Repräsentant der Politik kritisiert. In keinem anderen Bereich der Politik gibt es ein so geringes
Maß an Loyalität von Institutionen gegenüber dem jeweiligen Res-
sortchef. Dies sollte man als einen lebendigen Ausdruck erfolgreich
praktizierter Autonomie der Kunst nicht nur aushalten können,

sondern auch befürworten. Zugleich aber schwächt dies das Ressort Kulturpolitik gegenüber anderen politischen Ressorts, was nicht im Interesse der Bildungs- und Kulturinstitutionen sein kann. Gestaltungskraft insbesondere in der Wissenschafts- und Kunstpolitik verlangt nach einem verbindenden programmatischen Grundkonsens über Ziele, und dieser ist nicht innerhalb des politischen Systems allein herzustellen. Die Politik agiert an der Nahtstelle zwischen zwei Systemen, die nach ganz anderen inneren Gesetzmäßigkeiten funktionieren. Hier ist daher eine Vermittlungsleistung, um nicht zu sagen ein Brückenschlag, erforderlich, der die inneren Impulse aus der Kunst und aus der Wissenschaft aufnimmt und in eine Sprache übersetzt, die von einer breiteren Öffentlichkeit und insbesondere den politischen Institutionen verstanden wird. Umgekehrt bedarf es in den Kunst- und Wissenschaftsinstitutionen eines Verständnisses für die Erfordernisse politischer Handlungsrationalität.

Die Konkurrenz deutscher Fürstentümer um kulturelle Größe hat ein spätes Echo im Kulturföderalismus der Bundesrepublik. Wie damals sind die Akteure von ganz unterschiedlicher Größe und unterschiedlichem Gewicht, ihre finanziellen Ressourcen unterscheiden sich erheblich und der institutionelle Rahmen der Bildungs- und Kulturpolitik der Länder differiert von Land zu Land in hohem Maße. Einige Länder wie Bayern oder Sachsen haben eine starke Staatstradition der Kulturförderung, während Länder wie Nordrhein-Westfalen die kulturpolitische Kompetenz fast vollständig den Kommunen überlassen und in den Stadtstaaten kommunale und Länder-Aufgaben ineinander fließen. Wenn man die Stadtstaaten hinzurechnet, werden 60 Prozent aller Kulturausgaben in Deutschland von den Städten und Gemeinden geleistet. 30 Prozent entfallen auf die Länder und 10 Prozent auf den Bund, wenn man seine kulturellen Auslandsaktivitäten mit einbezieht. Kultur findet also vor Ort statt. Der viel gepriesene und viel kritisierte deutsche Kulturföderalismus hat einen Hauptakteur und dies sind die Kommunen und Stadtstaaten. Die in den meisten Fällen freiwilligen kulturellen Leistungen der Kommunen decken die kulturellen Grundbedürfnisse der Bürgerschaft in Deutschland, etwa in Gestalt von Stadtbibliotheken und Volkshochschulen. Das größte Kulturinstitut in München ist die Stadtbibliothek – nicht die Philharmonie und nicht die Kammerspiele. Wenn die Kommunen weiter an Finanzkraft einbüßen, heißt dies, dass nicht ein Additum, etwas Zusätzliches, was wünschenswert, aber entbehrlich ist, verloren ginge, sondern dass Deutschland Gefahr liefe, als Kulturstaat abzudanken. Durch die Subsumtion der Kommunen unter die Länder und die Zählung der Stadtstaaten als «Länder» wird die kulturpolitische Realität in Deutschland verdeckt und die Rolle der Städte und Gemeinden systematisch minimiert. Nur in den Kommunen wird gelebte Demokratie, d. h. eine Demokratie, an der sich die Bürgerschaft beteiligt, für die sie sich engagiert, und die kulturelle Gestaltung unserer Lebensbedingungen so eng zusammenführt. Es gibt kaum ein anderes Land in der Welt, in dem Kommunen eine so starke politische Rolle spielen, und es gibt kaum ein anderes Land in der Welt, das auf die kulturellen Leistungen des Staates einen so großen Wert legt. In der Stadt, in der Gemeinde treffen diese beiden Stärken aufeinander und verbinden sich zu einem Ferment, das eine kulturell unterfütterte zivile Demokratie trägt. Dieses Ferment ist gegenwärtig bedroht. Um es zu bewahren, muss es erneuert werden. Eine solche Erneuerung bedarf aber einer Verständigung über Ziele und Gestalt staatlicher und speziell kommunaler Kulturpolitik in Deutschland.

Erster Teil

BILDUNG UND KULTUR
GRUNDLAGEN

Zur kulturellen Dimension der Bildung*

Das Verhältnis von Bildung und Kultur ist zugleich eng und komplex. Die unterschiedlichen Bildungskonzeptionen in der Geschichte spiegeln das Selbstverständnis der jeweiligen Kultur wider, die Bildungspraxis kann als Spiegel des Entwicklungsstandes der jeweiligen Kultur verstanden werden. Alle großen Reformprojekte im Bildungswesen waren von einer inhaltlichen Vorstellung, von einer in ein kulturelles Gesamtkonzept eingebetteten Bildungsidee geprägt. Dies lässt sich zum Beispiel am Humanismus detailliert darstellen, sowohl an der humanistischen Bewegung des ausgehenden Mittelalters und der frühen Neuzeit als auch am Neuhumanismus, der vor allem mit dem Namen Wilhelm von Humboldts verknüpft ist. Orientierungspunkt der althumanistischen Erneuerungsbewegung ist die Idee des *humanum*, des eigentlich Menschlichen. Petrarca etwa führt aus, dass das spezifisch Menschliche darin bestehe, *mitis et amabilis* zu sein, also sanft und umgänglich. Ethische Bindung steht im Zentrum, die würdevolle Selbstbeherrschung gilt als Ausdruck von Charakterstärke. Bildung heißt aus der Perspektive des Humanismus auch, Personen die Möglichkeit zu geben, sich von den in der jeweiligen Gesellschaft etablierten Umgangsformen zu distanzieren. Aus diesem Ansatz entsteht im 13. Jahrhundert ein Bildungskanon, der vor allem vier Bereiche umfasst: erstens Sprache, d. h. Grammatik, zweitens Moralphilosophie mit den Teilgebieten Ethik, Politik und Ökonomie, drittens Geschichte und viertens Rhetorik. Einen prägnanten Ausdruck findet diese Bildungsidee in der Formel *res et verba* – die Dinge und ihre Bezeichnungen lernen und beides zueinander in eine vernünftige Beziehung setzen. Hinter der Leitidee einer klaren und einfachen Sprache steht bei den Humanisten vor allem das Ideal eines freien Geistes, der sich von Dogmatismus und eitler Geschwätzigkeit lösen kann.

---

* Eröffnungsvortrag des 18. Kongresses der Deutschen Gesellschaft für Erziehungswissenschaft, München, März 2002.

Dem Neuhumanismus des 19. Jahrhunderts verdankt das deutsche Bildungswesen wesentliche Weichenstellungen. Ziel der Humboldt'schen Bildungsreform war es, die Menschen zu befähigen, sie selbst zu werden, Autonomie zu erlangen. Der noch in der frühen Neuzeit geltende Primat der Verwertbarkeit des Wissens weicht so dem Ideal der Persönlichkeitsbildung.

Der ersten deutschen Bildungsreform zu Beginn des 19. Jahrhunderts war ein großer Erfolg beschieden. Sie resultierte in einer weltweiten Spitzenstellung der deutschen Bildungsinstitutionen auf nahezu allen Gebieten von Kultur und Wissenschaft. Getragen wurde diese Stellung nicht zuletzt von einem – trotz aller sozialen Unterschiede – gewissermaßen schichtenübergreifenden Selbstverständnis als Kulturnation. Bemerkenswert ist im Rückblick zudem, wie die Spitzenposition des Bildungswesens mit der Rückständigkeit Deutschlands im Politischen kontrastiert und diese zum Teil kompensiert. Am Ende des langen 19. Jahrhunderts markiert der Erste Weltkrieg einen bedeutenden Einschnitt. Die kulturelle und wissenschaftliche Entwicklung Deutschlands verliert an internationaler Ausstrahlung. Die Vertreibung und Ermordung der jüdischen und kritischen Intelligenz in der Nazi-Zeit bedeuten zu allererst unermessliches menschliches Leid für unzählige Familien, aber sie haben auch zu einem Verlust intellektueller Substanz geführt, von dem sich die deutsche Bildungs- und Kulturnation bis heute nicht erholt hat und wohl nie ganz erholen wird. Das kollektive Selbstverständnis der Westdeutschen nach 1945 war vom Gelingen des wirtschaftlichen Wiederaufbaus geprägt. Unter der Dominanz ökonomischer Aspekte geriet das Bildungswesen im internationalen Vergleich ins Hintertreffen. Aus heutiger Sicht ist es interessant zu sehen, unter welchen Gesichtspunkten die Defizite vorrangig wahrgenommen wurden. Der Protagonist der Debatte über «die deutsche Bildungskatastrophe», Georg Picht, argumentierte zwar nicht allein in ökonomischen Kategorien, aber es war doch sein Menetekel vom wirtschaftlichen Niedergang der Bundesrepublik, das die öffentliche Diskussion bestimmte.

Ein zweiter, vor allem sozialer Impetus kam in den 60er Jahren hinzu. Insbesondere nach 1968 wurde die Bildungsdebatte vor allem unter dem Gesichtspunkt der Partizipation geführt. Die Erfolge dieser Reformbewegung sind unübersehbar, die Öffnung der Bildungseinrichtungen – ablesbar etwa am Anteil der Arbeiterkinder an Gymnasiasten und Studenten – gelang zunächst in durchaus beeindruckendem Maße, um dann in den 8oer und 9oer Jahren wieder kontinuierlich abzusinken. Dennoch war diese zweite Bildungsreform nur eine halbierte. Die Diskussion über Bildungsinhalte blieb im Dickicht der Institutionen stecken. Das Resultat war eine weit gehende inhaltliche Erstarrung des Bildungswesens seit den 7oer Jahren. Die Ambivalenz dieser Entwicklung ist aus meiner Sicht zu wesentlichen Teilen auf ein kulturelles Defizit zurückzuführen. Ein gravierendes Manko des Reformprozesses war die mangelnde Einbettung in eine Gesamtkonzeption, das Fehlen einer kulturellen Leitidee. Eine Rolle hat hier sicherlich auch die zeitweise Dominanz (vulgär-)marxistischer Diskurse gespielt, in denen Kultur zum bloßen Überbauphänomen verkleinert wurde. Die inhaltlichen Defizite der Reformdebatte sind in meinen Augen beispielsweise mitverantwortlich dafür, dass das Leistungsprinzip in Misskredit geriet. Diese ablehnende Haltung hat das Klima in unseren Bildungsinstitutionen lange Zeit wesentlich beeinflusst. Hinweise wie der, dass die Berücksichtigung individueller Leistung ursprünglich – in Abgrenzung zu den Prinzipien einer ständisch verfassten Gesellschaft – einen emanzipatorischen Gehalt hatte, fanden in der Diskussion der 6oer und 7oer Jahre kaum Gehör. Eine mangelnde inhaltliche Fundierung hat auch dazu beigetragen, dass die Reformbestrebungen mit übersteigerten Erwartungen befrachtet wurden. In technokratischer Verkürzung geriet das Bildungswesen leicht zum Vehikel des «progressiven» Umbaus der Gesamtgesellschaft. Die Enttäuschung dieser Hoffnungen wirkt in den Lehrkörpern ganz offensichtlich bis heute nach.

Mit dem Aufkommen des Neoliberalismus in den 8oer Jahren löste eine ökonomische Legitimationsbasis die primär soziale Orientierung ab. Die wirtschaftliche Verwertbarkeit hat sich immer deutlicher zum zentralen Kriterium des Erwerbs von Wissen entwickelt. Im Selbstverständnis der Deutschen ist die kulturelle Dimension eher schwach ausgeprägt – auch als Resultat der skizzierten Verdrängung kultureller Leitideen durch soziale nach 1968 und wirtschaftliche seit den 8oer Jahren. Deutschland definiert sich im Grunde seit längerem nicht mehr als Kulturnation. Dies hat unübersehbar Auswirkungen auf den Status von Bildung. Für das

Selbstwertgefühl vieler Jugendlicher ist es zum Beispiel wichtig, zu einem frühen Zeitpunkt eigenes Geld zu verdienen oder Konsumgüter zu besitzen. Der Eigenwert der Bildung spielt demgegenüber nur eine untergeordnete Rolle. Angesichts dessen halte ich eine inhaltliche Neubestimmung für dringend erforderlich. Im Mittelpunkt sollte dabei eine Ausrichtung der Bildungspolitik an kulturellen Leitideen stehen. Die Bildungspraxis darf sich nicht nur an vordergründigen Erfordernissen der Sozial- und Wirtschaftspolitik orientieren, sondern muss grundlegende Dimensionen von Kultur in den Blick nehmen. Dazu zählt etwa die Dimension der gesellschaftlichen Interaktion, die Frage, wie Menschen miteinander umgehen, kooperieren, Konflikte austragen etc. Ein zweiter Aspekt hängt eng damit zusammen: Je umfassender die Netze unserer Interaktion in einer sich globalisierenden Welt greifen, desto zentraler wird Verständigung. Wenn wir uns in unserer komplexen und mobilen Gesellschaft nicht miteinander verständigen könnten, würden auch unsere stabilen Formen der Kooperation und Konfliktlösung brüchig werden. In letzter Konsequenz hätte dies die Erosion der normativen Basis einer zivilen Gesellschaft zur Folge. Eine weitere zentrale Dimension – vielleicht die wichtigste – ist die der Selbstbestimmung. Menschen sind ihrem Wesen nach in der Lage – und dazu gezwungen – ihrem Leben eine je eigene Prägung, einen spezifischen Sinn zu geben. Eine Konzeption umfassender Bildung muss daher den Aspekt der Selbstbildung in besonderem Maße berücksichtigen.

Vor diesem Hintergrund wird vielleicht etwas deutlicher, warum eine Anknüpfung an die ursprüngliche humanistische Bildungskonzeption angesagt ist. In einer Zeit, in der Prognosen über die konkrete Verwertbarkeit von Wissen angesichts eines beschleunigten Wandels in allen Lebensbereichen immer fragwürdiger werden, gibt es letztlich keine Alternative zur Orientierung an den Grundlagen unserer Kultur. Von besonderer Bedeutung ist hierbei der Bereich der ästhetischen Bildung. Mit Ästhetik meine ich hier nicht nur das Schöne im modernen Sinn, sondern den ursprünglichen Wortsinn der *aisthesis*, die Dimension unseres Lebens also, in der wir Bezug nehmen auf Dinge, die uns durch Empfindungen und Wahrnehmungen zugänglich sind. Die kognitive Schlagseite unseres Bildungswesens drängt die musische Bildung an den Rand. Wenn wir die Dimension der *aisthesis* ernst nehmen, dann dürfen wir Kinder und Jugendliche, aber auch Erwachsene, nicht als gebildet ansehen, wenn allein ihre kognitiven Fähigkeiten gestärkt und erweitert worden sind. Es muss uns darum gehen, eine Balance herzustellen zwischen Sinnlichkeit und der Fähigkeit, Gründe abzuwägen und Urteile zu fällen. Nicht die kognitive Dimension allein, sondern erst diese Balance macht die gebildete Person aus. Ohne eine entfaltete Sinnlichkeit kann auch Verständigung nicht gelingen, denn sie basiert nicht zuletzt auf Empathie, der Fähigkeit sich einzufühlen. Eine weitere Überlegung betrifft die Dimension der Interaktion und Integration. Wir leben seit längerer Zeit in einer multikulturellen Gesellschaft. Neben den unbestreitbaren Konflikten und Verständigungsproblemen, die die Vielfalt kultureller Herkünfte mit sich bringt, sollten wir die positiven Aspekte dieser Entwicklung nicht aus dem Auge verlieren. Die Grenzen zwischen den Kulturen sind fließender geworden. Das Gros der bereits in zweiter oder dritter Generation in der Bundesrepublik lebenden Immigranten hat sowohl zu ihrer Herkunftskultur als auch zum kulturellen Umfeld in Deutschland ein differenziertes und reflektiertes Verhältnis gewonnen. Nicht die Differenz ist größer geworden, sondern die Zahl der Optionen, sich mit verschiedenen kulturellen Prägungen auseinander zu setzen. Stabile Kooperation zwischen unterschiedlich geprägten Gruppen setzt allerdings voraus, dass es einen Überlappungsbereich gibt, einen Minimalbestand geteilter Normen, Werte, Einstellungen und Kenntnisse. Für die Bildungs- und Kulturpolitik ergibt sich daraus die Aufgabe, Verständigung im weitesten Sinne – auch unter Einbeziehung ästhetischer Elemente – zu fördern, damit kollektive Identitäten und kulturelle Prägungen nicht unvermittelt aufeinander treffen. Ein Grundkanon von Fähigkeiten und Kenntnissen ist hier unverzichtbar. Die Oberstufenreform hat die falschen Zeichen gesetzt. Der Aspekt der Selbstbestimmung bleibt immer der zentrale: Ein souveräner Umgang mit Differenz setzt umfassend gebildete, Ich-starke Persönlichkeiten voraus, durchaus im Sinne des althumanistischen *mitis et amabilis*.

Für einen erneuerten Humanismus[*]

Humanismus ist seit der Antike durch eine Konkurrenz zwischen zwei Menschenbildern bestimmt: einem naturalistischen und einem humanistischen Menschenbild. Nun kommt es darauf an, wie man diese Konkurrenz versteht, um klären zu können, was hier unter *erneuertem Humanismus* verstanden wird. In einem Streitgespräch in der Frankfurter Rundschau zwischen dem Neurophysiologen Wolf Singer und mir[5] ging es um die Frage, ob die naturwissenschaftlichen Ergebnisse der Neurophysiologie das erschüttern können, was ich den humanistischen Kern unseres Selbstverständnisses nenne. Die These, die Singer und viele andere vertreten, lautet, dass unser Selbstbild auf einem fundamentalen Irrtum über uns selbst beruht. Zu diesem Selbstbild gehört zum Beispiel die Frage, ob wir verantwortlich sind für das, was wir tun, ob wir frei sind in unserem Handeln. Es wird nun zwar nicht bestritten, dass wir dieses Selbstbild haben, aber es wird gesagt, wir haben naturwissenschaftliche Forschungsergebnisse und empirische Belege, die zeigen, dass dieses Selbstbild nachweislich objektiv falsch ist. Das Gehirn sei ein deterministisches System, das nach ganz bestimmten Regeln ablaufe, was wiederum nicht der Kontrolle der Person unterliege. Kontrolle sei eine Chimäre, eine Illusion, eine Selbsttäuschung, die zwar im alltäglichen Umgang Sinn mache, aber in Wirklichkeit doch ein Irrtum sei. Folgerichtig gerät man in eine gewisse Schizophrenie. Das wird auch von den Sensibleren in der Debatte zugestanden, dass man nämlich im Alltag, gegenüber seinen Kindern, gegenüber den Personen, die einem nahe stehen, selbstverständlich Verantwortung einfordert, Gründe geltend macht, Vorwürfe vorbringt, wenn man z. B. sagt, «da hättest du doch anders entscheiden sollen!». Aber als

---

[*] Vortrag auf dem Bundeskongress des Deutschen Altphilologenverbandes, Köln, April 2004.

5 «Ist der Freie Wille bloß eine Illusion? Ein Streitgespräch zwischen dem Hirnforscher Wolf Singer und dem Philosophen Julian Nida-Rümelin», in: *Magazin der Frankfurter Rundschau* vom 3. April 2004, S. 4 f.

Wissenschaftler, streng genommen, müsste man wissen, dass das alles – Selbstbestimmung, Verantwortung, Freiheit – Unsinn sei.

Meine Gegenthese lautet: Es gibt keinen und es kann keinen empirischen Befund geben, auch keinen neurophysiologischen empirischen Befund, der diese Erschütterung oder gar Zerstörung unseres humanistischen Selbstbildes rechtfertigt. Ich meine das nicht primär moralisch, sondern glaube, dass die Abwägung von Gründen konstitutiv dafür ist, wie wir uns selbst wahrnehmen und wie wir andere wahrnehmen. Wir wägen Gründe ab und versuchen – nicht immer und nicht immer kohärent und oft auch entgegen dem, was wir eigentlich als bessere Einsicht haben – unser Handeln daran zu orientieren. Diese Gründe gibt es im Bereich der Theorie, also der kognitiven Urteile, und im Bereich der Praxis, also derjenigen Urteile, die unmittelbar das Handeln anleiten. Aus grundlegenden philosophischen Erwägungen heraus kann es keine empirische Theorie oder empirischen Befund geben, die zur Konsequenz zwingen, dass es nicht die Gründe sind, die da eine Rolle spielen, sondern etwas ganz anderes.

Man muss den humanistischen Kern unseres Selbstbildes spezifizieren, um zu zeigen, wie unaufgebbar er ist. Dazu gehört etwas, was ich in Anlehnung an einen englischen Philosophen die *Strawson'sche Perspektive*[6] nenne. Der Unterschied zwischen Strawson und den meisten Philosophen analytischer Tradition war, dass wir die Einstellung anderer Personen gegenüber, die sich lediglich darauf beschränkt, diese Personen als einen möglichen Gegenstand der Einflussnahme – nennen wir es etwas polemisch: der Manipulation – zu sehen, nicht durchhalten können.

Ich will es noch weiter zuspitzen: Es macht gerade den Umgang von zurechnungsfähigen, erwachsenen, sich wechselseitig mit Respekt begegnenden Personen aus, dass sie sich ernst nehmen. Dazu gehört, dass man in der Regel Abstand nimmt von der vielleicht am meisten Erfolg versprechenden Strategie, den anderen zu beeinflussen, und stattdessen an Gründe appelliert, an Einsicht. Das ist oft strittig und schwieriger in der Auseinandersetzung als die meist aus Menschenfreundlichkeit geborene paternalistische Haltung gegenüber kleinen Kindern oder gegenüber Alzheimer-Patienten, um des

---

6 Peter Strawson: «Freedom and Resentment», in: *Proceedings of the British Academy* 48/1962.

Wohles dieser Personen willen manipulativ Einfluss zu nehmen auf deren Verhalten. Im einen Fall appelliert man an Gründe und führt Argumente an, man streitet sich über richtig und falsch. Und im anderen Fall setzt man die geeigneten, auch psychologischen Mittel ein, um das zu erreichen, von dem man vielleicht selber glaubt, dass es günstig oder im Interesse dieser Person ist. Das ist die paternalistische Einstellung, die durchaus gut mit Liebe, zum Beispiel gegenüber Kleinkindern, zusammengeht. Das ist aber nicht die angemessene Haltung voll zurechnungsfähigen Menschen gegenüber, d. h. Personen, die verantwortlich sind für das, was sie tun. Zeitgenössische Neurophysiologen argumentieren aber, das sei genau das Feld der Moral und der Ethik: die Beeinflussung durch Sanktionen und durch Sanktionsandrohungen sozialer und juridischer Natur. Aber mit einer solchen Einstellung gegenüber anderen Personen verfehlen wir die eigentliche Verfasstheit unserer lebensweltlichen alltäglichen Interaktionen.

Es gibt einen engen Zusammenhang zwischen Rationalität – nämlich Handeln und Urteilen auf der Grundlage der Abwägung von Gründen – Freiheit – dass nämlich das, was ich tue, nicht *vor* der Abwägung der Gründe immer schon vorweg bestimmt ist – und Verantwortlichkeit – dass ich Rechenschaft ablegen kann und muss, warum ich so und so urteile und warum ich so und so handle und nicht anders.

Hierin liegen die Gründe für den Gegensatz zwischen Humanismus und Naturalismus. Auf diesem theoretischen Humanismus fußend kann sich ein *ethischer Humanismus*, also eine humane Einstellung gegenüber anderen Menschen entwickeln, die vielleicht in Europa am prägnantesten Immanuel Kant ausformuliert hat. Hierzu gehören Autonomie, Respekt, Menschenwürde im Sinne der Anerkennung der Eigenverantwortlichkeit für das jeweils eigene Leben und für das eigene Handeln. Das stellt den Kern der Menschenrechtsidee dar, die ja im Grunde eine Ausbuchstabierung dessen ist, was wir unter Menschenwürde verstehen und was auf der Basis eines *theoretischen Humanismus* entwickelt werden kann.[7]

Im historischen Rückblick lassen sich verschiedene «humanistische Revolutionen», unterscheiden.

---

7 Vgl. auch: Julian Nida-Rümelin: *Über menschliche Freiheit*, Stuttgart 2005.

Die erste prägnante humanistische Revolte ist die von Platon gegen die Sophisten. Seine Argumentation etwa im *Gorgias*-Dialog, wo er Schattenkünste von wahren Künsten unterscheidet und die Rhetorik zu den Schattenkünsten zählt, oder im *Theaitetos*-Dialog, wo er immer wieder polemisch sagt, wir wollen doch jetzt nicht wie die Wortstreitkünstler miteinander umgehen, sondern wir wollen ernsthaft die Argumente prüfen, ist humanistisch. Es ist insofern ein humanistisches Aufbegehren, als Platon sich gegen die Instrumentalisierung der Bildung, z. B. für politischen oder beruflichen Erfolg, stellt. Nach einer humanistischen Revolte – die Jahrhunderte während Geschichte der Akademie Platons ist vielleicht selbst dafür ein Beispiel – verfestigt sich das Bildungswesen wieder, indem es sich von dem humanistischen Ideal des Selbst-Denkens, der Nicht-Instrumentalisierung der Bildungsinhalte wieder verabschiedet, bis es dann irgendwann zur nächsten humanistischen Revolte kommt. Nach der kulturellen Katastrophe, abgesehen von der menschlichen Katastrophe, dem Untergang des römischen Imperiums, ist es mühselig, wieder das Niveau der Bildungsinstitutionen der Antike am Horizont aufscheinen zu lassen. Aber es gibt eine Kontinuität, die mit den kirchlichen Traditionen, mit dem mönchischen Leben, mit dem Abschreiben von antiken Schriften zusammenhängt, und es gibt für Europa den Umweg über den arabischen Kulturkreis, über den ein Gutteil von Aristoteles übermittelt ist. Die nächste humanistische Revolte ist die der frühen italienischen Renaissance, die durch Bildung, die Schrift und das Wort Distanz sucht zu dem brutalen, körperbetonten und machtbetonten Menschenbild etwa eines Machiavelli.

Im Zuge dieser humanistischen Revolte verfestigen sich die Bildungsinstitutionen erneut. Das kann man gut nachlesen im *Streit der Fakultäten*, wo Immanuel Kant für die Etablierung von vier Fakultäten plädiert – drei Fakultäten, die sich in irgendeiner Weise um das menschliche Wohl, um die menschliche Gesundheit verdient machen: die medizinische Fakultät vorneweg um das körperliche Wohl, dann die juristische um das staatliche Wohl und die theologische um das Seelenwohl. Für diese drei Fakultäten ist aus Kantischer Perspektive der Staat durchaus zuständig, indem er die Inhalte und die Kriterien, nach denen geprüft wird, bestimmt. Aber eine Fakultät gibt es, das ist die philosophische, die untere Fakultät neben den drei oberen Fakultäten, die frei von staatlicher Bestimmung und Kontrolle ist. In der Folgezeit wird das Verhältnis der Fakultäten zueinander auf den Kopf gestellt. Als Schelling seine frühen Schriften verfasste, da war die Philosophie an den Universitäten Propädeutik, so ein bisschen Vorübung, um dann was Anständiges zu studieren, wie Theologie, Juristerei, Medizin. Und als Schelling starb, war die Philosophie in der wissenschaftlichen Hierarchie ganz oben angesiedelt. Dahinter stand viel mehr als ein Streit der Disziplinen um Macht und Einfluss, nämlich ein humanistisches Verständnis von Bildung und Wissenschaft, wonach es um Erkenntnis geht, um das bessere Argument, die bessere Begründung und nicht primär um ökonomische, gesellschaftliche, politische, weltanschauliche, religiöse Ziele. Das Argument hat seine eigene Dignität. Der Kern dieser humanistischen Revolte besteht darin, das Wissen aus den berufsständischen Orientierungen herauszunehmen. Das Ziel war nunmehr, nicht mehr nur drei Berufe auszubilden, sondern Forschung und Bildung zum Zweck an sich zu machen. Und paradoxerweise ist genau diese weitere humanistische Revolte die Grundlage für den Aufstieg Europas. Zunächst war der arabisch-islamische Kulturkreis dem europäisch-christlichen in militärischer, ökonomischer und wissenschaftlicher Hinsicht weit voraus. Erst dieses merkwürdige Produkt der europäischen Wissenschaft ist der Motor für den Aufstieg Europas und das Entstehen einer europäischen Wissenschafts- und Bildungskultur.

Damit sind wir beim nächsten Punkt: Europa. Die Europäische Union ist nach dem Zweiten Weltkrieg, nach der nazistischen Zerstörung, nach der Vertreibung der jüdischen kritischen Intelligenz aus Deutschland und aus Europa aus einer kulturellen Idee hervorgegangen. Das Europa der nationalstaatlichen Interessen hat die kulturelle Idee europäischer Einheit als einziges Remedium den nicht enden wollenden Kriegen entgegenstellen müssen, indem sie an die europäische Gemeinschaft im kulturellen, wissenschaftlichen und bildungsmäßigen Sinne anknüpfte. Die Römischen Verträge von 1957, die Europäische Gemeinschaft für Kohle und Stahl, die Europäische Wirtschaftsgemeinschaft, beziehen sich fast ausschließlich auf den Bereich der Wirtschaft, zweifellos in der Nachkriegszeit ein wichtiger Bereich. Aber das Merkwürdige ist, dass sich in diesen Verträgen die Idee einer genuin europäischen Kultur, einer

europäischen Bildung und Wissenschaft nicht mehr findet. Ohne
einen erneuerten Humanismus jedoch wird die Europäische Union,
die sich in ihrer Ausdehnung ziemlich genau den alten Konturen
des historischen Europas annähert, nicht wirklich integrationsfähig
sein. Ein verbindendes kulturelles Band ist vonnöten. Wir ziehen
die europäischen Grenzen gegenwärtig dort, wo Katholizismus und
Protestantismus in Europa eine Rolle spielten und nicht die
orthodoxen Kirchen. Russland ist aber seit dreihundert Jahren eine
europäisch ausgerichtete Kultur, trotz seines zum großen Teil asiati-
schen Territoriums. Der Balkan hat einen muslimischen Teil und
die orthodoxe Religiosität spielt eine wichtige Rolle, aber er ist
zweifellos ein integraler Bestandteil Europas. Einige der ersten Aka-
demien und Wissenschaftsgründungen Europas sind dort erfolgt.
Für die europäische Einheit wird es sehr darauf ankommen, ob man
diesem Europa eine Substanz gibt, die anknüpft an die große Tradition der europäischen Wissenschafts- und Bildungsgeschichte.

Das macht das Gemeinsame Europas aus: Die eigentlichen Wurzeln seiner Wissenschafts- und Bildungsgeschichte liegen nicht in
einer der Kirchen, sondern in der Antike. Von daher ist es eine hoch
politische Frage, ob die beiden Grundpfeiler der europäischen
Kulturgeschichte, die griechische Klassik – Intellektualität, Wissenschaft, die Idee einer Polis-Kultur, die Idee der Humanität – und
die römische Staats- und Rechtstradition, ob diese beiden Grundpfeiler dominant bleiben oder ob sie durch Glaubenskriege ersetzt
werden. Das scheint mir eine ganz entscheidende Frage für das
Selbstverständnis dieses Europas zu sein. Und insofern wird es sehr
darauf ankommen, dass gerade in diesen Jahren, in denen das Europa der Zukunft Gestalt annimmt, diese antiken Wurzeln des europäischen Selbstverständnisses nicht aus dem Blick geraten – etwa
weil sich das Bildungswesen fast überall so verändert hat, dass die
humanistischen Inhalte nicht mehr so präsent sind, wie das noch
vor wenigen Jahrzehnten der Fall war.

Gegenwärtig ist in der Bildungspolitik eine Haltung der Defensive
verbreitet, die in meinen Augen ganz unbegründet ist. Es heißt überall in den Feuilletons, auch in den Konferenzen der Wissenschaftspolitiker, dass die Geisteswissenschaften in einer äußerst schwierigen
Lage wären, die *humanities*, wie sie im Amerikanischen heißen, *studia
humaniora*, die Studien, die sich mit dem Humanen auseinander set-

zen. Und wenn man dann fragt: «ja, warum eigentlich?», heißt es:
«na ja, es ist unklar, ob diese Geisteswissenschaften überhaupt ver-
wertbar sind, ob das auf dem Arbeitsmarkt Sinn macht» usw. Alle,
die das sagen, kann ich schnell beruhigen. Die Geisteswissenschaften
haben einen eminenten Erfolg in den letzten zwanzig Jahren gehabt.
Und das lässt sich alles mit harten empirischen Daten belegen. Die
Geisteswissenschaften waren früher im Wesentlichen ein Studium
zur Ausbildung von Gymnasiallehrern. Das veränderte sich in den
70er Jahren. Und damals schon war die Vermutung sehr prominent
und sehr präsent, dass damit ein akademisches Proletariat entstehen
würde, da diese noch dazu expandierenden Geisteswissenschaften
sicher für einen Markt ausbilden würden, den es nicht gibt. Für
mein eigenes Fach kann ich sagen, dass fünf Jahre nach Studienabschluss sechs Prozent aller Absolventen der Philosophie arbeitslos
sind. Vor ein paar Jahren, als diese Studie gemacht wurde, waren im
Maschinenbau siebzehn Prozent arbeitslos. Man wundert sich, ja,
man reibt sich die Augen! Ich habe frühere Doktoranden, die vor
wenigen Jahren erst ihre Promotion in Philosophie abgeschlossen
haben, und die unterdessen weit, weit mehr verdienen als ich, zum
Beispiel bei McKinsey und bei verschiedenen Wirtschaftsberatungs-
unternehmen. Es scheint offensichtlich einen Arbeitsmarkt zu geben,
der genau diese geisteswissenschaftliche Qualifikation braucht. Warum sind aber die Geisteswissenschaften so gut verwendbar auf dem
Arbeitsmarkt? Das Paradoxon ist, dass gegenwärtig Bildung, die
Fähigkeit zu argumentieren, sich auf neue kulturelle Situationen einzustellen, in neue Gebiete inhaltlich einzuarbeiten, sich selbst ein
Urteil zu bilden, die beste Ausbildung ist. Mit den Worten der deutschen Nobel-Preisträgerin Nüsslein-Vollhardt: «Viele Naturwissenschaftler können sich nicht ausdrücken. Deswegen braucht man in
den Unternehmen auch Geisteswissenschaftler.» Das Paradoxon, das
empirisch handfest belegbar ist, lautet: Umso stärker die Bildungsorientierung gegenüber der Ausbildungsorientierung, desto besser
die Qualifizierung für den Arbeitsmarkt der Zukunft! Der Arbeitsmarkt der Zukunft verlangt nicht nach dem Spezialisten, sondern
nach Persönlichkeiten, die artikulationsfähig sind, die sich selbst ein
Urteil bilden können, die Ich-Stärke haben und sich auf verschiedene kulturelle Situationen einstellen können. Also all das, was der
alte Humboldt als Persönlichkeitsbildung durch die Konfrontation

mit der Wissenschaft und durch die eigene Praxis des Forschens beschrieben hat, Persönlichkeitsbildung durch die Konfrontation mit dem forschenden Geist und der Praxis des Forschens. Das ist die Grundidee der Humboldt'schen Universitätsreform, die so erfolgreich war, dass sie auf der ganzen Welt kopiert wurde. Über einige Jahrzehnte waren die deutschen Universitäten völlig ohne jeden Zweifel die Spitzenuniversitäten weltweit, jedenfalls die Reformuniversitäten. Und es ist schon merkwürdig, dass viele Beobachter und Kommentatoren und vor allem auch wissenschaftspolitisch Verantwortliche sich einreden lassen, dass das alles ganz anders ist, dass wir zu viel Bildung hätten und zu wenig Ausbildung.

Ich möchte mein Plädoyer für einen erneuerten Humanismus in drei Punkten zusammenfassen:

Erstens: Humanistische Bildung ist keine Nische für die Wenigen, die sich den Luxus erlauben können, weil sie meinen, nicht an die berufliche Verwendbarkeit denken zu müssen. Das wäre ein ganz verheerendes Missverständnis! Denn humanistische Bildung macht einen wichtigen Teil des europäischen kulturellen Selbstverständnisses aus; sie bewährt sich in Studium und Beruf.

Zweitens: Das, was wir hier als Humanismus bezeichnet haben, kann sich nicht auf das Studium der Alten Sprachen beschränken, weil wir sonst einen Konnex herstellen, der diese humanistische Bildungstradition zu sehr auf ein oder zwei Schulfächer beschränkt, die nur noch eine Minderheit der zukünftigen Akademiker belegt.

Und drittens: Das ist das humanistische Credo: Bildung vor Ausbildung! In einer Zeit, in der die ökonomischen Interessen so dominant sind, dass zum Beispiel Fragen der richtigen Lebensform, des Sinns des Lebens, des Respekts im Umgang miteinander manchen merkwürdig altmodisch erscheinen mögen, sollte es als große gesellschaftspolitische Herausforderung verstanden werden. Dieses humanistische Selbstverständnis ist auch als ein Gegenentwurf zu einer Gesellschaft der *homines oeconomici* zu verstehen, in der der Mensch auf eine Rolle als Konsument und als Produzent reduziert wird. Aber wir sind mehr, wir sind Bürger mit einer gewissen Verantwortung für die *res publica*, wir sind Teil kultureller Gemeinschaften, wir stehen in einer historischen kulturellen Tradition, wir sind kulturell verfasste Wesen. Der Sinn des Lebens ergibt sich sicher nicht primär aus ökonomischen Interessen.

Menschenbild und Ethik
im postgenomischen Zeitalter[*]

Unser Menschenbild und unsere ethischen Vorstellungen sind durch das postgenomische Zeitalter in vielfacher Hinsicht in Frage gestellt. Um diese Herausforderung zu verdeutlichen, sollen zunächst einige grundsätzliche Überlegungen zum Begriff der Kultur angestellt werden. Es lassen sich m. E. vier Dimensionen von Kultur unterscheiden: Erstens die Ebene der gesellschaftlichen Interaktion. Hier geht es darum, wie wir miteinander umgehen, kooperieren, konkurrieren und Konflikte austragen. Ethnologen oder Kulturanthropologen können diese Ebene untersuchen, indem sie etwa analysieren, welche Regeln des Umgangs in einer Gesellschaft gelten. Als Kultur kann dabei das gelten, was nicht natürlich vorgegeben ist. Eine zweite, komplexere Dimension ist die Verständigung zwischen Menschen. Diese Dimension umfasst wesentlich ein Verständnis von Sprache, von Praxis und Formen der Kommunikation. Eine dritte Dimension von Kultur ist die des Selbstverständnisses, verstanden als Fähigkeit, sich in einen bestimmten Bezug zur Welt, zu anderen Menschen und anderen Dingen zu stellen. Es ist plausibel zu sagen, dass Kultur sich vor allem auch darin manifestiert, wie Personen sich selbst verstehen und – aus einer individualistischen methodologischen Sicht – wie sich die Gesellschaft sozusagen kollektiv selbst versteht. Es gehört in den Bereich der Sozialphilosophie und der politischen Philosophie, diesen zweiten, «kollektiven» Aspekt zu rekonstruieren. Und viertens könnte man eine emphatische – kantische – Dimension schließlich mit der These zuspitzen, dass ohne Selbstbestimmung kulturelle Entwicklung nicht möglich sei: Erst wenn ich individuell über mein Leben in einem bestimmten Umfang bestimme, ihm Gestalt und Sinn gebe, ist das Ausdruck von Kultur. Eine parallele Überlegung gilt für die «kollektive» Ebene, die Ebene der Gesellschaft.

* Vortrag im Haus der Bremischen Bürgerschaft, Bremen, Juni 2001.

Nun gibt es enge Verbindungen zwischen diesen vier Dimensionen von Kultur und dem Begriff der Bildung. Man könnte für die letzten 2500 Jahre eine die Kulturgeschichte begleitende Bildungsidee rekonstruieren. Die Geschichte dieser Idee beginnt, zumindest in Europa, schon in der griechischen Klassik und hat dort ihren ersten Höhepunkt bei Platon. Ausgangspunkt ist letztlich die Idee, dass der Mensch nicht einfach so ist wie er ist, sondern dass er durch Anstrengung etwas werden, sich verändern kann. Dies ist die Idee eines Bildungsweges. Das berühmte Höhlengleichnis Platons bringt das metaphorisch auf den Punkt. Dieser Mythos ist ungemein wirkungsmächtig gewesen in der europäischen Kulturgeschichte. Er ist bis heute, wenn man genau hinsieht, indirekt nach wie vor einflussreich. Wirkungsmächtig ist die Bildungsidee, dass der Mensch erst durch Erkenntnis zu sich selbst findet, dass er erst dann zum eigentlichen Menschen wird, wenn er sich diesem beschwerlichen Prozess der Erkenntnis aussetzt. Dahinter steht zweifellos eine kognitivistische Philosophie, man könnte auch sagen: eine intellektualistische Philosophie. Sie ist universalistisch, sie ist nicht an bestimmte örtliche, kulturelle oder politische Kontexte gebunden. Es geht um den Menschen als solchen, auch wenn Platon den griechischen Bürger des Stadtstaates vor Augen hatte.

Ich zögere, dieses Bildungsideal ein humanistisches Ideal zu nennen, weil Platon nämlich der Auffassung war, dass es von Natur aus solche Menschen gibt, die geeignet sind für den Weg der Bildung und der Erkenntnis, und solche, die für ihn nicht geeignet sind. Erst in der Stoa entsteht etwas, das als Humanismus bezeichnet werden kann, nämlich eine erstaunliche genuine Distanzierung vom jeweils kulturell Vorgegebenen. Man könnte sagen, die Stoa ist kosmopolitisch. Sie hat das Ideal eines innenorientierten Menschen, der sich nicht beeinflussen lässt von Meinungen, Pressionen und Erwartungen anderer. Und die Menschheit kommt hier erstmals als Einheit, als *humanitas* in den Blick. Die Stoa entwickelt auch den Begriff einer spezifisch menschlichen Würde, die dem Menschen unabhängig von seinem sozialen Hintergrund eigen ist. Die großartige Erneuerungsbewegung gegen Ende des Mittelalters und zu Beginn der Neuzeit, die man üblicherweise als Humanismus bezeichnet, schöpft, was ihren normativen Gehalt angeht, ganz wesentlich aus der Quelle der Stoa. Die frühneuzeitliche Erneuerungsbewegung

des Humanismus passt nicht zur gängigen Sicht der Renaissance-
zeit. So spricht beispielsweise aus den Bildern, die die Bauten und
Gemälde der italienischen Renaissance vermitteln, eine kraftstrot-
zende Kultur des aufbrechenden Gewalt- und Machtmenschen,
muskelbepackt, rücksichtslos und durchsetzungsstark. Aber das ist
nur ein Aspekt dieser Zeit. Es gibt eine einflussreiche gegenläufige
Bewegung des Humanismus, die – um eine Zentralfigur heraus-
zugreifen – mit dem Namen Petrarca verbunden ist. Sie entwirft ein
Idealbild, wonach der Mensch *mitis et amabilis* sei, also sanft und
liebenswert, von *benevolentia* geprägt, von der *dignitas morum* (der
Würde der Sittlichkeit oder der sittlichen Würde) geleitet. Das
Idealbild ist also eines der würdevollen Selbstbeherrschung.
   Was haben diese historischen Überlegungen mit dem genomischen
oder postgenomischen Zeitalter zu tun? Der Zusammenhang wird
deutlich, wenn man sich klar macht, was der frühneuzeitliche Humanismus anstrebt. Er strebt an, den Menschen vom Naturwesen möglichst weit wegzuführen und ihn zu einem Kulturwesen zu machen.
Sein Ziel ist es, die Brutalität der natürlichen Anlagen des Menschen
zu zähmen, zu bändigen, einzubetten. *Res et verba* lautet ein Schlüssel-
begriff, d. h. es geht darum, sich mit Dingen und den Worten für die
Dinge auseinander zu setzen, Distanz zu seinen eigenen Interessen zu
finden und auf diesem Wege *mitis et amabilis* zu werden. Teil dieses
Programms ist die aus heutiger Sicht zunächst merkwürdig anmuten-
de Idee, dass das Studium alter Texte diese Entwicklung hervorrufen
könnte. Es kommt nicht auf Sozialisation an – ein Lieblingsbegriff
der 6oer und 7oer Jahre –, sondern auf Selbstbildung. Im Grunde
geht es dabei um ein primär ethisches Konzept.
   In der derzeitigen Debatte haben wir es mit einer seltsamen Para-
doxie zu tun. Einerseits wird der Mensch nach vielen Jahrzehnten,
in denen das tabuisiert war, wieder in erster Linie als Naturwesen
gesehen. Es wird von genetischer Identität gesprochen, als wären es
die Gene, die die Identität der Person festlegen. Die Natur wird
sozusagen wieder zum eigentlichen Kern der menschlichen Indivi-
dualität. Als Beleg werden gerne die Ergebnisse der Soziobiologie
angeführt, oft in einer sehr platten Form mit dem Tenor kommuni-
ziert: «Ihr seid Naturwesen, alles ist vorbestimmt, die Soziobiologie
zeigt es, lest es doch einfach nach.» Andererseits gibt es in der Debatte das prometheische Versprechen: «Jetzt kommt die Befreiung,

die Erlösung. Ihr könnt eure natürlichen Anlagen selbst in die Hand
nehmen und bestimmen.» Peter Sloterdijk zum Beispiel vertritt – gemeinsam mit Medientheoretikern – eine Art zeitgenössischen Anti-
humanismus. Sicherlich mäandert Sloterdijk, so dass man selten genau weiß, welche Meinung er eigentlich vertritt. Aber deutlich wird
doch, dass er sich von humanistischen Fesseln, die irgendwie stören,
verabschieden will. Das kommt in recht dunklen Formulierungen
zum Ausdruck, in denen es etwa heißt: «Doch auch nach Abzug der
überspannten und argwöhnisch-antiklerikalen Momente bleibt von
Nietzsches Idee ein hinreichend harter Kern zurück, um ein späteres
Nachdenken über die Humanität jenseits der humanistischen Harm-
losigkeit zu provozieren. Dass die Domestikation des Menschen das
große Ungedachte ist, vor dem der Humanismus von der Antike bis
in die Gegenwart die Augen abwandte – dies einzusehen genügt, um
in tiefes Wasser zu geraten. Wo wir nicht mehr stehen können, dort
steigt uns die Evidenz über den Kopf, dass es mit der erzieherischen
Zähmung und Befreundung des Menschen mit den Buchstaben allein zu keiner Zeit getan sein konnte.» Zugleich gibt es bei Sloterdijk
ein Erschrecken über «eine beispiellose Enthemmungswelle, [die]
anscheinend unaufhaltsam rollt», verbunden mit einem Hinweis in
der Fußnote auf zunehmende Gewalt in den Schulen.[8] Sloterdijk
changiert gewissermaßen zwischen einer Verabschiedung der humanistischen Bindungen, die wir in unserer Kultur noch haben, und
dem Erschrecken vor der Alternative, dem Erschrecken davor, dass
in Zukunft das Menschengeschlecht sein Schicksal selbst in die Hand
nimmt bzw. davor, dass die wenigen, die dafür geschaffen sind, ihr
Schicksal selbst in die Hand zu nehmen, dann gleich das genetische
Schicksal der anderen mitbestimmen.

Wenn natürlich gegebene Grenzen nicht mehr bestehen, weil sie
auf einmal verfügbar werden, oder weil bestimmte natürliche Prägungen des menschlichen Individuums durch biotechnologische
Eingriffe zugänglich werden, dann gibt es zwei denkbare Grund-
reaktionen darauf. Die eine Grundreaktion besagt: «Jeder Zuwachs
an Freiheit ist doch grundsätzlich etwas Gutes. Natürlich müssen
wir damit verantwortlich umgehen, aber wir werden das schon hin-
bekommen.» Die Gegenreaktion lässt sich wie folgt zusammenfas-

8 Peter Sloterdijk: *Regeln für den Menschenpark*, Frankfurt a. M., 1999. S. 42 f. und 46.

sen: «Unsere moralischen Überzeugungen, unsere Lebensformen und Umgangsweisen, unser kollektiv Selbstverständnis sind unter der Bedingung entstanden, dass die natürlichen Grenzen unverfügbar sind. Wenn nun diese Grenzen verschwinden, dann bricht uns dieses Fundament weg. Und das ist gefährlich.» Das Schwinden der Grenzen ist in der Tat gefährlich. Angesichts der biotechnologisch bedingten Veränderung des natürlich Verfügbaren schlage ich vor, dass wir uns auf das ethische Projekt eines erneuerten Humanismus besinnen sollten. Mit der Verfolgung dieses Projekts würde ein Weg jenseits der beiden skizzierten Grundpositionen eingeschlagen. Das heißt, es wäre nicht das Ziel, künstlich die Grenzen aufrechtzuerhalten, die die Technik uns entzieht, weil sie dem Menschen verfügbar werden. Und das Projekt eines erneuerten Humanismus beinhaltet auch eine Distanzierung von der Position der Euphoriker, die jede Zunahme an Freiheit grundsätzlich im Vertrauen darauf begrüßen, dass das freie Individuum schon wisse, was es tue. Im Zentrum eines erneuerten Humanismus steht die Idee der ethisch begründeten Bestimmung der Grenzen des Zulässigen je für die eigene Lebensform und für die Gesellschaftsform – also in öffentlicher Verbindlichkeit. Letzteres verlangt ein höheres Maß an Begründung und Diskurs. Wenn das Überkommene nicht mehr trägt, weil sich die Rahmenbedingungen verändert haben, dann müssen die Grenzen, die wir unserem Handeln setzen, ethisch bestimmt, sicherlich auch durch Rechtsprechung oder durch soziale Sanktionen abgesichert werden. Dieser Prozess der neuen Grenzziehung ist ein Prozess der kollektiven und individuellen Selbstbestimmung, aber in den Grenzen des ethisch Vertretbaren. Die ist die – philosophisch-kulturtheoretische – Kernthese. Zugespitzt lautet die Grundüberlegung: Wir können nicht beides haben. Wir können uns nicht einerseits der neuen Situation einfach stellen und die biotechnologischen Möglichkeiten als Veränderung der natürlich gegebenen Grenzen akzeptieren und andererseits zur gleichen Zeit die humanistische Essenz unserer Kultur aufgeben. Beides geht nicht, ohne dass das Ethos einer humanen Gesellschaft gefährdet würde. Entweder wir verzichten auf das ethische Projekt des Humanismus, dann brauchen wir in der Tat zuverlässige Barrieren. Dann kann man im Grunde nur hoffen, dass wir in diesem Land und in anderen Ländern die biotechnologische Entwicklung einfach erst gar nicht weiter vorantreiben. Das ist gewissermaßen die Position der radikalen Fortschrittsverhinderer, die so betrachtet im Grunde die einzige Konsequenz ist. Oder aber wir gehen behutsam voran, was dann heißt: Wir haben ein immenses moralisches Projekt vor uns, das Philosophen nicht bewältigen können, jedenfalls nicht allein. Philosophen können lediglich einen Beitrag zur Begriffsklärung und Kohärenzprüfung, zur Darstellung und Analyse verschiedener ethischer Konzeptionen und Ähnliches leisten, aber sie können die moralischen Fragen nicht beantworten. Stellen wir diesen Gedanken in einen Zusammenhang mit der individuellen Lebensform. Jeder Mensch muss – je individuell – Entscheidungen treffen, die sein Leben prägen. Wenn man nun diese Entscheidungen immer so treffen würde, um an jedem Punkt im Leben das bestmögliche Ergebnis an Nutzen, Wohlbefinden usw. zu erzielen, dann würde das Leben in Einzelteile zerfallen. Man wäre als Persönlichkeit gar nicht mehr erfassbar. Man würde gar nicht wissen, was macht eigentlich das Individuum, die Persönlichkeit aus. Es würden keine gemeinsamen Strukturen sichtbar.[9] Wir erlegen fast alle unserem eigenen Leben bestimmte Strukturen auf, die wir letztlich selber gestalten. Dies muss uns nicht bewusst sein, wir tun es, und vielen von uns ist dies tatsächlich bewusst. Und das, was sich dann als Lebensform äußert, ist im gewissen Sinn die Form, in der sich die jeweilige Persönlichkeit in der Gesellschaft zeigt, sie zeigt sich anderen in der Form ihres Lebens. Wenn dies für das Individuum gilt, dann ist die Wahl einer individuellen Lebensform nicht pure Beliebigkeit, sondern eine Wahl, bei der es um Wertungsfragen geht. Die Strukturen, die ich meinem Leben auferlege, muss ich wenigstens vor mir selber rechtfertigen können. Und nahezu alle Menschen leben ja in einem sozialen Kontext, was bedeutet, dass sie ihre Lebensform auch gegenüber denjenigen rechtfertigen müssen, die an ihr im Zusammenleben partizipieren.

Genau die gleiche Aufgabe stellt sich für jede Gesellschaft kollektiv. Eines der Mittel, solche Strukturen durch Regeln zu bestimmen, ist das Recht. Das Recht ist nicht einfach das Ergebnis von Interessensspielen, sondern das Recht ist im Kern Ausdruck des kollektiven Selbstverständnisses der Gesellschaft. Es geht um die Frage, welche

---

9 Julian Nida-Rümelin: *Kritik des Konsequentialismus*, München 1993, und *Strukturelle Rationalität. Ein philosophischer Essay über praktische Vernunft*, Stuttgart 2001.

Regeln wir unserer kollektiven Lebensform auferlegen und welchen Teil dieser Regeln wir juridisch sanktionieren wollen. Insofern spielt die Frage, mit welchen Gesetzen auf die neuen biotechnologischen Herausforderungen reagiert werden soll, eine wichtige Rolle. Aber das ist letztlich eine ethische Frage. Vorrangig ist die Klärung des Projektes eines erneuerten Humanismus und erst danach stellt sich die Frage, welche gesetzlichen Veränderungen wir vornehmen sollten. Die verschiedenen Formen der argumentativen Auseinandersetzung über Fragen der biotechnologischen Entwicklung ergeben nur Sinn, wenn wir davon überzeugt sind, dass die Gesellschaft sich zu einem wesentlichen Teil in ihrer Entwicklung durch das bestimmen lässt, was sie am Ende für ethisch akzeptabel hält oder nicht. In einem Zeitungsartikel hieß es neulich sinngemäß: «Ja, in der Politik, da geht es um Interessen, nicht um Ethik. Und solange es um Interessen geht, ist alles gut. Wenn es um Ethik geht, dann wird es problematisch.» Das hört man häufiger. Merkwürdig an diesem Befund ist allerdings, dass er nicht erklären kann, warum wir mit zum Teil ausgetüftelten Argumenten Diskussionen darüber führen, welche Gesetzgebung angemessen sei, warum man diese Gruppe nicht so benachteiligen dürfe, wie das in jenem Gesetzesvorhaben vorgesehen sei, warum bestimmte Ungerechtigkeiten in unserer Sozialverfassung bestünden usw. Warum führen wir denn eigentlich alle diese Debatten mit ethischen Argumenten? Warum sagen wir nicht gleich, die Interessengruppe X ist der Meinung, es solle so und so geregelt werden, und diese Interessengruppe hat vielleicht die stärkste Lobby, also wird es gemacht. Es wäre ein merkwürdiger Selbstbetrug der gesamten öffentlichen Diskurse, der gesamten Abläufe im Parlament, wenn es sich wirklich so einfach verhielte.

Meine These ist, dass moralische Überzeugungen oder Werthaltungen, so wie sie unsere individuelle Lebensform prägen, auch insgesamt die politische und soziale Entwicklung einer Gesellschaft prägen. Deshalb ist es sinnvoll, dass wir die Herausforderung durch die neuen Biotechnologien annehmen und einen öffentlichen Diskurs ohne unnötigen Zeitdruck führen. Wir können nicht morgen entscheiden, wie wir mit dieser Herausforderung umgehen, sondern wir stehen am Beginn eines Klärungsprozesses, und ich hoffe, dass der Zeitdruck auch angesichts der internationalen Konkurrenzsituation nicht zu groß wird.

Zukunftsfähige Bildung.
Persönlichkeit – Fähigkeiten – Tugenden

I. Persönlichkeit

Eines steht fest: Die moderne Lebenswelt ist unübersichtlicher und vielgestaltiger geworden. Aller Voraussicht nach wird sich diese Entwicklung fortsetzen. Was macht diese Unübersichtlichkeit und Vielgestaltigkeit aus? Traditionelle Gesellschaften sind durch starre Ordnungsmuster geprägt. Es gibt ein klares Oben und Unten. Oft entscheidet die Geburt über den weiteren Lebens- und Berufsweg. Die innerfamiliären Verhältnisse, die Verhältnisse der Geschlechter zueinander, Autoritäten und Gehorsamspflichten werden von einer Generation auf die nächste übertragen. Wirtschaft und Kultur, das sind die beiden Motoren der Veränderung. Der alle Grenzen zunehmend überschreitende wirtschaftliche Markt verändert die Lebensbedingungen, er verlangt ein zunehmendes Maß an Mobilität und die Fähigkeit, sich auf neue Entwicklungen einzustellen. Die wirtschaftliche Dynamik schafft immer neue berufliche Anforderungen, sie lässt alte Berufe verschwinden und neue entstehen. Berufliche Qualifikationen, die man noch wenige Jahre zuvor kaum kannte, werden plötzlich intensiv nachgefragt. Ganze Berufszweige, wie z. B. die des Druckers, sterben aus. Aber auch die Kultur hat ihre eigene Dynamik, sie stellt Traditionen in Frage und verlangt zunehmend nach der Fähigkeit, sich über unterschiedliche Herkünfte, Lebensformen und Weltanschauungen hinweg zu verständigen. Fast alle Gesellschaften der Welt, besonders aber die westlichen, sind zunehmend multikulturell verfasst: Unterschiedliche Kulturen leben auf einem Territorium zusammen, Einwanderung und Auswanderung verändern die kulturellen Bedingungen.

Die großen Bildungsreformer des 19. Jahrhunderts hatten die Persönlichkeitsbildung in den Mittelpunkt ihrer Überzeugungen gestellt. Ein Ideal, das vielen in der Wirtschaft und der Politik heute als überholt erscheint. Ich bin dagegen der festen Überzeugung, dass dieses Ideal gerade jetzt und in Zukunft in steigendem Maße aktuell ist. Wenn man nicht mehr wissen kann, welche beruflichen Anforderungen auf einen zukommen, wenn man sich auf ganz unterschiedliche kulturelle Bedingungen wird einstellen müssen, dann ist die Entwicklung einer starken, zu selbstverantwortetem Handeln und Urteilen befähigten Persönlichkeit von überragender Bedeutung.

Nur wer stark genug ist, Veränderungen standzuhalten, ohne sich selbst zu verlieren, kann es aushalten, wenn im Laufe seines Lebens die Anforderungen und Erwartungen sich grundlegend ändern. Nur wer in der Lage ist, sich in einer fremden Kultur zurechtzufinden, kann auch Jahre im Ausland zubringen und sich dort persönlich und beruflich bewähren. Ohne Empathie und Einfühlungsvermögen wird dies nicht gelingen. Respektvoller Umgang mit anderen, auch wenn sie aus einer anderen Kultur kommen oder andere Überzeugungen und Interessen haben, ist unverzichtbar. Nur wer Selbstvertrauen hat, kann Konflikte und Niederlagen ertragen, ohne andere herabzusetzen oder gar Gewalt anzuwenden.

Persönlichkeitsbildung allerdings kann in der Regel kein direktes Bildungsziel sein. Sie ergibt sich aus einer geeigneten Verbindung von Anforderungen, die auf andere Ziele gerichtet sind, deren Erfüllung aber die Entwicklung der Persönlichkeit voranbringt. Unsere Schulen haben eine kognitive Schlagseite: Sie vermitteln Wissensstoff und vernachlässigen die Praxis des sozialen Umgangs. Dies hängt auch damit zusammen, dass wir in Deutschland fast ausschließlich Halbtagsschulen haben, wo gemeinsame Aktivitäten, seien sie sportlicher, kultureller oder unterhaltender Art, kaum praktiziert werden. Damit tragen die Schulen, wie sie heute (noch) verfasst sind, weniger zu einer Bildung der Persönlichkeit bei, wie man es wünschen muss. Der Übergang zu Ganztagsschulen würde es erlauben, diese kognitive Schlagseite zu beheben und die Praxis des sozialen Umgangs, der Rücksichtnahme und der Kooperationsbereitschaft zu einem integralen Teil schulischer Erfahrung zu machen.

II. Fähigkeiten

Eine unübersichtlichere, vielgestaltigere Lebenswelt verlangt vor allem die Fähigkeit, sich eigenständig ein Urteil zu bilden, Zusammenhänge zu erfassen und Entscheidungen zu verantworten. Ein gewisses Maß an Orientierungswissen ist dabei unverzichtbar. Dies ist kein Plädoyer für einen Kanon unverzichtbaren Bildungsgutes, aber doch ein Argument, in unserem Bildungswesen auf einen geteilten Minimalbestand von Kenntnissen und Wertungen abzuzielen. Eine humane Gesellschaft zeigt sich zwar auch an ihren politischen Institutionen, einer demokratischen Kontrolle der Regierenden und einer Gesetzgebung, die die Freiheitsrechte und die sozialen Bedürfnisse der Bürgerinnen und Bürger beachtet, aber sie zeigt sich vor allem anderen im Alltag.

Gemeinsam akzeptierte und gelebte Regeln der gegenseitigen Achtung und Rücksichtnahme sind für eine solche Gesellschaft unverzichtbar. Diese Regeln sind mit einer großen Vielfalt unterschiedlicher Lebensformen und kultureller Prägungen vereinbar. Auch die gute Beherrschung einer gemeinsamen Verkehrssprache – in der Bundesrepublik also das Deutsche – ist unverzichtbar. Da die moderne Gesellschaft von Naturwissenschaft und Technik abhängt, ist ein Grundverständnis mathematisch-naturwissenschaftlich-technischer Zusammenhänge notwendig, um sich in dieser Welt zu orientieren. Da die einzelnen nationalen Gesellschaften zusammenwachsen und der internationale Austausch und die internationale Kooperation beständig zunehmen, sind Fremdsprachenkenntnisse erforderlich.

Dabei sollte man zwei Fähigkeiten unterscheiden: Zum einen ist das Englische zu der dominierenden internationalen Verkehrssprache geworden. Ohne solide Kenntnisse dieser Sprache und die Fähigkeit, sich in ihr verständlich zu machen, koppelt man sich nicht nur weitgehend von der internationalen Kommunikation ab, sondern versperrt sich zugleich den Zugang zu ganzen Wissensbereichen, die durch englische Termini geprägt sind. Das gilt insbesondere für die Ökonomie und die Computertechnik. Zum anderen aber ist jede Sprache zugleich weit mehr als bloßes Kommunikationsmittel. In einer gesprochenen Sprache manifestiert sich die ganze Komplexität einer Kultur, die Art und Weise, wie Menschen miteinander umgehen, was sie empfinden, wie sie wahrnehmen, was ihnen wichtig ist, etc.

Das Erlernen einer fremden Sprache ist der Schlüssel zu einer fremden Kultur, was auch damit zusammenhängt, dass es keine Übersetzungen ohne Verluste von Texten aus einer fremden Sprache geben kann. Es ist daher zu wünschen, dass Heranwachsende schon während ihrer Schulzeit in einem Land ihrer Wahl mehrere Monate oder sogar ein Jahr leben, die Sprache im Alltag erlernen und sich in ihre Gastgeber hineinversetzen lernen. Bis etwa in das zwölfte Lebensjahr hinein sind Kinder sogar noch in der Lage, in kurzer Frist eine fremde Sprache perfekt, d. h. ohne Akzent zu lernen. Diese Fähigkeit geht jenseits der Pubertät verloren. Dieses besondere Geschenk der menschlichen Hirnentwicklung wird in unseren Bildungseinrichtungen vergeudet. Es ist kaum eine bessere Vorbereitung auf die Herausforderungen der zukünftigen Gesellschaft vorstellbar, als sich in jungen Jahren auf neue kulturelle, sprachliche und soziale Bedingungen im Alltagsleben auf längere Frist einzustellen. Erfahrungen dieser Art können das ganze spätere Leben bereichern und sind auch auf dem Berufsweg von großer Bedeutung.

III. Tugenden

Der Begriff Tugend wird – außer in der Philosophie – kaum noch verwendet. Er klingt angestaubt und nach erhobenem Zeigefinger. Tatsächlich sind Tugenden von größter Bedeutung für ein gelungenes Leben. Wir sollten unter Tugenden Einstellungen und Verhaltensmuster verstehen, die unser Handeln begleiten und formen. Tugenden können nicht unmittelbar gelehrt werden, sie lassen sich erwerben durch Praxis und Vorbild. Eine der obersten Tugenden ist Rücksichtnahme: Rücksichtnahme auf die Interessen, Empfindlichkeiten und Bedürfnisse anderer Personen.

Eine weitere, durch die Konkurrenz im Privaten und im Beruflichen gefährdete Tugend ist die der Solidarität. Solidarität verlangt, dass der Stärkere seine Stärken gegenüber Schwächeren nicht ausnutzt, sondern diesen hilft, soweit das nötig ist, um ihnen ein selbstbestimmtes Leben zu ermöglichen. Diese Solidarität kann sich nicht

allein auf staatliche Institutionen stützen. Natürlich spielt der in
Deutschland gut ausgebaute Sozialstaat eine unverzichtbare Rolle.
Darüber hinaus aber geht es um Solidarität im engeren Bereich der
Familie und der Freunde, die durch staatliche Hilfen nicht ersetzt
werden kann.

Aristoteles zählt in der *Nikomachischen Ethik* zu den Tugenden
auch die Freundschaft. Das klingt in modernen Ohren seltsam,
scheint mir aber doch eine richtige Beobachtung zu sein. Freundschaft ist kein Zustand, sondern Ergebnis bestimmter Einstellungen
und Handlungsweisen, die in der Kurzatmigkeit und den im modernen Berufsleben häufig erzwungenen Ortswechseln nicht leicht zu
realisieren sind. Aber auch so selbstverständlich erscheinende Tugenden wie die der Wahrhaftigkeit und des Vertrauens sind Voraussetzung für gelungene Kommunikation und erfolgreiche Kooperation. Ohne diese Tugenden lässt sich weder das Privatleben organisieren, noch im Beruf wirksam zusammenarbeiten. Auch Loyalität
und Verantwortung sind Tugenden, die überall dort von großer Bedeutung sind, wo Abhängigkeitsverhältnisse bestehen. Verantwort-
liches Handeln des Vorgesetzten gegenüber seinen Mitarbeitern
und umgekehrt Loyalität der Mitarbeiter zu ihrem Vorgesetzten
sind im Berufsleben unverzichtbar.

Das staatliche Bildungswesen kann zur Ausprägung dieser und
vieler weiterer wichtiger Tugenden einiges beitragen: durch das gelebte Beispiel, durch Auseinandersetzung mit unterschiedlichen
Konfliktsituationen in der Praxis, aber auch in der Theorie, durch
gelebte Verantwortlichkeit in der Schulgemeinschaft unter Einbeziehung der Eltern-, Lehrer- und Schülerschaft; aber die notwendigen Einsichten und Erfahrungen werden überwiegend außerhalb
der staatlichen Bildungseinrichtungen gewonnen. Eltern haben da
gegenüber ihren Kindern, aber auch die Älteren gegenüber den
Jüngeren, eine besondere Verantwortung. Aktivitäten in Vereinen,
im Sport, in der Freizeit, die Bereitschaft, verlässlich mit anderen zu
kooperieren, müssen wachsen in der alltäglichen Praxis.

Selbstverständlich ist es wichtig, in der Schule in den einzelnen
Fächern auch Detailkenntnisse zu erwerben. Die Lebenserfahrung
besagt, dass der ganz überwiegende Teil dieser Detailkenntnisse
rasch wieder verloren geht. Im Sinne akkumulierten Wissens in einer Vielzahl von Fächern sind wir wohl nie im Leben so gebildet

wie unmittelbar nach Abschluss der Schulzeit. Wesentlich aber bleibt anderes: gelernt zu haben, wie man das Wichtige vom Unwichtigen unterscheidet, wie man Informationen ordnet und daraus seine eigenen Schlüsse zieht, auch die Disziplin, sich in einen Stoff einzuarbeiten, für den man wenig Interesse aufbringt, mit Leistungsanforderungen umzugehen, ohne in Panik zu geraten, unter Zeitnot sich auf eine Prüfung vorzubereiten.

Vom einmal gelernten Wissen bleibt nur ein kleiner Teil, was bleibt, sind Fähigkeiten, Tugenden und im günstigsten Fall eine einfühlsame und souveräne Persönlichkeit, die sich Gelassenheit und Rücksichtnahme leisten kann.

Zur Zukunft der Geisteswissenschaften.
Eine humanistische Perspektive*

In einem ersten Schritt soll zunächst etwas zum Begriff der *Menschlichkeit* und der *Humanität* in systematischer bzw. normativer Hinsicht gesagt werden. Es sind zehn Elemente, die wechselseitig so eng miteinander verflochten sind, dass man sie im Grunde nicht voneinander abtrennen kann.

1. Das erste Element von Humanität ist Perfektionismus, verstanden als Entwicklung von schon vorhandenen menschlichen Anlagen und ihrer vollen Entfaltung in drei Dimensionen: einer kognitiven, auf Erkenntnis bezogenen Dimension, einer pragmatischen, auf das Handeln bezogenen Dimension und einer ästhetischen Dimension. Hier wird ein Menschenbild zugrunde gelegt, das nicht im gleichen Maße wie unser heutiges Bildungswesen eine kognitive Schlagseite hat.

2. Das zweite essentielle Moment von *humanitas* ist Vernunft in einem erst noch zu spezifizierenden Sinne. Ein optimistisches Verständnis von Vernunft ist von der Hoffnung geprägt, das menschliche Leben und Zusammenleben könne durchgehend vernünftig gestaltet werden – die meisten Denker würden das heute mehr oder weniger emphatisch zurückweisen –, und zwar in allen drei Dimensionen: kognitiv, pragmatisch, ästhetisch. Gegenüber der letzten, der rationalen Klärung ästhetischer Qualitäten, hat die zeitgenössische Philosophie wohl endgültig kapituliert.

3. Mit der Vernunfthaftigkeit des Menschen hängt seine Autonomie zusammen. Diese steht nicht erst seit der Kantischen Präzisierung im Mittelpunkt eines normativen Begriffs von Menschlichkeit, von menschlicher Würde, sondern kann als ein zentrales *movens* aller humanistischen Bewegungen der Vergangenheit gelten.

* Vortrag am European Institute for International Affairs, Heidelberg, Januar 2003.

4. Das vierte Element kann als moralischer Standpunkt bezeichnet werden. Ein moralischer Standpunkt ist ein Standpunkt, der sich löst von den jeweiligen eigenen Interessen, von der eigenen kulturellen Prägung. In der modernen Ethik wird seit einigen Jahrzehnten darüber diskutiert, ob es einen *moral point of view* überhaupt gibt.

5. Dieser universelle Standpunkt, mit dem man sich herauszulösen vermag aus der jeweiligen individuellen kulturellen und historischen Situierung, ist wieder in diesen drei Dimensionen zu verstehen: kognitiv, pragmatisch, ästhetisch. Damit ist dem Humanismus ein gewisses Element des Universalismus eigen, der sich nicht nur auf die ethische Dimension beschränkt, sondern vor allem die kognitive betrifft: Die Idee einer von Autorität, Tradition und Kultur unabhängigen Wissenschaft.

6. Eine weitere Dimension von Humanität kann als Begründbarkeit gefasst werden. Hierunter wird die Fähigkeit verstanden, den eigenen Standpunkt gegenüber anderen rechtfertigen zu können.

7. Und damit das möglich ist, ist es erforderlich, sich in andere Personen und Situationen hineinzuversetzen. Diese Fähigkeit beruht auf Empathie.

8. Konflikte und Dissense werden verständigungsorientiert und nicht siegorientiert aufgelöst. Dieser Prozess der Klärung und Lösung erfolgt elenktisch und nicht eristisch.

9. Schließlich beruht diese Form des Umganges miteinander und der Gestaltung des eigenen Lebens auf so etwas wie der Anerkennung der individuellen menschlichen Würde.

10. Das führt zu einem letzten Element von Humanität, nämlich zu den Menschenrechten als universeller Minimalmoral, auf die man sich einigen können müsste, unabhängig von Interessenlagen und kultureller Prägung.

Ein Zusammenhang zwischen dem skizzierten Humanismus und den Geisteswissenschaften kann mittels menschlicher Intentionalität offen gelegt werden, was im Folgenden durch ein Gedankenexperiment veranschaulicht werden soll. Stellen Sie sich einmal vor, hochintelligente Wesen von einem anderen Stern landen hier und betrachten, was auf dieser Erde vor sich geht. Sie haben alle naturwissenschaftlichen Instrumente der Beobachtung und der Analyse zur Verfügung, die man sich nur wünschen kann, auch riesige Rechnerkapazitäten. Diese Wesen stoßen bei ihren Untersuchungen auch auf die menschliche Spezies, deren Mitglieder miteinander agieren, der eine liegt zum Beispiel im Bett und die andere pflegt diese Person, sie geht zum Schrank und holt Medizin raus usw. Dieser Vorgang wird nun von unserem hoch-intelligenten Außerirdischen haarklein naturalistisch analysiert. Da werden zum Beispiel die Muskeln elektrostatisch genau beschrieben: Was hat sich wann bewegt, in welchem zeitlichem Ablauf, wie sind die Ortsfunktionen, Impulse etc. Wir können uns das beliebig verfeinert vorstellen. Alles wird erklärt, hirnphysiologische Zustände eingeschlossen. Es ist zu vermuten, dass, wenn es ihnen nicht gelungen ist, in die Kultur einzudringen, in der dies stattfindet – einschließlich Spracherwerb, Erfassung von Intentionen insbesondere –, dass dann in dieser Beschreibung etwas fehlte. Sie würden ratlos sein, was hier eigentlich abläuft, und ratlos bleiben – trotz aller Verfeinerungen der Instrumente der naturalistischen Analyse.

Es fehlt das Erfassen von Intentionalität, wobei man – so meine These – das meiste, was wir an Aktivitäten aus den Geisteswissenschaften kennen, als eine Form der Auseinandersetzung mit der einen oder anderen Form menschlicher Intentionalität auffassen kann.

Es gibt natürlich Bereiche der Sozialwissenschaften, die menschliche Intentionalität zu umgehen versuchen, das gilt vor allem für die soziologischen Theorien marxistischer und strukturalistischer Prägung, als gescheiterte Großtheorien heute bestenfalls verblassende Ideologien. Die vergleichende Kulturwissenschaft oder die Geschichte befassen sich hingegen zweifellos auf die eine oder andere Weise mit menschlichen Intentionen, mit menschlichem Handeln und Motiven sowie den Folgen, die diese für das Interaktionsgefüge in der jeweiligen Gesellschaft haben oder hatten. Also spielt Intentionalität sowohl diachron wie synchron eine wichtige Rolle – bei den historischen Wissenschaften diachron. Wenn man sich die drei Dimensionen wieder vor Augen führt – kognitiv, pragmatisch, ästhetisch – könnte man sagen, dass die Geistes- und Wissenschaftsgeschichte sich im Wesentlichen auf die kognitive Dimension der Intentionalität konzentriert, in der pragmatischen Dimension wird sie Thema der Sozialwissenschaften und in der ästhetischen Dimension das der Kunsttheorie und der Kunstgeschichte, der Literaturwissenschaft usw. Das Definitionsmerkmal dafür ist: Wer in diesen Wissenschaften erfolgreich sein will, muss eine bestimmte Perspektive einnehmen, die missverständlich, aber trotzdem durchaus treffend, eine Beteiligtenperspektive selbst dort ist, wo man selbst nicht beteiligt ist, weil etwa viele Jahrhunderte oder viele Kilometer dazwischen liegen. Er kommt nicht darum herum, mit den eigenen Erfahrungen von Intentionalität zu interpretieren, was er als Untersuchungsgegenstand vor sich hat. Die Beobachterperspektive im Sinne der Verwendung bestimmter naturalistischer Prädikate ohne Einbeziehung dieser eigenen Erfahrung als Beteiligter reicht nicht aus. Wenn dies so in groben Zügen stimmt, dann ist es ein zentrales Ziel von Geisteswissenschaften den Horizont des Verstehens und der Verständigung zu erweitern. Falsch wäre die Auffassung, dass dies mit dem Anspruch nach universeller Gültigkeit oder Objektivität unvereinbar wäre. Man sollte hier also keine falschen Gegensätze zwischen Natur- und Geisteswissenschaften aufbauen. Wenn man dem bis dahin gefolgt ist, dann ergeben sich aufgrund der beiden Dimensionen Intentionalität und (dem normativen Begriff von) Humanität einige humanistische Forderungen bzw. Erwartungen an das, was früher die *studia humanitatis* waren und die man heute als die Geisteswissenschaften bezeichnet. Wenn das so charakterisiert wird, wie vorhin geschehen, dann scheint es ein wesentliches Element der Geisteswissenschaften zu sein, eine Brücke zu schlagen zwischen einerseits Wissenschaft und Lebenswelt und andererseits zwischen einzelnen Lebenswelten. Es kann gar nicht ohne solche Brücken gehen – das muss nicht explizit sein, aber implizit kommt man nicht darum herum in der Beteiligtenperspektive.

Die Lebenswelt ist nun in einem hohen Maße abhängig von etwas, was ich als Orientierungswissen verstehe. Orientierungswissen ist dasjenige Wissen, was es mir ermöglicht, mich in der Lebenswelt zu orientieren, z. B. mit anderen Menschen umzugehen, mein eigenes Leben so weit zu kontrollieren, dass ich das Gefühl habe, ich lebe mein Leben und führe nicht die Pläne anderer aus. Dieses Orientierungswissen ist erstaunlich resistent gegen wissenschaftliche Kritik. Ich will sogar noch einen Schritt weitergehen und sagen, dieses Orientierungswissen ist eher Prüfstein wissenschaftlicher

Theorien, soweit sie überhaupt Implikationen für das Orientierungswissen haben, als dass es etwa selbst einer wissenschaftlichen
Prüfung fähig wäre. Zugespitzt: Eine wissenschaftliche Theorie, die
mit zentralen Elementen unseres Orientierungswissens in Konflikt
kommt, scheitert – jedenfalls eher die Theorie als das Orientierungswissen. Es spielen drei Dimensionen in dieser Beziehung zwischen Geisteswissenschaften und Lebenswelt eine Rolle: Verständi-
gungsdimension, Handlungsdimension und die Sinndimension. Natürlich haben Menschen das Bedürfnis, dass das, was sie machen,
einen gewissen Sinn ergibt, wobei es um fundamentale Wertfragen
geht. Wenn überhaupt ein Bereich der Wissenschaften etwas dazu
beitragen kann, dann die Geisteswissenschaften, und genau diese
Erwartung wird ja auch an die Geisteswissenschaften herangetragen.
Jetzt kann man das Ganze umkehren und sagen: das hieße ja, dass
wir «szientistische» Erwartungen und Forderungen an die Geisteswissenschaften zurückweisen müssen. Also wenn mit «szientistisch»
lediglich gemeint ist, dass man möglichst präzise argumentiert, folgt
aus dem, was ich bislang gesagt habe, keine Zurückweisung des Szi-
entismus. Aber wenn darunter verstanden wird, dass alles, was wir
an geisteswissenschaftlichem begrifflichen Instrumentarium haben,
sich überführen lassen müsse in ein begriffliches Instrumentarium
ausschließlich naturalistischer Prägung, dann muss man sich dem
entgegenstellen. Viele Ismen wie etwa Naturalismus, Funktionalis-
mus, Strukturalismus und Behaviorismus sind mit dieser humanistischen Sichtweise nicht vereinbar. Der Mensch ist ein kommuni-
zierendes, handelndes, sinnsuchendes Wesen und als solches steht er
im Zentrum der Geisteswissenschaften.

Die Frage stellt sich natürlich sofort, in welchem Umfange die
Geisteswissenschaften diesen Anforderungen gerecht werden. Ich
möchte diese Frage für mein eigenes Fach zu beantworten versuchen:

Der Fall der Philosophie: Zustand einer Geisteswissenschaft in
Deutschland im Jahre 2003. Zum Ersten fällt ein Missstand ins
Auge, nämlich das weite Auseinanderklaffen zwischen öffentlicher
Wahrnehmung von Philosophie in Deutschland und den internen
Kompetenzkriterien für Philosophie, beginnend beim «Philosophi-
schen Quartett». Wenn man das ernst nimmt mit der Brücke zwi-
schen Philosophie und Lebenswelt, ist das etwas, was man nicht

einfach so abtun darf. Wenn als einer der bedeutenden Philosophen
in Deutschland ein begabter Feuilletonist gilt, dann stimmt mit
unserem Fach offensichtlich etwas nicht, jedenfalls mit der öffentlichen Wahrnehmung unseres Faches. Mir geht es dabei um Folgendes: Was tun die Philosophen, die das zu ihrem Beruf gemacht
haben, um diesen Erwartungen, die in der Gesellschaft an die Philosophie herangetragen werden, gerecht zu werden? Das ist ganz
unterschiedlich. Manche splitten sich auf in zwei Persönlichkeiten,
den Wissenschaftler, der für bestimmte Zeitschriften und Kolleginnen-
nen und Kollegen sowie fortgeschrittene Studierende schreibt, und
derjenige, der von Volkshochschulen eingeladen wird, um Vorträge
zu halten. Das eine muss mit dem anderen nicht sehr eng zusammenhängen. Berühmtes und von mir viel bewundertes Vorbild ist
Bertrand Russell – beide Persönlichkeiten sind hier ziemlich deutlich getrennt, wenn man seine Schriften so ansieht. Dass Abstriche
gemacht werden müssen, wenn eine Geisteswissenschaft in eine
breitere Öffentlichkeit tritt – an wissenschaftlicher Rigidität, bei der
Präzision der Argumente usw. –, liegt auf der Hand. Aber mir
scheint, dass es einen engeren Zusammenhang zwischen Forschung
und öffentlicher Vermittlung geben muss, wenn man der besonderen Rolle von Geisteswissenschaften gegenüber der Gesellschaft,
gegenüber der Lebenswelt gerecht werden will. Bezüglich der Ethik
gibt es z. B. auf der einen Seite die Erwartung – in der Politik, in
der Gesellschaft –, dass die Philosophie die Rolle übernimmt, die
der Priesterstand bzw. bestimmte Autoritäten von religiösen Gemeinschaften – vielleicht – innehatten. Wenn das die Philosophie
ernst nimmt und aufnimmt, dann würde sie sich hoffnungslos übernehmen, das kann sie m. E. nicht leisten. Eine demokratische Gesellschaft lebt vom öffentlichen freien Diskurs – da gibt es nicht die
Autorität, die über moralischen Fragen letztinstanzlich entscheidet.
Aber die philosophische Ethik muss sich den Fragen dennoch stellen und ihren Teil zur Klärung beitragen: begriffliche Konfusionen
beheben, Inkohärenzen aufdecken, normative Kriterien entwickeln
und modifizieren. Dies ersetzt nicht die moralische Entscheidung,
aber es kann zu ihrer Rationalisierung beitragen.

Die Philosophie ist eine besondere Geisteswissenschaft. Jede wissenschaftliche Disziplin leistet ihren Beitrag, aber wie keine andere
ist die Philosophie prädestiniert zur Entwicklung des wissenschaft-

lichen Weltbildes unter Einschluss der Ergebnisse der Naturwissenschaften. Sie hat die Aufgabe zu integrieren und zusammenzufügen, auch wenn sie diese Aufgabe in letzter Zeit vernachlässigt. Mir scheint, dass da in den letzten Jahrzehnten eine Tendenz dominiert, die die Philosophie eher als eine Spezialdisziplin für spezifische innerwissenschaftliche Themen sieht und die sie die größere – und übrigens alte – Aufgabe der Integration vernachlässigen lässt. Für die Brücke zwischen Wissenschaft und Lebenswelt spielt das Menschenbild eine wesentliche Rolle. Alle Geisteswissenschaften tragen dazu bei – aus historischer Perspektive, aus kulturvergleichender Perspektive, aus philologischer Perspektive usw. Aber dass ein Gutteil der Philosophie gegenüber derjenigen Schrumpfform von Menschenbild, das man – vielleicht nicht ganz fair gegenüber der Komplexität ökonomischer Theoriebildung – als *homo oeconomicus* bezeichnen kann, dermaßen defensiv ist wie die zeitgenössische Philosophie, ist für mich nicht ganz nachzuvollziehen. Wir erfahren eine epochale, über die Jahrzehnte sich hinziehende Verschiebung der gesellschaftlichen Produktion (ich verwende hier, sozusagen eine Kapitulation vor der ökonomischen Begrifflichkeit, einen ökonomischen Begriff): Weg von Primärbedürfnissen hin zu kulturellen Bedürfnissen. Die kulturelle Produktion und Konsumtion nimmt dramatisch zu und wird weiter dramatisch zunehmen. Es ist interessant zu sehen, wie sich die verschiedenen Branchen entwickeln. In der Kulturbranche haben sie eine Dynamik, wie in keiner anderen Branche, nicht einmal in der EDV-Branche. (Ich rede jetzt nicht von den staatlichen Ausgaben für die Kultur, die stagnieren seit einigen Jahren.) Es gibt zudem einen wachsenden und in Zukunft weiter wachsenden Bedarf nach interkultureller Verständigung. Es ist dies der kulturelle Aspekt der Globalisierung. Es gibt einen dramatisch gewachsenen und weiter wachsenden Bedarf in ganz unterschiedlichen Weisen nach Handlungsorientierung. Am plattesten zeigt sich das in der Explosion von mehr oder weniger seriöser Beratungsliteratur. Und damit hängt die alte Frage nach dem Sinn eng zusammen. Was machen wir eigentlich? Warum machen wir das? Ergibt das einen Sinn?

Diese Entwicklung wird nach meiner Einschätzung und nach Einschätzung von Fachleuten noch anhalten. Und da macht es Sinn, dass die Geisteswissenschaften ihr Image, das sie in der Gesellschaft haben, stärker mitgestalten als das bisher der Fall ist und sich aus der Ecke der reinen Buchwissenschaften lösen. Wir haben noch ganz andere Dinge anzubieten, z. B. klar zu denken, klar argumentieren, sich auf andere Kulturen einstellen zu können, Empathie zu entwickeln, Verständigungsprozesse zu erleichtern, Orientierung zu bieten. Wilhelm von Humboldt meinte die Selbstentfaltung des Individuums, die persönlichkeitsbildende Suche nach Wahrheit und Wissenschaft sei das Ziel und die Universität die zentrale Institution dieser Suche. Vielleicht ist deutlich geworden, dass das weniger abwegig ist, als die aktuelle Wissenschaftspolitik anzunehmen scheint.

Die geisteswissenschaftliche Perspektive[*]

Überraschenderweise hat sich der humanistische Charakter der Geisteswissenschaften in den vergangenen Dekaden verstärkt: statt Kanon eigenes Denken, statt disziplinärer Separation neue, fächerübergreifende Fragen, statt Schulbetrieb die Einheit von Forschung und Lehre, statt Ausbildung zu einzelnen Berufen Bildung der Persönlichkeit. Dies hat seine Ursache zum einen darin, dass das tradierte Ausbildungsziel der philosophischen Fakultät, nämlich das des Gymnasiallehrers, quantitativ nur noch eine untergeordnete Rolle spielt, und zum anderen, weil der Anteil kanonischer Lehrinhalte drastisch zurückgegangen ist und einer breiten Vielfalt unterschiedlicher Forschungsfelder, die jeweils in die Lehre einfließen, Platz gemacht hat. Ich halte es nicht für ausgeschlossen, dass man in fernerer Zukunft im Rückblick sagen wird, dass die Geisteswissenschaften hier Vorreiter für eine langfristig wirksame Entwicklung der Bildungseinrichtungen waren, die dadurch, dass sie frühzeitig die Orientierung auf spezifische Berufe aufgaben, den Erfordernissen einer mobiler, globaler und dynamischer gewordenen Arbeitswelt gerecht wurden. Niemand konnte voraussehen, dass die gewaltig angestiegenen Studierendenzahlen in den Geisteswissenschaften vom Arbeitsmarkt so problemlos absorbiert würden. Das Gerede von der Krise der Geisteswissenschaften verdeckt ihren eminenten Erfolg in jüngster Zeit.

I. Gegen falsche Emphasen

Wer diesen Erfolg der Geisteswissenschaften verstehen will, muss sich vor falschen Emphasen hüten. In den Aufgeregtheiten des Krisen-Geredes sind Gegenüberstellungen üblich geworden, die die Geisteswissenschaften nicht nur unzureichend charakterisieren, sondern auch geeignet sind, diese zu beschädigen. Ich wende mich im

---

[*] Vortrag auf dem Symposium der ZEIT-Stiftung «Universität und Persönlichkeitsbildung», St. Gallen November 2003.

Folgenden gegen sechs solcher falschen Emphasen, die man sicher
noch um weitere ergänzen könnte.

(1) Vage vs. präzise
Naturwissenschaften, so heißt es, würden einem Präzisionsideal
huldigen, das in den Geisteswissenschaften ganz unangemessen
wäre. Die oft unverständlichen oder vagen Formulierungen
geisteswissenschaftlicher Publikationen seien durch die Natur
des Gegenstandes bedingt. In der Tat gibt es, je nach wissen-
schaftstheoretischem und philosophischem Vorverständnis, Bereiche in den Geisteswissenschaften, die sich einer unnötig vagen, schwer verständlichen, ja obskuren Sprache bedienen. Gute
Geisteswissenschaft aber ist in gleicher Weise argumentativer
Klarheit, Präzision der Formulierung, Nachvollziehbarkeit und
Sorgfalt verpflichtet wie die Naturwissenschaften. Die Präzisi-
onsstandards etwa der philosophischen Logik werden wohl von
keiner naturwissenschaftlichen Disziplin übertroffen. Die Sorgfalt, mit der Historiker mit Dokumenten umgehen, kann sich
mit der des Botanikers im Umgang mit Pflanzen durchaus mes-
sen. Die Tiefenanalysen der Linguisten sind genauso skrupulös
wie die Sequenzierung eines Genoms.

(2) Wort vs. Zahl
Auch die Charakterisierung der Geisteswissenschaften als wort-
und die der Naturwissenschaften als zahl-bezogen ist irrefüh-
rend. Zum einen hat die Mathematik nicht so sehr mit Zahlen
als mit Strukturen zu tun. Die Mathematik ist die Strukturwis-
senschaft par excellence. Auch das Sammeln von Daten spielt in
den Naturwissenschaften eine weit geringere Rolle als Geisteswissenschaftler meinen. Die bloße Akkumulation von Datenge-
birgen, aus denen dann Theorien destilliert werden, entspricht
einem induktivistischen Missverständnis von Naturwissenschaft,
das bis auf Bacon zurückgeht. Und andererseits spielt das ma-
thematische Denken auch in den Geisteswissenschaften eine
weit größere Rolle als es vielen Studierenden lieb ist.

(3) Buch- vs. Realwissenschaft
Diese Entgegensetzung kann man mindestens bis zu dem Streit
zwischen den real-wissenschaftlich orientierten Pietisten und den

text-orientierten Humanisten zurückverfolgen. Dennoch führt auch diese Gegenüberstellung in die Irre. Die Gegenstände der Kunstgeschichte oder der *cultural studies* sind meist keine Bücher. Vor allem aber geht es in den Geisteswissenschaften in hohem Maße gerade um die *Realia* unserer kulturell verfassten Welt, auch wenn diese sich oft besonders gut anhand geschriebener Texte analysieren lassen. In der Geschichtsschreibung geht es um eine Rekonstruktion realer Vorgänge, auch wenn den Zugang erst Text-Dokumente ermöglichen.

(4) Tradition vs. Fortschritt
Es ist nicht zu bestreiten, dass es eine melancholische Attitüde in den Geisteswissenschaften gibt, die das Vergangene festhalten möchte und der der Zeitgeist zuwider ist. Umgekehrt rechtfertigen Naturwissenschaftler die Förderungswürdigkeit ihrer Projekte oft mit dem zu erwartenden Beitrag zum technischen oder ökonomischen Fortschritt. Eine umfassende historisierende Geisteswissenschaft, die Eingrenzung ihrer Funktion auf die des Bewahrens oder gar der Kompensation des Fortschritts wäre für die Geisteswissenschaften desaströs. Es ist aber auch nach meiner Einschätzung nicht erkennbar, dass eine solche Selbstverstümmelung zu erwarten ist. Zweifellos spielen geisteswissenschaftliche Forschungen und die geisteswissenschaftliche Lehre eine wichtige Rolle für das kulturelle Gedächtnis einer Gesellschaft. Zugleich aber gehen von den Geisteswissenschaften auch wichtige Impulse kultureller und gesellschaftlicher Veränderung aus. Die heutige Sprachwissenschaft verdankt wichtige Anstöße Philosophen wie Ludwig Wittgenstein, John Longshaw Austin oder H. P. Grice. Die moderne Computerwissenschaft hat in der philosophischen Logik ihren Ahnherrn, ja die Wissenschaftsdynamik in der philosophischen Fakultät war in den vergangenen 200 Jahren so überwältigend, dass alle paar Jahre eine neue Disziplin geboren wurde, die sich dann oft aus der philosophischen Fakultät in die Natur- oder Sozialwissenschaften verabschiedete. Auch wenn der Philosophie zentrale Fragen wohl für immer erhalten bleiben und jede Epoche wieder ihre Antworten auf sie finden muss, so wäre der Eindruck doch ganz irrig, diese Beständigkeit über die Jahrhunderte und Jahrtausende

sei Ausdruck inhaltlichen Stillstands. Dieser Eindruck kann nur
deshalb entstehen, weil zum einen der Fortbestand zentraler
Fragen nicht verdecken darf, dass der Diskussionsstand sich
grundlegend gewandelt hat und in manchen Bereichen, etwa
dem der Erkenntnistheorie, einer faszinierenden Dynamik unterworfen ist; und zum anderen, weil sich diejenigen Bereiche
der Geisteswissenschaften und speziell der Philosophie, die sich
im Laufe der Zeit als geeignet erwiesen haben, um mit kanoni-
schen Methoden traktiert zu werden, zu eigenständigen Disziplinen verselbstständigten. Nichts illustriert den Fortschritt der
Naturphilosophie in den vergangenen drei Jahrhunderten deutlicher als der heutige Stand der physikalischen Elementarteil-
chenforschung und der physikalischen Kosmologie. Aber auch
in den Forschungsgebieten, die in den Geisteswissenschaften
verbleiben – man denke etwa nur an die geradezu dramatisch
veränderte Forschungslandschaft in der Archäologie und An-
thropologie –, gibt es eine Erkenntnisdynamik, die mit der der
Naturwissenschaften durchaus mithalten kann und in vielen Fällen diese übertrifft.

Eine umfassende Historisierung der Geisteswissenschaften
käme einer Selbst-Marginalisierung gleich. Geisteswissenschaften dürfen sich nicht zur Hilfswissenschaft der globalen Mu-
seumskultur verkürzen lassen. Die ohnehin bestehende Tendenz, ästhetische Qualität und kulturelle Identität nur in Gestalt
der Bewahrung des Bedrohten zu schätzen, darf durch die Geisteswissenschaften nicht noch verstärkt werden. Das Lob der
Geisteswissenschaften als Kompensation kann leicht zu ihrem
Nachruf werden. Eine bloß kompensatorische Wissenschaft verzichtet auf Prägekraft und Fortschrittsdynamik. Sie trägt zur
Bewahrung des kulturellen Gedächtnisses bei und verliert dabei
die Zukunft.

(5) Ideologie vs. Empirie
Die US-amerikanische Debatte um Alan Sokals Test[10] hat die-
jenigen bestärkt, die die Geisteswissenschaften insgesamt unter
Ideologieverdacht stellen. In der Tat ist nicht zu leugnen, dass

10 Vgl. hierzu: Alan Sokal und Jean Briemont: *Eleganter Unsinn. Wie die Denker der Postmoderne die Wissenschaft missbrauchen*, München 1999.

die Geisteswissenschaften mehr als die Naturwissenschaften, aber vermutlich weniger als die Sozialwissenschaften, ideologischen Einflüssen ausgesetzt sind. Dies gilt nach meinem Eindruck für die US-amerikanischen *humanities* in höherem Maße als für die europäischen Geisteswissenschaften. Die philologische und historische Methodenstrenge immunisierte wenigstens teilweise die europäische geisteswissenschaftliche Tradition gegenüber ideologischen Großprogrammen, wie etwa dem des Neo-Marxismus in den 60er und 70er Jahren. Nirgendwo scheint mir allerdings gegenwärtig die ideologische und interessengesteuerte Einflussnahme deutlicher zu sein als in der Ökonomie. Die kleinteilige geisteswissenschaftliche philologische, historische und philosophische Forschung scheint mir demgegenüber sogar in besonderer Weise immun zu sein. Die Gefahr der Ideologisierung ergibt sich eher auf der Ebene des großen Theorienstreits und der Paradigmen-Konkurrenz. Je schwächer die Anbindung an geisteswissenschaftliche Detailanalysen ist, desto ideologieanfälliger wird diese.

(6) Zweckfrei vs. instrumentell
Auch die Gegenüberstellung zweckfreier Geisteswissenschaften auf der einen und an gesellschaftlichem Nutzen orientierter bzw. instrumentalisierter Naturwissenschaften auf der anderen Seite geht in die Irre. Weite Bereiche naturwissenschaftlicher Forschung sind höchstens vordergründig auf technische und ökonomische Nutzanwendung ausgerichtet. Diese vordergründige Ausrichtung ist oft forschungspolitisch – oder genauer: forschungsfinanzpolitisch – geboten, da Drittmittelgeber gern solche Erwartungen hören, um ihre Mittelvergabe gegenüber nicht-wissenschaftlichen Autoritäten begründen zu können. Naturwissenschaftliche Grundlagenforschung hat jedoch bestenfalls langfristig ihre technische oder ökonomische Fruchtbarmachung im Blick. Ja, zugespitzt lässt sich sagen: Nur solche Grundlagenforschung hat auch Aussicht, eines Tages von technischem, ökonomischem oder gesellschaftlichem Nutzen zu sein, die sich gegen Instrumentalisierungen von vornherein verwahrt. Zweifellos ist der zeitliche Hiatus zwischen Forschungsergebnis und technischer Nutzung kontinuierlich kleiner gewor-

den. Ja in manchen Bereichen, etwa dem der Gentechnik, ist die technische Verwendung und die naturwissenschaftliche Forschung auch methodisch eng miteinander verwoben. Dennoch würde man ein Zerrbild der zeitgenössischen Naturwissenschaften zeichnen, wenn man den Eigenwert und die intrinsische Motivation naturwissenschaftlicher Forschung ausblendete. Ich würde mir allerdings wünschen, dass auch Naturwissenschaftler dies in ihrer öffentlichen Selbstdarstellung deutlicher machten. Wenn Physiker herauszufinden versuchen, was «die Welt im Innersten zusammenhält», so ist dies eine auch dann sinnvolle Tätigkeit, wenn nicht zu erwarten ist, dass sich auf dieser Grundlage eines Tages der legendäre Fusionsreaktor entwickeln lässt, der die Energieprobleme der Menschheit vermeintlich löst. Und andererseits gibt es geisteswissenschaftliche Forschung von hohem gesellschaftlichen Nutzen. Dies betrifft – jedenfalls ist das die Hoffnung vieler – die angewandte Ethik, die dazu beitragen soll, Orientierung auch in neuartigen, etwa durch neue Technologien erst erschlossenen Handlungsfeldern zu ermöglichen. Dies betrifft die Islamwissenschaft, die u. a. auch zu einem besseren Verständnis einer Nachbar-Kultur beitragen will.

II. Die Essenz der geisteswissenschaftlichen Perspektive

Im Rahmen solch skizzenhafter Überlegungen den Versuch zu machen, auch noch das, was die geisteswissenschaftliche Perspektive eigentlich ausmacht, zu bestimmen, scheint vermessen. Tatsächlich möchte ich nur drei, allerdings zentrale Elemente benennen, ohne diese zu einer allgemeinen Definition zusammenzuführen.

(1) Kultur
Zweifellos haben es die Geisteswissenschaften mit Kulturphänomenen zu tun, während die Naturwissenschaften sich mit Naturphänomenen befassen. Schwierig wird die Abgrenzung zwischen Geistes- und Sozialwissenschaften. Die schon in der griechischen Klassik gebräuchliche Unterscheidung von *nomo* und *physei*, dem von Natur Seienden und dem vom Menschen erst so Festgesetzten, macht nicht nur in der Rechtswissenschaft Sinn. Kulturphä-

nomene gäbe es ohne den Menschen nicht; Naturphänomene mögen zwar vom Menschen beeinflusst sein, sie sind jedoch nicht erst durch den Menschen in die Welt gesetzt. Wenn eine Horde von Schimpansen, die einen bestimmten Teil des Waldes bewohnt, eine spezifische Praxis ausgebildet hat, sich begehrtes Fruchtfleisch zu besorgen und diese Praxis an ihre Nachkommen weitergibt, während eine andere Gruppe von Schimpansen der gleichen biologischen Art eine andere Praxis etabliert hat und an ihre Nachkommen weitergibt, dann kann man schon von einem Kulturphänomen sprechen, wie mir scheint. Die Grenze zwischen Natur- und Kulturphänomenen ist, wie dieses Beispiel zeigt, nicht scharf. Es gibt eine Grauzone. Dennoch macht diese Unterscheidung Sinn. Es gibt eindeutige Kulturphänomene, wie etwa die Praxis des Orgelspiels. Es gibt menschliche Verhaltensweisen, die sowohl natürlich wie kulturell geprägt sind, etwa im Umgang mit Kleinkindern oder in sexuellen Beziehungen. Die geisteswissenschaftliche Perspektive richtet sich auf Kulturphänomene, und sie ist daher wenigstens zum Teil immer auch eine Beteiligtenperspektive. Wir sind kulturell verfasste Wesen und können uns Kulturphänomenen nicht vollständig von außen nähern, so sehr einzelne methodische Maximen dies auch angestrebt haben. Erst die Beteiligtenperspektive macht ein tieferes Verständnis kultureller Phänomene möglich.

(2) Intentionalität

Eng damit verbunden ist die Rolle von Intentionalität, d. h. der Fähigkeit des menschlichen Geistes, sich auf etwas zu richten. Unsere Intentionalität ist durch die Abwägung von Gründen – theoretischen und praktischen – gesteuert, oder sollte es zumindest sein. Diese Steuerungsleistung mag man sogar als das spezifisch Humane charakterisieren. Ich habe die philosophische Position, die dadurch charakterisiert ist, dass sie das Abwägen von Gründen (theoretischen und praktischen) und damit theoretische und praktische Rationalität als unaufgebbares Charakteristikum menschlicher Existenz bestimmt, als theoretischen Humanismus bezeichnet, der von einem ethischen Humanismus, der sich durch die Anerkennung bestimmter Normen und Werte bestimmt, zu unterscheiden ist. Es ist die Position des theoretischen Humanismus, die der Philosophie eine besondere, um nicht zu sagen zentrale Rolle in den Geisteswissenschaften zuweist. Denn das ist das zentrale Thema der Philosophie: gute von schlechten Gründen zu unterscheiden. Im Bereich der Erkenntnistheorie geht es um theoretische Gründe und im Bereich der Ethik um praktische Gründe. Gründe fügen sich nach dieser Auffassung nicht in den kausalen Naturzusammenhang nahtlos ein. Sie bestimmen Grenzen der naturwissenschaftlichen Analyse.

(3) Werte
Die geisteswissenschaftliche Perspektive ist in einer anderen Weise als die naturwissenschaftliche auf Werte bezogen. Max Weber sprach von der Kulturbedeutung ihrer Gegenstände, und in der Tat konstituieren in den Geisteswissenschaften letztlich Wertfragen den Forschungsgegenstand. Wer kulturelle Entwicklungen verstehen will, kommt darüber hinaus nicht umhin, die Werthaltungen ihrer Protagonisten nachzuzeichnen. Dies aber ist ohne ein Element der Selbstreflexion kaum zu realisieren. Der objektive und distanzierte kulturwissenschaftliche Beobachter ist eine Fiktion. Jemanden in seinem Handeln zu verstehen, heißt – in Grenzen –, seine Motive nachvollziehen, sich in seine mentale Lage hineinversetzen zu können. Auch eigene Handlungsmotive und Entscheidungssituationen geraten damit in den durch die Distanz geschärften Blick. Und schließlich geht es in den Geisteswissenschaften nicht nur um Beschreibung, sondern auch um die Bekräftigung oder die Kritik von Werthaltungen und Normensystemen. Neben die deskriptive tritt die normative Rolle der Geisteswissenschaften.

III. Die spezifischen Leistungen der Geisteswissenschaften

Man könnte eine lange Liste von Leistungen zusammenstellen, die Geisteswissenschaften erbringen. Ich möchte mich hier auf drei Kategorien beschränken.

(1) Wahrnehmung
Geisteswissenschaften schärfen den Blick, sie erlauben, kulturelle Gegenstände präziser zu erfassen und sie in einen Zusammenhang einzuordnen. Dazu bedarf die geisteswissenschaftliche Perspektive der Empathie, d. h. der Fähigkeit, sich in Menschen anderer Kulturen (diachron oder synchron) hineinzuversetzen. Werke der Architektur, der bildenden Kunst oder der Musik und der Literatur werden in ihrer Besonderheit, auch ihrem besonderen Wert, fassbarer, oft auch erst verständlich gemacht.

(2) Orientierung
Die Geisteswissenschaften tragen sowohl zur deskriptiven wie normativen Orientierung bei, sie vermitteln deskriptives und normatives Orientierungswissen. So machen sie z. B. die Genese der Gesellschaft, der man angehört, verständlich (als Geschichte), decken die Antriebskräfte von Konflikten auf und erschließen kulturell differente Denk-, Handlungs- und Empfindungsweisen. Die Ethik entwickelt Kriterien des richtigen Handelns und diskutiert die Angemessenheit praktischer Begründungen.

(3) Integration
Geisteswissenschaftliche Theorien führen das vielgestaltige Kaleidoskop von empirischen Befunden wieder zusammen. Sie erhellen, was menschliche Existenz in ihren emotiven und rationalen, kulturellen und sozialen Dimensionen ausmacht. Ja es sind oft erst die Geisteswissenschaften, die natur- und sozialwissenschaftliche Forschungsergebnisse wieder zu einem wissenschaftlichen Weltbild zusammenfügen.

Schlussbemerkung: Reformbedarf

Wenn diese Sicht auf die Geisteswissenschaften, wenn diese Skizze der geisteswissenschaftlichen Perspektive nicht völlig abwegig ist, so ergibt sich allerdings eine Forderung an uns Lehrende in den Geisteswissenschaften, nämlich die spezifischen Kompetenzen, die Geisteswissenschaften vermitteln, nicht lediglich als Nebenfolgen des Studiums in Kauf zu nehmen, sondern diese selbst zum Inhalt des geisteswissenschaftlichen Studiums zu machen. Ich nenne drei dieser Kompetenzen:

(1) Artikulationsfähigkeit
Absolventen geisteswissenschaftlicher Studien sollten in der Lage sein, ihre Gedanken klar zu formulieren und auch ohne Manuskript verständlich und zusammenhängend zu sprechen. Wir fördern in unseren Lehrveranstaltungen diese Fähigkeit nur unzureichend.

(2) Sprachkompetenz
Da Sprache nicht nur ein Mittel ist, um seine Ansichten über die Welt mitzuteilen, sondern auch Medium individuellen und gesellschaftlichen Handelns, ja im weitesten Sinne eine Lebensform darstellt, ist der Zugang zu Kulturen nur über ihre Sprachen möglich. Für Absolventen geisteswissenschaftlicher Studien sollte daher die gute Beherrschung von mehreren Sprachen selbstverständlich sein und diese Fähigkeit stärker auch zum Inhalt des geisteswissenschaftlichen Studiums auch außerhalb der Sprachwissenschaften gemacht werden.

(3) Interkulturalität
Die viel beschworene interkulturelle Kompetenz, d. h. die Fähigkeit, zwischen Kulturen zu vermitteln, in unterschiedlichen Kulturen Handlungsweisen und Reaktionen zu versehen, hat eine pragmatische Dimension: Interkulturalität verlangt die konkrete Erfahrung des Lebens in anderen Kulturen und damit des Aufenthalts in anderen Ländern, nicht nur zum Zwecke des Urlaubs. Auch dies sollten wir stärker zum Inhalt der geisteswissenschaftlichen Studien machen.

Die Geisteswissenschaften würden damit wieder stärker zu dem werden, was sie ursprünglich waren, nämlich *artes liberales*, nicht nur Theorien des Kulturellen, sondern auch Kunstfertigkeiten.

Die Universität zwischen Humboldt und McKinsey.
Perspektiven wissenschaftlicher Bildung*

Die europäischen Wissenschaftspolitiker verfolgen seit vielen Jahren das Ziel, in der Europäischen Union eine eigene differenzierte Hochschullandschaft mit unterschiedlichen Schwerpunkten an unterschiedlichen Orten, neuen Profilierungen einzelner Universitäten und doch einheitlichen und vergleichbaren Studienabschlüssen zu etablieren. Dieses Ziel ist sinnvoll. Und diejenigen, die diesen sog. Bologna-Prozess kritisieren, sollten fairerweise das Eingeständnis vorausschicken, dass die europäischen Universitäten mit wenigen punktuellen Ausnahmen schon seit Jahrzehnten in einer desolaten Verfassung sind: Studienabbrecherquoten in einzelnen Fächern und an einzelnen Universitäten über 90 Prozent, veraltete und magere Literaturbestände in den Fachbibliotheken, aberwitzige Betreuungsrelationen, Marginalisierung der Forschung und unterschiedliche Rückzugs-Strategien führender Forscher. Die Reaktionen auf den Bologna-Prozess unter den Kolleginnen und Kollegen sind erstaunlich einhellig: Alle beklagen die zunehmende Verschulung und die enger werdenden Spielräume für eine intensive Kooperation zwischen fortgeschrittenen Studentinnen und Professoren sowie die eigene Forschung. Wenn sich auch die Erwartungen erstaunlich gleichen, so ist der Tenor der Kritik doch auffällig unterschiedlich. Er reicht vom Alarmismus der einen, für die das Ende der Universität, zumindest der «Verlust ihrer Seele», unmittelbar bevorsteht, bis zum Quietismus lebenskluger Unerschütterlichkeit nach dem Motto: «Die Universität hat die Bildungsexpansion der 60er und die neo-marxistische Indoktrination der 70er Jahre erstaunlich gut bewältigt, sie wird auch den Versuch, sie in eine Berufsschule zu verwandeln, mit kleinen Nischen für den wissenschaftlichen Nachwuchs überstehen. Ob die quietistische oder die alarmistische Haltung die richtige war, wird sich erst in einigen Jahren entscheiden

---

* Festrede zur Verleihung des Deutschen Studienpreises, Berlin, Mai 2005.

lassen. Das Ergebnis in einigen Jahren wird jedoch sehr davon abhängen, in welcher normativen Verfasstheit die europäische Universität sich den Herausforderungen stellt. Bleibt sie der humanistischen Substanz der europäischen Universitätsidee treu (Humboldt)
oder gerät sie in den Sog einer umfassenden Ökonomisierung, an
deren Ende nur ein zerklüftetes Trümmerfeld stehen könnte mit
einzelnen, von der Industrie abhängigen, hoch dotierten und an-
wendungsorientierten Forschungszentren, einigen elitären «hohen
Schulen» und dem großen Rest provinzieller Colleges, deren Absolventen zwar einen «berufsbefähigenden» Bachelor-Abschluss vor-
weisen können, aber mit dem wissenschaftlichen Studium nicht in
Berührung gekommen sind (McKinsey). Welche regulative Idee der
Universität kann und soll den Reformprozess leiten? Ich will auf
diese Frage in drei Schritten eine Antwort geben:

1. Eine Vergewisserung der historisch leitenden Idee der europäischen Universität.
2. Der Befund ihrer aktuellen Krise.
3. Auf dieser Grundlage: Wie könnte die Zukunft der europäischen
   Universität aussehen und von welchen Ideen sollte sie sich inspi-
   rieren lassen?

Die europäische Universität, die gemeinsame europäische Wissenschaftsgeschichte, scheint mir das stärkste Band bei aller Unter-
schiedlichkeit der Nationen und Kulturen in Europa zu sein, das
uns bis heute zusammenhält. Dieses Band wieder stärker zu knüpfen, gerade nach dem Ende der Spaltung Europas als Folge der NS-
Terrorherrschaft und des Krieges, ist nicht nur sinnvoll, sondern
unumgänglich, wenn dieses Europa eine Zukunft jenseits des bloßen ökonomischen Marktes haben soll.

Vor nun fast 200 Jahren wurde, angeleitet durch Konzeptionen
von Schleiermacher und Wilhelm von Humboldt, die Berliner Reformuniversität gegründet. Innerhalb weniger Jahre wurde sie dank
dieser neu-humanistischen Idee und großzügiger Mittelbereitstel-
lung von Seiten des preußischen Staates, der sich ansonsten der inhaltlichen Einmischung enthielt, zur führenden deutschen und
schließlich auch europäischen Universität, die auch auf der anderen
Seite des Atlantiks bewundert und im ausgehenden 19. Jahrhundert
zu kopieren versucht wurde. Hier hatte sich endgültig das Bildungs-
und Wissenschaftsprinzip gegen die Ausbildungsorientierung durch-

gesetzt. Während die mittelalterlichen Fakultäten Priester, Ärzte und Juristen ausbildeten und die Studenten in den *artes liberales* so manches studieren konnten, was zwar zweckfrei, aber durchaus für die spätere Ausbildung zum Juristen oder Priester oder Mediziner sinnvoll schien, hatte sich das Verhältnis nun endgültig umgedreht. Die Wissenschaftsorientierung der Philosophie und die aus dieser Disziplin hervorgehenden geistes-, natur- und sozialwissenschaftlichen Einzeldisziplinen waren ausschließlich auf Erkenntnisgewinn gerichtet und bildeten den Nukleus der Neuen Universität. Die ausbildungsorientierten Fächer mussten ihre Wissenschaftlichkeit erst entwickeln, wenn sie nicht Gefahr laufen wollten, aus der Universität herausgedrängt und in bloße Schulen zurückgestuft zu werden. Das 19. Jahrhundert erlebte eine rasante Ausdifferenzierung des Fächerspektrums und die sich bis in die heutige Zeit erstreckende Emanzipation der Einzelwissenschaften von der Philosophie. Sie blieb als sperriges Residuum umgeben von philologischen und historischen Fächern und verlassen von den Natur- und Sozialwissenschaften. Eine Philosophie, die sich selbst treu bleibt, also weder zu einer philologischen noch zu einer historischen Disziplin mutiert, wirkt wie ein archaischer Findling in der modernen Wissenschaftslandschaft. Aber nur dies sichert ihr Respekt und Wirkung. Die machtvolle Idee der Einheitsstiftung durch die Leitwissenschaft Philosophie, die nicht nur für Schleiermacher und Humboldt prägend war, kann die Einheit der zeitgenössischen Universität nicht mehr stiften. Diese Einheit muss tiefer ansetzen und die disziplinäre Pluralität achten. Die Einheit der modernen Universität ist die Verbindung von Forschung und Lehre und die konsequente Orientierung an wissenschaftlicher Rationalität. Verbindung von Forschung und Lehre heißt, dass diejenige Forschung, die auch für die Lehre relevant ist, an den Universitäten ihren Ort hat. Und daher ist die Abwanderung wissenschaftlicher Grundlagenforschung in außeruniversitäre Institutionen, wie es nicht nur für die Sowjetunion und die DDR, sondern wie es auch heute noch für die BRD charakteristisch ist, problematisch. Universitäre Lehre zeichnet sich durch einen unmittelbaren Forschungsbezug aus. Und zwar im doppelten Sinne: Zum einen insofern, als die Lehre an den Universitäten nicht kanonisiert werden darf, sondern immer lebendig bleiben muss und sich kontinuierlich dem Forschungsstand und der internationalen wissenschaftlichen Debatte anzupassen hat. Aber auch in dem Sinne, dass es keine Universitätslehrer geben darf, die nicht selbst einen wesentlichen Teil ihrer Arbeitszeit der Forschung widmen. Noch Immanuel Kant musste sich die Lehrbücher, nach denen er seine Vorlesungen hielt, vom Ministerium genehmigen lassen, wobei er mit dieser Kanonisierung und Disziplinierung in der Weise umging, dass er in umfangreichen Kommentierungen am Ende den Lehrbuch-Text weitgehend ersetzte. Die gegenwärtig in den Bachelor- und Masterstudiengängen um sich greifende Praxis detaillierter Modul-Beschreibungen und die Erwartung der Studierenden, schon frühzeitig zu wissen, was sie jeweils in den nächsten Semestern gelesen haben müssen, um die Prüfung zu bestehen, stellt insofern einen Rückfall in die mittelalterliche und frühneuzeitliche Universität dar. Die mühsam gegen die staatlichen und klerikalen Autoritäten erkämpfte konsequente Orientierung an wissenschaftlicher Rationalität droht dabei Schaden zu nehmen. Es ist zu hoffen, dass die Praxis der Akkreditierung gegenüber den ursprünglichen Vorstellungen wieder zurückgenommen wird und die Freiheit der Universitäten, ihre Lehr- und Forschungsinhalte selbst zu bestimmen, wie es für die Humboldt'sche Reformuniversität vor 200 Jahren selbstverständlich war, wieder ernster genommen wird. Dies könnte etwa in der Form geschehen, dass die jeweiligen Universitäten in toto eine entsprechende Akkreditierung erhalten, so dass die inhaltliche Beurteilung von Studiengängen durch Akkreditierungsinstanzen entfällt bzw. zur bloßen Formalität wird.

Die aktuelle Krise der europäischen Universität ist in erster Linie eine normative, keine strukturelle. Die fast ausschließliche Konzentration der Wissenschaftspolitik auf Strukturen, Besoldungsordnungen und Studienabschlüsse verdeckt die eigentliche Problematik. Soll die europäische Universität sich als Gravitationszentrum der europäischen Wissenschaftsentwicklung verstehen oder als Verlängerung der gymnasialen Oberstufe, als großes College mit der einen oder anderen Forschungsnische? Der Bologna-Prozess begann mit dem zutreffenden Befund, dass es so wie bisher nicht einfach weitergehen kann, dass tief greifende, auch strukturelle, Veränderungen nötig sind, um einen einheitlichen Hochschulraum zu schaffen, der sich auch gegenüber den US-amerikanischen Universitäten behaupten kann. Aber während der deutsche Idealismus die humanistischen

Prinzipien der damaligen Reformuniversität vorgab, fehlte es dem Bologna-Prozess an geistiger Orientierung. Die Folge war die substantiell nicht weiter unterfütterte Zielsetzung, möglichst viel aus US-amerikanischen Universitäten zu kopieren. Das Ergebnis sind Implantate, die in die europäische Universitätslandschaft verpflanzt, je nach nationaler Wissenschaftstradition, sich mehr oder weniger gut, meist eher schlecht verwurzeln. Eines dieser nicht zu Ende gedachten Implantate ist die Junior-Professur. Um konkurrenzfähig zu sein, müsste diese mit einer 10-year track-Option verbunden werden. Eine solche Option steht dabei im Widerspruch zum Hausberufungsverbot, das dringend erforderlich war, um der Inzucht an deutschen Universitäten einen Riegel vorzuschieben. Ein genauerer Blick in die Rekrutierungspraxis führender US-amerikanischer Universitäten zeigt, dass dort die wichtigste Selektionsphase beim Übergang in die *grad-school* erfolgt. Dort, in der Auslese der PhD-Studenten, herrscht ein harter, durch Schulbindungen und Lehrstuhl-Zugehörigkeiten kaum abgeschwächter Konkurrenzkampf. Der weitere Gang der wissenschaftlichen Karriere ist dann wieder in höherem Maße von der Wertschätzung der Kollegen des eigenen Instituts geprägt. In Europa kennt dagegen die Verantwortung des jeweiligen Lehrstuhlinhabers für den wissenschaftlichen Nachwuchs schier keine Grenze, sie reichte bis in die Phase der Professorabilität, bisher hieß das überwiegend Habilitation. Die Konkurrenz qua Selektion war insofern eine interne mit allen Vor- und Nachteilen, die das mit sich bringt: Die genaue Kenntnis, die intensive Betreuung, das persönliche Loyalitäts- und Verantwortungsverhältnis einerseits, aber auch die Protektion, der Ausschluss oder die Benachteiligung derjenigen, die keine Anbindung an einen einflussreichen Lehrstuhlinhaber aufweisen, andererseits. Vergleichbares ist über den Bachelor zu sagen. Die deutschen Diplomstudiengänge, etwa in den Ingenieurwissenschaften, sind international hoch anerkannt und brauchen keinen Vergleich mit ihren US-amerikanischen Master-Absolventen scheuen. Der berufsqualifizierende Abschluss nach nur drei Jahren passt nicht in das deutsche Universitätsdiplom und entsprechend haben sich die Technischen Universitäten in Deutschland, die ein hohes internationales Renommee zu verzeichnen haben, zur Wehr gesetzt. Generell sollte man in Erinnerung rufen, was für eine Funktion der Bachelor in den Vereinigten Staaten hat. Zu Recht waren bei der Entwicklung des amerikanischen Universitätssystems die Bildungsplaner davon überzeugt, dass sie mit dem hohen Niveau etwa eines deutschen gymnasialen Abiturs mit ihren High School-Abschlüssen nicht mithalten können. Die Absolventen amerikanischer High Schools galten daher als noch nicht studierfähig im engeren Sinne. Der amerikanische Bachelor- bzw. College-Abschluss ist daher allgemeinbildend und entspricht eher der gymnasialen Oberstufe als einem wissenschaftlichen Studium. Das in den letzten drei Dekaden abgesunkene Qualifikationsniveau der sog. allgemeinen Hochschulreife hat diesen Unterschied zwischen amerikanischem High School-Abschluss und deutschem Abitur weitgehend eingeebnet. Die Verkürzung der Schulzeit von 13 auf 12 Jahre wird nolens volens eine weitere Absenkung zur Folge haben. Eine konsequente Kopie des US-amerikanischen «Vorbilds» würde auch in Europa eine Gesamtschule von 12 Jahren etablieren und darauf einen allgemein bildenden College- bzw. Bachelor-Abschluss draufsetzen. Dessen Abschluss, die Fähigkeit zu einem wissenschaftlichen Studium, beinhaltet aber auch eine recht unspezifische berufliche Qualifikation. Es ist in den USA üblich, dass viele Studierende nach dem Bachelor-Abschluss zunächst in den Beruf gehen, um dann nach einigen Jahren einen Master-Abschluss hinzuzufügen und der kleinere Teil, der für eine wissenschaftliche Karriere geeignet erscheint, dann zu einem PhD-Abschluss komplettiert. Das Promotionsstudium dauert in den USA fünf bis sechs Jahre und das Durchschnittsalter dürfte höher sein als in Deutschland! Zu einer konsequenten Kopie gehörte die Unterscheidung in Universitäten im engeren Sinne und Colleges, die sich als Universitäten bezeichnen. Nur Erstere sind forschungsorientiert und damit befähigt, Master- und PhD-Abschlüsse von hohem Niveau anzubieten. Für eine solche Ausdifferenzierung spricht manches, auch wenn sich kaum jemand traut, sich offen dafür auszusprechen (auch die Mittelstraß-Kommission kann sich nur zu eher verklausulierten Empfehlungen, die in diese Richtung gehen, durchringen). Der Nachteil dieser Form der Differenzierung ist ebenfalls in den USA zu besichtigen. Diese Perspektive wird so schmal, dass sie den Bedarf an wissenschaftlichem Nachwuchs in den USA nicht mehr decken kann.

Die viel gescholtenen europäischen, japanischen, südostasiatischen und südamerikanischen Universitäten rekrutieren einen Gutteil des

wissenschaftlichen Nachwuchses an den amerikanischen Forschungsinstitutionen. Auch deutsche Geistes-, Natur- und Sozialwissenschaftler sind dort gut vertreten und ihre spezifischen Kompetenzen haben einen guten Ruf. An den deutschen Absolventen
geisteswissenschaftlicher Fächer wird von US-amerikanischen Kollegen nicht nur ihre im Vergleich zu amerikanischen Absolventen
größere Allgemeinbildung hervorgehoben, sondern insbesondere
auch die verbreitete Sprachkompetenz, auch in klassischen Sprachen, die so in den Vereinigten Staaten überaus selten geworden ist.
Auch die deutsche oder französische Geschichtswissenschaft oder
Philosophie finden Beachtung und ein gewisser Braindrain aus Europa in die USA ist unverkennbar, wenn sich auch das quantitative
Maß, wie jüngste Erhebungen zeigen, noch in Grenzen hält. Ein
Grund für diesen Braindrain ist, dass Nachwuchswissenschaftler in
den führenden Universitäten der USA gerade diejenigen Bedingungen vorfinden, die Wilhelm von Humboldt vor 200 Jahren zum
normativen Zentrum der Reform-Universität gemacht hat. Ich hatte
das Vergnügen, für einige Wochen von einer dieser führenden US-
amerikanischen Institutionen als Gastforscher eingeladen zu sein –
an das *California Institute of Technology* in Pasadena – und habe diese
Atmosphäre in zahlreichen Gesprächen mit amerikanischen und
außeramerikanischen Kollegen bestätigt gesehen. Lehrbelastung:
ein bis zwei Veranstaltungen pro Woche mit 7–12 Studierenden.
Eine professionelle Administration, die eine zeitaufwändige und
streitlastige «Selbstverwaltung» erübrigt. Ein Etat von 450000 US-
Dollar bei rund 2000 Studierenden und 285 Professoren. Ein Betreuungsverhältnis von 1 zu 7, im Vergleich zum deutschen Durchschnitt von 1 zu 60, und in vielen Instituten ein Mehrfaches davon.
Eine konsequente Forschungsorientierung. Eine Frage nach der
Gegenleistung für die Einladung meiner Person und die meiner
Familie wurde beantwortet mit «If you presented two or three
papers!» (wenn sie zwei oder drei wissenschaftliche Fach-Vorträge
hielten!). Keine weitere Kontrolle, keine Überwachung, keine Präsenzzeiten, lediglich das Angebot an sekretarieller und organisatorischer Unterstützung. Dies ist Humboldt pur, einschließlich seines
heute viel belächelten Diktums von der «Einsamkeit und Freiheit
des Forschers». Dass Albert Einstein, der einige Zeit am *California
Institute of Technology* zugebracht hat, dort wie ein Säulenheiliger

verehrt wird und ein Plakat mit dem zerknitterten Gesicht des alt-gewordenen Genies und einigen seiner Dicta bei den Studierenden sehr beliebt sind, ist kein Zufall. Große Fortschritte in der Wissenschaft verlangen Freiraum, Zeit zum Nachdenken, Begegnungen unterschiedlicher Wissenschaftskulturen und Disziplinen sowie Konzentration. Die Polypragmosyne des heutigen verschulten Universitätsbetriebes mit seinen endlosen Sitzungen und Prüfungen, der permanenten Gutachterei und Evaluierung, der Drittmittelakquirierung und Sitzungsvorbereitung bietet zu wenig und immer weniger von diesem Spielraum. Am besten wird das alles vom neuen Typus des Wissenschaftsmanagers bewältigt, der Forschen lässt und Forschung koordiniert, aber selbst nicht mehr Wesentliches beitragen kann und will. Zugleich wird der Typus des unkonventionellen Grüblers verdrängt: Weder Wittgenstein noch Einstein hätten unter den heutigen Bedingungen des Wissenschaftsbetriebes auch nur die leiseste Chance auf eine wissenschaftliche Karriere. Beide hätten nicht den adäquaten Abschluss, der eine zu schlechte Noten, der andere nicht das Richtige studiert, der eine publizierte zu Lebzeiten nur ein einziges Büchlein, wenn man von einer Grammatik für Volksschüler absieht, und der andere hätte seine bahnbrechenden Publikationen aus dem *annus mirabilis* 1905 in keinem anerkannten internationalen *Reviewed Journal* unterbringen können. Als Einstein schon längst als großer Physiker anerkannt, ja berühmt war, viele Jahre später einen Aufsatz zur Gravitationstheorie der führenden US-amerikanischen Physik-Zeitschrift anbot, wurde er unter Verweis auf eine Reihe von Mängeln zurückgesandt. Einstein, für dessen persönliche Bescheidenheit es viele Zeugnisse gibt, antwortete daraufhin dem Herausgeber, «I didn't send it to be critizised but to be published». Die Wissenschaft ist in den vergangenen Dekaden arbeitsteiliger, vernetzter und drittmittelabhängiger geworden. Die Einrichtung von Sonderforschungsbereichen und Forschergruppen trägt dem Rechnung. Die Chance auch für junge Autoren, in bedeutenden Zeitschriften durch anonyme *Review*-Verfahren publiziert zu werden, ist sinnvoll. Zugleich aber müssen wir darauf achten, dass in dieser zunehmenden Industrialisierung wissenschaftlicher Produktivität die querköpfige Einzelleistung, der Ausbruch aus der disziplinären Konventionalität seine Chance behält. Wer im wissenschaftlichen Beirat von Fachzeitschriften tätig

ist, weiß auch um die Schwächen dieser Form der Selektion. Es
werden jeweils die Fachleute des Gebietes gebeten Stellung zu nehmen und diese legen als Maßstab das an, was sie für *State of the Art*
halten. Ein wesentliches Kriterium ist, dass die relevante Literatur
Berücksichtigung findet und dass das Argument vom aktuellen Forschungsstand seinen Ausgang nimmt. Dieses Verfahren garantiert,
dass Nachlässiges und nicht hinreichend Innovatives ausscheidet.
Aber es sorgt – oft genug – auch dafür, dass Querköpfiges, die disziplinären Grenzen nicht Achtendes, allzu Unkonventionelles vorzeitig ausgeschieden wird. Der wissenschaftliche Fortschritt lässt sich
nicht nach dem Muster des *Total Quality*-Managements der modernen Betriebswirtschaft organisieren. Die hastige Publikation gut geschriebener, von exzellenter Literaturkenntnis zeugender, aber doch
recht konventioneller Aufsätze macht sich gut, wenn die Berufungs-
kommission unter großem Zeitdruck die verbreiteten quantitativen
Beurteilungsmaßstäbe anlegt: Wie viele Aufsätze an welchen renom-
mierten Orten erschienen. Aber wer, ich denke da an mein eigenes
Fach, die wirklich wichtigen Publikationen der letzten Dekaden
Revue passieren lässt, stellt fest, dass diese nur selten von jenem Typus
waren. H.P. Grice veröffentlichte in seinem ganzen Leben sechs
sperrige, eine neue Semantik begründende Aufsätze. Thomas Scanlon veröffentlicht über Jahrzehnte fast nichts, bis er 1998 seine große Studie *What We Owe to Each Other* veröffentlichte, ist aber in der
Diskussion seit Anfang der 70er Jahre mit einem Aufsatz *Contractualism and Utilitarianism*[11] präsent. Jürgen Habermas oder John
Rawls haben über Jahrzehnte keine Artikel bei *Reviewed Journals*
eingereicht. Selbst eher konventionell publizierende wissenschaftliche Autoren wie Donald Davidson oder Hilary Putnam haben ihre
Erstveröffentlichungen oft lediglich in dem einen oder anderen
Proceedings Band einer Fachtagung veröffentlicht.

Ich ziehe daraus folgende Schlussfolgerungen für die europäische
Wissenschaftspolitik: Die monozentrische Ausrichtung auf den US-
amerikanischen Markt wissenschaftlicher Zeitschriften muss überall
dort beendet werden, wo sie durch ein fachliches Qualitätsgefälle
nicht gerechtfertigt ist. Dies setzt voraus, dass die Bereitschaft, sich
innerhalb der europäischen Länder wissenschaftlich zu vernetzen

---

11 Thomas Scanlon: *What We Owe to Each Other*, Cambridge 2000; «Contractualism and
Utilitarianism», in: The Difficulty of Tolerance, Cambridge 2003.

gegenüber der monozentrischen Vernetzung Richtung USA zunehmen muss. Erfolg kann eine solche Strategie allerdings nur haben, wenn sie durch den Aufbau entsprechender europäischer Exzellenzzentren, um einen aktuellen Modebegriff aufzugreifen, gestützt ist. Für die Geisteswissenschaften gilt, dass die Dominanz des Englischen als Wissenschaftssprache nicht unproblematisch ist. Mehrsprachig publizierenden Zeitschriften sollte daher in Europa, zumindest für die Geistes- und Kulturwissenschaften, der Vorrang gegeben werden. Der europäische Wissenschaftsraum ist von der Anzahl seiner Köpfe, von den zur Verfügung stehenden finanziellen Mitteln, von der Zahl der Studierenden und von der wirtschaftlichen und technologischen Potenz her gesehen, dem US-amerikanischen ebenbürtig und in seiner kulturellen Vielfalt, seiner historischen Verankerung und seines sprachlichen Reichtums deutlich überlegen. Solange jedoch der italienische oder spanische oder polnische, auch der deutsche Wissenschaftsraum jeweils für sich mit dem US-amerikanischen kooperiert und konkurriert, bleibt eine verzerrende Disbalance, die auch aus US-amerikanischer Sicht nicht wirklich wünschenswert ist.

Der deutschen Wissenschaftspolitik ist generell, d. h. ohne dass hier nach Parteien differenziert werden müsste, ein doppelter Vorwurf zu machen: Zum einen der von den Kultusministern 1977 einstimmig gefasste Beschluss, die damals erwarteten starken Universitätsjahrgänge zu untertunneln, eine gigantische Überlast zuzulassen in der Hoffnung, dass nach einigen Jahren der Spuk vorbei sein würde und sinkende Studierendenzahlen einen weiteren Ausbau der Universität erübrigten. Schon nach wenigen Jahren stellte sich heraus, dass es sich um eine dramatische Fehlkalkulation handelte, die zwar finanzielle Mittel schonte, aber die Universitäten in eine immer extremere Überlast zwang, die in den hochfrequentierten Studiengängen nun über rund zwei Dekaden zu unhaltbaren Zuständen geführt hat. Wenn hier in der Politik und Ökonomie gelegentlich von Effizienzsteigerung in der Wissenschaft die Rede ist, so kann man das nur als Hohn empfinden. Wenn, wie in der Ökonomie üblich, Effizienz als Verhältnis von Output und Input definiert wird, so dürfte das deutsche Universitätssystem eines der effizientesten der Welt sein. Die Zahl der produzierten Doktores, Magistri und Diplomati pro Professor dürfte besonders in den so genannten Massenfächern einen internationalen Spitzenplatz einnehmen. Dazu kommt, dass trotz eines miserablen Betreuungsverhältnisses die Qualität des Studiums meist immer noch ansehnlich ist, was für eine erstaunlich robuste intrinsische Motivation nicht nur der Lehrenden, sondern auch der Studierenden spricht.

Die zweite fatale Richtungsentscheidung war, dass das Verhältnis zwischen Fachhochschulen und Universitäten nicht frühzeitig auf eine neue Grundlage gestellt wurde. Nachdem sich seit Ende der 70er Jahre abzeichnete, dass ein zunehmender Anteil der Studierenden von einem wissenschaftlichen Studium überfordert ist (die steigenden Abbrecherquoten sprechen eine deutliche Sprache) und zudem auf dem Arbeitsmarkt anwendungsorientierte Qualifikationen nachgefragt werden, hätte man die Zahlen der Studierenden an den Universitäten zurückfahren und die an den Fachhochschulen deutlich ausweiten müssen. Ein Verhältnis von 60 zu 40 (Studienplätze an Fachhochschulen zu Studienplätzen an Universitäten) mit der Verlagerung ganzer Studiengänge von den Universitäten an die Fachhochschulen halte ich nach wie vor für sinnvoll und sehe mich da im Einklang mit Empfehlungen, die Jürgen Mittelstraß schon vor 20 Jahren formuliert hat und die jetzt von der Mittelstraß-Kommission jüngst erneuert wurden. Die aktuelle Lage an den deutschen Universitäten ist direkte Folge dieser beiden Fehlentscheidungen und die Verfachhochschulung eine möglicherweise ungewollte, aber durch den Zwang der Verhältnisse schwer zu umgehende Konsequenz. Man kann sich allerdings nicht darauf beschränken, das Ergebnis von mehreren Dekaden falsch angelegter Wissenschaftspolitik zu beklagen, sondern muss Wege aus der Sackgasse aufzeigen. Dies will ich im letzten Teil meines Vortrages wenigstens im Umriss tun.

1. Die Bachelor-Studiengänge dürfen im Schnitt an den Universitäten nur bis zu 60 Prozent der Lehrkapazitäten binden. Gegenwärtig hat die Einführung neuer Bachelor-Studiengänge dazu geführt, dass die Lehrkapazitäten zu 80, 90 oder mehr Prozent ausgelastet sind und für das wissenschaftliche Studium lediglich Rest-Ressourcen zur Verfügung stehen. Die Rückverwandlung von Disziplinen an der Universität zu bloßen College-Studien darf es nicht geben.

2. Die Verfachhochschulung der Universität kann nur für eine Übergangsphase akzeptiert werden, gewissermaßen als Reaktion auf einen wissenschaftspolitischen Notstand, der durch die beiden oben genannten Fehlentscheidungen herbeigeführt wurde. Es muss umgehend der drastische Ausbau der Fachhochschulen einsetzen, die den Universitäten wieder Luft verschafft und ihnen die Möglichkeit gibt, ihre Identität, von der oben die Rede war, zu wahren. Eine Rückverwandlung der Universitäten in große Schulbetriebe wäre nichts anderes als der Rückfall in die berufsbildende mittelalterliche und frühneuzeitliche Universität. Eine große Errungenschaft der europäischen Aufklärung und des Humanismus wäre unwiederbringlich dahin.

3. Die Perspektive muss über den Tag hinausreichen; die wissenschaftliche Grundlagenforschung in toto ist wieder an den Universitäten zu integrieren. Die zunehmende Bedeutung außeruniversitärer Forschungseinrichtungen ist nicht nur ein deutscher Sonderweg, sondern auch ein deutscher Irrweg. Wer sich an den US-amerikanischen Top-Universitäten orientiert, muss einer Re-Integration der Grundlagenforschung an den Universitäten zustimmen. Die Rede von Spitzenuniversitäten, die nach internationalen Standards konkurrieren können, bleibt leeres Wortgeklingel, wenn die Konsequenzen gescheut werden.

4. Dreh- und Angelpunkt einer besseren Zukunft der europäischen Universität ist allerdings das Verhältnis zwischen Lehrenden und Studierenden. Die Schule muss irgendwann ein Ende haben und dies sollte etwa mit der Volljährigkeit zusammenfallen. Studierende sind keine Schüler, sondern Partner bei der Erkundung vertrauter und weniger vertrauter, gradliniger und gewundener Pfade der Wissenschaft. Im Betreuungsverhältnis von 1 zu 100 oder mehr kann sich eine solche Partnerschaft nicht entwickeln. Dies ist physisch angesichts von sieben Wochentagen und 24 Tagesstunden ausgeschlossen. Im wissenschaftlichen Studium sollte das Betreuungsverhältnis nicht ungünstiger sein als 1 zu 20 (und selbst dann wäre dies noch etwa die doppelte Quote, wie sie an den amerikanischen Top-Universitäten üblich ist). Realistischerweise wird es nicht möglich sein, alle Disziplinen aller deutschen Universitäten an die Weltspitze zu führen. Durch Schwerpunktbildung und Profilierung der Universitäten sollte es aber gelin-

gen, in einem breiten Spektrum (topographisch wie disziplinär) Forschung und Lehre auf einem Niveau zu halten, das keinen internationalen Vergleich scheuen muss. Unbeschadet dieser wünschenswerten Streuung, die auch Ausdruck der vielgestaltigen deutschen Bildungsgeschichte und ihrer heutigen föderalen Verfassung ist, stellt sich die Frage, ob es nicht doch langfristig Sinn macht, einzelne Spitzenuniversitäten aufzubauen, die in derselben Gewichtsklasse wie die US-amerikanischen *Ivy League*-Universitäten konkurrieren können. Dies setzt einen hohen Anteil englischsprachiger Dozenten voraus und die notwendigen Mittel, um die jeweils besten ihres Faches zu gewinnen. Die Erfolgsgeschichte Stanfords zeigt, dass dies bei ausreichender Ressourcenlage innerhalb einer erstaunlich kurzen Frist zu erreichen wäre. Bei einem Jahresetat von ca. 2 Milliarden Euro bei 20 000 Studierenden wäre ein solches Ziel nicht unrealistisch. Dass sich ein solcher Etat selbst mit hohen Studiengebühren nicht erreichen ließe, liegt auf der Hand. Bei über 70 Milliarden Euro jährlichem Rentenzuschuss aus Steuermitteln erscheint eine (Bundes-)Finanzierung einer solchen international ausgerichteten Universität nicht völlig abwegig. Die deutsche Wirtschaftselite, die nicht müde wird, Spitzenforschung zu fordern, sollte sich aber beizeiten darauf einstellen, dass solche Ziele ohne ein massives Engagement der Wirtschaft nicht zu erreichen sind. Und sie sollte darüber hinaus an Humboldt denken: Eine Dienstbarmachung der Forschung zu ökonomischen Zwecken bedeutete ihren vorzeitigen Exitus. Die großen finanziellen Beträge, die amerikanische Unternehmen und Stiftungen in die Universitäten geben, werden dort nur unter der strikten Auflage entgegengenommen, dass damit keine inhaltliche Einflussnahme verbunden ist. Ein selbstloses, sich betriebswirtschaftlich nicht rechnendes Engagement passt nicht in den ökonomistischen Zeitgeist, wäre aber die Voraussetzung für die Reinkarnation Deutschlands als führende Wissenschaftsnation.

Humboldt hatte gefordert, dass der Staat die Universitäten zwar finanzieren, sich aber im Übrigen aus Forschung und Lehre heraushalten sollte. Der Minister sollte bei Berufungen allerdings eine Art Veto-Recht behalten, um Fehlentwicklungen wie Klüngelwirtschaft,

Nepotismus oder einseitige Schulbildung notfalls blockieren zu
können. Die Mittelstraß-Kommission empfiehlt dieses letzte Residuum staatlicher Einflussnahme ebenfalls zu schleifen. Ich bin anderer Auffassung. Die Wissenschaftsminister haben sich in den vergangenen Dekaden bei Berufungen große Zurückhaltung auferlegt
und die Zeiten ideologischer Einflussnahme bei parteipolitischer
Einseitigkeit sind längst vorbei. Die Selbstrekrutierung innerhalb
der Wissenschaft ist nicht über jeden Zweifel erhaben und die Wissenschaftspolitik sollte hier das Instrument einer letzten Prüfung
behalten. Humboldt hatte sich jedenfalls nicht vorstellen können,
dass die Forschung in so hohem Maße, wie dies heute schon der
Fall ist, durch so genannte Drittmittel finanziert ist. Teure Expedi-
tionen gab es zwar auch zu Humboldts Zeiten. Sein Bruder Alex-
ander von Humboldt hatte einige von ihnen durchgeführt. Die heutige Abhängigkeit eines wesentlichen Teils der medizinischen und
naturwissenschaftlichen Grundlagenforschung von teuren Appara-
turen war in dieser Zeit noch nicht absehbar. Humboldt hätte die
heutige Praxis der Drittmittelforschung nur dann akzeptiert, wenn
sie unter den gleichen Prinzipien inhaltlicher Neutralität organisiert
wäre wie die staatliche Förderung. Tatsächlich beruht die Drittmittelforschung zu einem wesentlichen Teil auf staatlichen Mitteln und
die privaten Mittel werden in einer Form vergeben, die eine unmittelbare Einflussnahme ökonomischer Interessen ausschließt. Gegenwärtig droht eine Ökonomisierung der Universitäten von einer anderen Seite. Da ist zum einen die machtvolle Idee, Disziplinen und
Forschungsvorhaben nach ihrem Beitrag zur wirtschaftlichen und
technischen Innovation zu beurteilen. Paradoxerweise würde eine
konsequente Ausrichtung wissenschaftlicher Forschung an diesem
Kriterium das innovative Potential der Wissenschaft beschädigen.
Die Wissenschafts- und Technikgeschichte zeigt, dass eine Teleo-
logisierung der Wissenschaft schon daran scheitert, dass sich der
Beitrag der Grundlagenforschung zu technischen Innovationen oft
Jahrzehnte später noch nicht hat abschätzen lassen. Der von Einstein 1905 entdeckte Korpuskel-Charakter des Lichts hat Jahrzehnte später eine Vielzahl technischer Nutzanwendungen nach
sich gezogen. Einstein war durch solche Aussichten nicht zu seinen
Forschungen motiviert und die Vermutung ist nicht völlig abwegig,
dass er mit seiner Forschung keinen Erfolg gehabt hätte, wenn er so

motiviert gewesen wäre. Eine auf ihre technische Nutzbarmachung hin orientierte Grundlagenforschung ist in den meisten wissenschaftlichen Disziplinen bis heute ein Widerspruch in sich, auch wenn in Teilbereichen wissenschaftliche Entdeckung und technische Anwendung zeitlich und kausal in einem engeren Zusammenhang stehen als früher. Die Gentechnik ist dafür ein prominentes Beispiel.

Die andere Form der Ökonomisierung ist die Rückbildung der Universität zu einer Einrichtung der Berufsausbildung. Während der Arbeitsmarkt heute einer Dynamik unterworfen ist, die auch mittelfristige Prognosen schwer macht und die Nachfrage nach Akademikern aus der Wirtschaft einen immer größeren Wert auf Bildungsqualifikation legt, werden neue Studiengänge nach den Kriterien der beruflichen Qualifikation gestaltet. In einem Papier der Kultusministerkonferenz vom Herbst 2003 wird sogar unterschieden zwischen wissenschaftsorientierten und berufsorientierten Studiengängen. Dies wirft ein Schlaglicht auf den zentralen Irrtum der Ökonomisierung der universitären Studiengänge. Die Qualifikationen, die ein wissenschaftliches Studium vermittelt, sind eigenständiges Denkvermögen, Artikulationsfähigkeit, rasche Auffassungsgabe, kurz: Entscheidungs- und Urteilsfähigkeit. Die eigenverantwortliche Organisation des Studiums, das selbstständige Lernen und der frühzeitige Kontakt mit aktueller Forschung formen Persönlichkeiten, die auch in Führungsfunktionen Erfolg haben. Spätestens heute ist universitäre Bildung zur besten Ausbildung auf dem akademischen Arbeitsmarkt geworden.

Wozu braucht die Gesellschaft welche Eliten?[*]

Der Ausdruck «Elite» gehört gegenwärtig zu den beliebtesten der Wissenschafts- und Bildungspolitik und auch in den Feuilletons ist eine – zum Teil – heftige Debatte um Eliten, Elitenförderung, Elite-Universitäten usw. entbrannt.

Kennzeichnend für diese Debatte ist, dass permanent ein normativer und ein deskriptiver Begriff von Elite durcheinander geworfen werden. Es gibt interessante soziologische Theorien darüber, wie Elite entsteht, wie sie sich stabilisiert, welche Verhaltensmuster prägend sind für bestimmte Eliten. Das beruht auf einem deskriptiven, empirischen Elitebegriff, den man ganz grob so umschreiben kann: Es gibt in fast allen Kulturen, fast allen Gesellschaften kleine Gruppen, denen es gelingt, sich in zentralen Macht- und Einflusspositionen zu etablieren, oft mit Besitz verbunden, das Erreichte zu stabilisieren und möglicherweise auf weitere Generationen zu übertragen. Das ist für eine demokratische Gesellschaft kein sehr sympathischer Elitebegriff; aber es ist ein völlig legitimer, ein empirischer Elitebegriff, mit dem man forschen und zu dem man sehr viel untersuchen kann. Mir geht es aber weniger um diese deskriptiven empirischen Fragen, sondern um folgende: Was verstehen wir unter Elite? Welche Eliten brauchen wir? Wenn Deutschland Eliten braucht, welche stellen wir uns vor?

Es können sechs Konzeptionen von Elite unterschieden werden:

1. Ethische Elite-Konzeptionen

Platon

Wie sieht das platonische Paradigma von Elite aus? Platon selbst tut sich so schwer das zu erläutern, dass er zu Metaphern greift, wunderschönen Bildern in einer poetischen Sprache. Ein guter

[*] Vortrag zum 30. Bayerischen Hochschultag, Evangelische Akademie Tutzing, Januar 2004.

Staat (eine gute Gemeinschaft, eine gute Polis) zeichnet sich dadurch aus, dass er nicht auf Interessen begründet ist, nicht auf Machterwerb, sondern auf Einsicht, Wissenschaft, Philosophie. Philosophie ist im antiken Verständnis im Wesentlichen theoretische und praktische Wissenschaft. Der oft missverstandene Satz: «Eine Polis kann nur gut sein, wenn entweder die Könige Philosophen sind oder Philosophen Könige» darf nicht so verstanden werden, als sollten die Mitglieder philosophischer Institute die Kabinette eines Landes besetzen und damit sei die Politik in einer guten Verfassung. Es ist viel umfassender gemeint. Gute Politik zeichnet sich dadurch aus, dass sie wissenschaftlich begründet ist und dass Interessen keine Rolle spielen. Es ist geradezu charakteristisch für die Zugehörigkeit zur platonischen Elite, dass sie sich nicht an ihren eigenen Interessen orientiert.

In Platons berühmtem Höhlengleichnis sitzen Menschen in einer Höhle vor einer Wand, auf die durch ein Feuer die Schatten von Gegenständen geworfen werden, die man in ihrem Rücken vorbei trägt. Die Menschen haben sich an die Schattenbilder gewöhnt. Niemand will eigentlich die Höhle verlassen. Die Menschen sind zwar gefesselt, aber sie fühlen sich dort wohl, weil sie nichts anderes kennen. Dann aber kommt jemand von draußen und bindet den einen oder anderen Gefesselten los. Gegen ihren Widerstand werden sie zum Ausgang der Höhle geführt. Dort erkennen sie, dass die Bilder, die sie in der Höhle für Realität gehalten haben, nur die Schatten von Gegenständen waren, die herumgetragen wurden; merkwürdig, irritierend. Die ehemals Gefangenen treten aus der Höhle, sind geblendet, sehen nichts, zunächst jedenfalls nicht; sie sehen bei Nacht vielleicht Sterne, und dann am Tag irgendwann Gegenstände. Zum Schluss haben sie sich so an das helle Licht gewöhnt, dass sie sogar in den Sonnenschein schauen können. Die Sonne steht in dieser Geschichte für die Idee, den Begriff des Guten, den man nur nach einem mühseligen Aufstieg, der mit Erkenntnisprozessen zu tun hat, gewinnen kann. Die Befreiten wollen nur ungern wieder in die Höhle zurück. Warum sollten sie auch? Wenn sie tatsächlich zurückgehen, aus Pflichtgefühl oder um den Zurückgebliebenen zu helfen, weil sie selbst die Schattenbilder jetzt ganz anders interpretieren können und tiefere Einsichten haben, werden sie unten ungnädig empfangen. Die Zurückgebliebenen, welche nur die Schattenbilder kennen, verstehen die Berichte der Zurückgekehrten nicht. Vielleicht wird es den Rückkehrern so gehen wie Sokrates, der 399 v. Chr. zum Tode verurteilt wurde und dieses Todesurteil angenommen hat. Wenn man Studierende im Examen nach Platon fragt, kennen sie natürlich die *Politeia* und das Höhlengleichnis mit seinen schönen Bildern. Wende ich dann ein, dass aus diesen Texten wohl eine ziemlich verzweifelte Sicht Platons auf das Problem der politischen Ordnung spricht – zunächst wollen die Menschen nicht aus der Höhle heraus, dann wollen sie nicht mehr zurück; wenn sie wieder unten sind, werden sie nicht verstanden; ja, um Himmels willen, ist das die Basis einer wohlgeordneten Polis? Konnte Platon wirklich meinen, dass es so funktionieren kann? – dann sind die Studenten meistens ratlos. Nur wenige wissen, dass Platon selbst eine Antwort gegeben hat, die *Nomoi*. Sie sind die Theorie des Rechtsstaates, vielleicht die erste philosophische Theorie des Rechtsstaates. Sie beschreiben den zweitbesten Staat, in dem es keine Herrschaft von Personen gibt, sondern nur noch die Herrschaft der Gesetze. Aber bleiben wir bei der ursprünglichen Konzeption, wie sie im Gleichnis gefasst ist. Nicht alle – und jetzt kommt der Elite-Begriff ins Spiel – sind in der Lage, den Aufstieg zur Erkenntnis, diesen beschwerlichen Weg, zu gehen. Das vermögen nur die, die über *sophia*, Weisheit als spezifische Tugend, verfügen und die Einsicht in das Richtige und Wahre als alleinige Bestimmung des Handelns gelten lassen können. Diejenigen, die nicht zur Einsicht fähig sind, müssen wenigstens die Tugend haben, einzusehen, dass sie sich besser anderen anvertrauen. Das ist eine Kritik an der Radikaldemokratie, die in Athen zeitweise versucht wurde. Es war allerdings eine ganz andere Form von Demokratie als wir sie heute kennen. Unabhängig von Kenntnisstand und Wissen, ja sogar unabhängig von Wahlen, z. B. durch Losentscheidung, konnten Personen Ämter innehaben. Es geht Platon vor allem um die zentrale Frage, wie man die Harmonie, das ausgewogene Verhältnis, das, was im ersten Buch der *Politeia* die Fragestellung ist, nämlich die nach der Gerechtigkeit, wie man das erreichen kann, wenn nicht alle in der Lage sind, diesen beschwerlichen Weg zu gehen, manche aber immerhin in der Lage sind, das, was die einen als richtig erkannt haben, umzusetzen, mit Willensstärke, mit Konsequenz, mit Tapferkeit. Und der dritte Teil des Gemeinwesens, dem

es in erster Linie auf die Befriedigung körperlicher Bedürfnisse an-
kommt, muss die Besonnenheit aufbringen, anzuerkennen, dass sie
sich in Fragen der Gerechtigkeit und des politischen Handelns denjenigen, die dazu die Voraussetzungen mitbringen, anvertrauen.
Dies ist eine Elite-Theorie, die auf Wissenschaft, Einsicht, Erkenntnis beruht und auf der Idee, dass die richtige Einsicht allein
ausreicht, um richtig zu handeln.

Aristoteles

Platons Schüler Aristoteles, 40 Jahre jünger und deswegen vielleicht auch nur in Grenzen als Schüler zu bezeichnen, hat eine ganz
andere Konzeption, die uns in manchem sympathischer zu sein
scheint. Er hat die Idee, dass jedes Wesen, nicht nur die menschlichen, sondern alles, was einen Telos in sich selbst hat, nach Vervollkommnung strebt und dass diese Vervollkommnung sich in
unterschiedlichen Lebensformen und Tugenden äußert. Die aristotelische Konzeption von Elite besagt, dass es wünschenswert ist,
dass Menschen ihre Fähigkeiten, die sie tatsächlich haben, zur
vollen Entfaltung bringen und dann als solche Bürgerinnen und
Bürger gemeinsam und gleichberechtigt mit Lebenserfahrung,
Lebensklugheit handeln, aber ohne den Anspruch wissenschaftlicher Begründung politischen Handelns, ohne den strengen Anspruch hoher Wissenschaft, wie ihn Platon gefordert hat. Bei Aristoteles gibt es dann, für ihn ganz folgerichtig, die Vorstellung der
Sklaven von Natur aus, also Menschen, die von Natur aus nicht in
der Lage sind, ihr eigenes Leben ohne Anleitung zu führen. Aber
das sollte uns nicht davon abhalten, die Essenz, die aristotelische
Vorstellung eines wohlgeordneten Gemeinwesens zu verstehen.
Die Bürger bleiben gleich, alle gleichermaßen befähigt, das Richtige zu tun, vorausgesetzt die Gesetze dieses Gemeinwesens sind
so, dass sie die spezifischen und notwendigen Tugenden fördern
und die Fähigkeiten der Menschen zur vollen Entfaltung bringen.
Die Philosophin und politische Theoretikerin Martha Nussbaum
hat zusammen mit dem Ökonomen Amartya Sen eine Konzeption
entwickelt, die für die Vereinten Nationen wichtig wurde. Martha
Nussbaum versucht, den aristotelischen Ansatz entgegen der Lesart
vieler heutiger Aristoteliker universalistisch zu interpretieren und

in ein ganz konkretes Programm einer guten Weltpolitik zu übersetzen.[12]

Rousseau

Das dritte Paradigma ist mit dem Namen Rousseau verbunden. Er gilt als eine Leitfigur der europäischen Linken. Trotzdem findet sich bei Rousseau ein sehr elitäres Element an einer harmlos erscheinenden Stelle, die aber in der Geschichte der politischen Linken eine interessante und insbesondere in der Französischen Revolution auch eine verheerende Rolle gespielt hat. Die Grundidee ist die, dass die ursprüngliche Freiheit, die durch die Zivilisationsprozesse verloren gegangen ist, wiedergewonnen werden kann, und zwar dadurch, dass die Einzelinteressen, welche die Menschen mitbringen, in ihrem Status als Bürger und Bürgerinnen, aufgehoben werden, weil in der großen Gemeinschaft der Bürgerinnen und Bürger niemand in der Lage ist, seine Privatinteressen gegen andere Privatinteressen in Stellung zu bringen und nur das Gemeinwohl Chancen hat, Leitschnur der Entscheidungen der Versammlung der Bürgerschaft insgesamt zu werden. Rousseau war sich dessen bewusst, dass das in vieler Hinsicht unrealistisch ist, dass man jemanden braucht, der wenigstens die Gesetze formuliert, über die dann am Ende abgestimmt werden soll. Das erscheint als eine harmlose Stelle in der Rousseauschen Theorie, aber die Frage ist, wer die Gesetze formuliert. Es muss dafür irgendjemanden geben, da sich ja nicht alle gleichermaßen dafür zuständig fühlen können, diese Gesetze zu formulieren. Der Gesetzgeber bei Rousseau hat in unterschiedlichen personellen Konkretionen in der Französischen Revolution und in der Zeit danach eine wichtige Rolle gespielt. Dieses Problem durchzieht rousseausches linkes Denken. Woher kommt die Elite, welche die Vorgaben macht, über die dann die Versammlung abstimmt?

---

12 Vgl.: Martha C. Nussbaum: *Gerechtigkeit oder Das gute Leben*, Frankfurt a. M. 1999.

Biologistisches Paradigma

Ein viertes Paradigma möchte ich das biologistische nennen. Es hat im 19. Jahrhundert eine sehr große Rolle gespielt und dann, wie wir wissen, noch einmal insbesondere in Deutschland während der Nazizeit und des Naziterrors. Es ist die rassistische Elitetheorie, eingebettet in ein biologisches oder biologistisches Weltbild, nach dem die unterschiedlichen Spezies miteinander in Konkurrenz stehen und diesen Konkurrenzkampf nur wenige überleben. Diese biologistische Elite-Theorie steht im Kontrast zu allen bisherigen Elite-Theorien insbesondere deswegen, weil sie sich als naturwissenschaftlich versteht. Weder Platon noch Aristoteles noch Rousseau haben ihre Gedanken als naturwissenschaftlich gerechtfertigte Elite-Theorie verstanden. Das kommt erst im 19. Jahrhundert auf, im Zusammenhang mit einem missverstandenen und missbrauchten Darwin und allem, was dann folgt.

Marxismus

Die fünfte Elite-Konzeption ist die marxistische. Entgegen dem, was man in Feuilletons führender Tageszeitungen lesen kann, ist die Elite dem linken Denken keineswegs fremd. Die gesamte marxistische Bewegung ist durchdrungen von Elitedenken: die Avantgarde des Proletariats, die Kader. Das Elitedenken taucht also im linken Spektrum der Politik nicht als *elementum alienum* auf; es ist vielmehr integraler Bestandteil eines Teils der linken politischen Bewegungen. In der Phase, in der Marx versucht hat, ein wissenschaftliches Programm zu formulieren, noch nicht in der Frühphase, ist das schon ein ganz konkreter Teil seiner Organisationsvorstellungen. Das ist nicht eine Entstellung und Verbiegung seitens der Anhänger von Karl Marx, sondern es ist bei Marx selber ganz deutlich angelegt. Im Leninismus und Stalinismus wird es dann auf die Spitze getrieben: die marxistischen gesellschaftlichen Kräfte haben die Zusammenhänge erfasst, kennen die historischen Gesetzmäßigkeiten. Um dies politisch in eine Form zu bringen, bedarf es einer Avantgarde, einer Elite. Das ist zunächst einmal die kommunistische Partei und innerhalb der kommunistischen Partei sind es die hohen Funktionäre, die die bessere Einsicht haben.

Ökonomismus

Das letzte Paradigma ist das ökonomistische. Man könnte es auch das marktradikale nennen. Es dominiert die Debatte gegenwärtig. Das ökonomistische Paradigma besagt: Elite bildet sich im Konkurrenzkampf auf dem Markt aus. Die marktförmige Konkurrenz, das ist der Rahmen, innerhalb dessen sich Elite in einem wünschenswerten Sinne etablieren kann. Überall dort, wo der Staat eingreift, geht es schief. Wir brauchen die totale Freiheit des Marktes, um in der Konkurrenz den Prozess der Auslese (eben durch die unsichtbare Hand des Marktprozesses) in Gang zu setzen und die Differenzierungen automatisch zu realisieren, die es braucht. Auch in Hochschulen und Wissenschaft geht es gegenwärtig verbreitet um die Frage, wie man möglichst viel Markt in die Wissenschaft bringen kann, weil das angeblich die Entstehung von Eliten erst möglich macht.

2. Ethische Elite-Kritik

Es lassen sich m. E. zwei Grundtypen einer normativen Elite-Kritik unterscheiden. Für den ersten steht der Name *Alexis de Tocqueville*, eine faszinierende Persönlichkeit. Er ist ein selbstbewusster Vertreter nicht nur in einer gesellschaftlichen, sondern auch einer intellektuellen Elite. Er ist der resignativen Ansicht, dass es eine Tendenz zur Gleichheit, zur Angleichung von Differenzen gibt, eine große historische Kraft, eine politische Kraft, die sich überall durchsetzen wird und die vielleicht sogar von Gott gewollt ist, weil dem christlichen Gott allzu große Differenzen ein Dorn im Auge sind. Tocqueville sieht die Gefahr, dass in diesem Prozess die Freiheit bedroht sein könnte, dass das Einebnen von Unterschieden mit der Freiheit in Konflikt geraten könnte. Was er über die Demokratie in Amerika schreibt, ist auf eine fast unheimliche Weise prophetisch für die weitere Entwicklung westlicher Industriegesellschaften. Es wurde zu einer Zeit geschrieben, in der Amerika als Staat sich gerade erst entwickelte.

Die zweite und sicher näher liegende Form von ethischer Elite-Kritik ist die einer radikalen Variante von *Egalitarismus*, also der

Auffassung, dass Gleichheit ein Wert an sich ist und zwar nicht nur ein Wert neben anderen, sondern ein so zentraler Wert, dass Vorteile, die Differenzierung, Unterschiede und Leistungsanreize usw. bieten mögen, die fundamentale Gleichheit der Menschen bedrohen und damit ethisch unzulässig sind. Diese Position mag uns, die wir in den westlichen Industriegesellschaften sozialisiert und kulturell geprägt worden sind, sehr fremd sein. Radikale Egalitarier haben aber durchaus einsichtige Argumente. Nur zwei Beispiele: Nach internationalen Statistiken sind die Menschen in Kerala, einer Provinz in Indien, ziemlich zufrieden und glücklich, obwohl diese Region hinsichtlich der Eigentumsverhältnisse, Einkommensbedingungen und verfügbaren Ressourcen eine sehr arme Region ist. Sie liegt z. B. beim Pro-Kopf-Einkommen weit hinter Brasilien oder anderen südamerikanischen Staaten, aber bei einem bemerkenswerten Maß an Gleichverteilung. Dennoch hat Kerala für die Glücksforscher irritierend hohe Glückswerte. Wer einmal dort war, bestätigt, dass Kerala in der Tat ein sozial harmonischer Teil Indiens ist. Ein zweites Beispiel. Wenn Sie alte Stadtpläne Athens anschauen, stellen Sie fest, dass in einer bestimmten Periode alle Grundstücke gleich groß waren. Die gesellschaftliche Ranghöhe folgte also anderen Kriterien als der Größe des Grundbesitzes. Dies sind zwei Gegenpositionen, zwei ethische Kritiken der Elite-Theorie.

Eine Synthese ließe sich mittels zweier Kriterien fassen, nämlich einer humanistischen und demokratieverträglichen Elite-Konzeption. Was ist an einer solchen Elite-Konzeption humanistisch? Zum einen die Bildungsidee, die den Menschen als besonderes Spezifikum Selbstverantwortlichkeit und Freiheit zuerkennt. Die Freiheit besteht aber nicht darin, dass jeder rücksichtslos seine Interessen verfolgt, sondern dass er diese Interessenverfolgung gerade nicht zur zentralen Richtschnur seines Handelns macht, dass er vielmehr Verantwortung in dreierlei Hinsicht trägt: kulturell, politisch und historisch. Die das Privileg genießen, sich bilden zu können – möglichst viele, aber sicher nicht alle –, sollen dies als einen Beitrag zur Kultivierung der Gesellschaft insgesamt verstehen: einer Kulturgesellschaft, getragen von Menschen, die wegen ihrer Bildung die Voraussetzungen mitbringen, ebendiese Gesellschaft zu formen. Zum anderen kommt also eine umfassende politische Verantwortung hinzu, in der man sich als Teil eines politischen Zusammenhangs versteht und bereit ist, politische Verantwortung in diesem Sinne wahrzunehmen. Die politische Verantwortung gegenüber der Wissenschaft zeigt sich u. a. darin, dass – nach Wilhelm von Humboldt – der Staat die Wissenschaft und ihre Einrichtungen zur Gänze finanziert, sich aber inhaltlich vollständig heraushält. Das ist kein Widerspruch, sondern ein sehr plausibles Konzept. Drittens die historische Verantwortung, in der man nicht nur punktuell an den jeweiligen aktuellen Interessen orientiert ist, sondern sie in den Zusammenhang größerer historischer Entwicklungen stellt.

Neben diesem ersten, humanistischen Merkmal ist das zweite Merkmal einer solchen Elite-Theorie Demokratieverträglichkeit. Hier will ich nun zurückgreifen auf einen wichtigen Denker der gegenwärtigen politischen Philosophie, John Rawls, der mit seiner *Theory of Justice* vermutlich das wichtigste Werk der politischen Philosophie in der zweiten Hälfte des 20. Jahrhunderts verfasst hat.[13] Es ist eine sehr differenzierte, sorgfältig abgewogene Konzeption dessen, unter welchen Bedingungen Ungleichheit gerechtfertigt ist. Der Grundgedanke ist so klar, dass man ihn in einem Satz zusammenfassen kann: Ungleichheit ist immer dann gerecht, wenn sie allen und besonders den Schwächeren in der Gesellschaft nützt. Wie kann das sein? Wie kann Ungleichheit gerade den Schwächeren nützen? Wenn sich z. B. die Einkommen differenzieren, ist das nicht ein Nachteil gerade für die Schwächeren? Der Gedanke ist ganz einfach. Man stelle sich ein System vor ohne Leistungsanreize und mit genau gleichem Lohn für alle und auf der anderen Seite ein System mit Leistungsanreizen, die sich in differenzierten Lohnniveaus äußern, je nach Leistung. Nehmen wir an, im zweiten System würde deutlich mehr produziert, und zwar so viel mehr, dass die Differenzierung der Löhne, die für solche Leistungen erforderlich ist, erlaubt, dass die am schlechtesten gestellten, also diejenigen Lohnempfänger, die den geringsten Lohn bekommen, immer noch besser dastehen als diejenigen im System mit gleichem Lohn. Das ist kein Hirngespinst eines politischen Philosophen, sondern das ist empirisch gut gestützt. China hat eine Zeit lang mit solchen Gleichverteilungssystemen experimentiert, mit mäßigem Erfolg. Man nennt das in der amerikanischen Debatte *inequality surplus*, Ungleichheits-

13 Vgl.: John Rawls: *Eine Theorie der Gerechtigkeit*, Frankfurt 1975.

plus. Man bekommt zusätzlich etwas durch Ungleichheit. Das ist aber nur gerechtfertigt in den Grenzen, in denen es gerade denjenigen nützt, die am unteren Rand der gesellschaftlichen Pyramide leben. Diese Idee hat eine gewisse Attraktivität. Bei Rawls wird das Ganze noch qualifiziert und diese Qualifizierung mache ich mir zu Eigen. Es muss noch eine Reihe weiterer Kriterien hinzu kommen: Gleiche Zugänglichkeit zu Ämtern z. B., Ausgleich von natürlichen Benachteiligungen im Bildungssystem und bei sozialen Benachteiligungen. Es geht also, um es mit einem politischen Begriff zu formulieren, um Chancengleichheit, vor allem um den Primat gleicher individueller Freiheiten. Die Bürger- und Menschenrechte, die jedes Individuum hat, dürfen ebenfalls nicht ungleich verteilt sein; sie müssen allen in gleichem Maße zukommen. Innerhalb dieser Bedingungen erst greift das so genannte Differenzprinzip: Ungleichheiten sind dann gerecht, wenn sie der am schlechtesten gestellten Personengruppe, jedenfalls in der Tendenz, nützen. Ich füge noch eine pluralistische Auffassung hinzu, indem ich für eine genuine plurale Gesellschaft plädiere, in der keines der großen Systeme, weder die Ökonomie, noch die Politik, noch die Bildung, noch die Kultur, noch die Wissenschaft die anderen dominiert. Wir laufen gegenwärtig Gefahr, dass ein System, nämlich das ökonomische, alle übrigen dominiert. Damit gäbe es dann nur noch eine Elite, keine weiteren. Das wäre allerdings ein großes Risiko für eine human verfasste Gesellschaft.

3. Eliten für die Universitäten

Wissenschaft ist nicht gleichbedeutend mit den Universitäten. Wer es aber ernst meint mit den wissenschaftlichen Eliten, muss sicherstellen, dass die Universitäten attraktiv für die Besten in der Wissenschaft sind und bleiben. Es gibt eine ganze Reihe von Hindernissen, die dem entgegenstehen. Es hat viele Wissenschaftler durchaus verwundert, dass die gleichen wissenschaftspolitisch Verantwortlichen, die bislang eher den Eindruck machten, die Universitäten sollen zu reinen Lehrbetrieben werden, jetzt Elitestudiengänge und Eliteuniversitäten fordern, die international mit den Top-Universitäten etwa in den USA mithalten können. Vier Problembereiche machen uns Wissenschaftlern das Leben schwer. Das eine ist ein Gremienunwesen, für das sich nicht unbedingt die Besten in der Wissenschaft engagieren, oft mit negativen Auswirkungen auf die Entwicklung. Wer spezifische wissenschaftliche Kompetenz einbringen kann – präzise denken, Positionen ausführlich begründen, Recht haben –, hat nicht unbedingt die Fähigkeit, entscheidungsorientiert zu debattieren und Kompromisse einzugehen. Jeder, der als Wissenschaftler in einer Universität tätig ist, weiß, wovon ich rede. Es geht allzu häufig um Dinge, die uns vom Eigentlichen abhalten, nämlich von der Forschung, von der Lehre und von der Arbeit mit den besten Studierenden. Ein Zweites betrifft eine ganz merkwürdige Form von Nivellierung, die z. B. darin besteht, dass alle Professoren in Deutschland die gleiche Lehrverpflichtung von acht Wochenstunden haben. Es gibt aber Kollegen, die lieber einen Schwerpunkt auf die Forschung legen, andere lieber auf die Lehre. Es gibt weitere Bereiche, in denen Nivellierungen zu Lasten der Forschung und der Studierenden stattfinden: Betreuungsrelationen von Professoren und Studierenden, Zuteilung von Mitteln, Personal und anderen Ressourcen, die zentrale Regelung der Zulassung zum Studium usw. Nivellierungen minimieren vielleicht Konflikte, sie sind aber nicht sehr intelligent und für realistische Schwerpunktsetzung und Profilbildung absolut schädlich. Ein weiteres Hindernis für Elitebildung an Universitäten ist eine bemerkenswerte rechtliche Rigidität. Auch hier einige Beispiele. Die Altersgrenze für Berufungen auf eine Professur liegt bei uns bei 52 Jahren. Welchen Sinn soll das machen? Das frühere Problem der vollen Pensionslasten für den jeweils letzten Beschäftiger von Professoren ist doch längst gelöst! Immanuel Kant hat – in einer Zeit, in der die Lebenserwartung noch geringer war – die Kritik der reinen Vernunft in seinem 57. Lebensjahr publiziert. Das hat ihn erst zum großen Wissenschaftler gemacht. Kant könnte heute nicht mehr auf einen Lehrstuhl berufen werden. Das Argument, dass zu alte Professoren ihre Stellen zu lange blockieren und damit die Chancen der Jüngeren verringern, sticht aufs Ganze gesehen nicht. Denn der Wettbewerb um die Besten erzeugt eine entsprechende Fluktuation und schafft neue Berufungschancen. Zudem ist eine zunehmende Familienfeindlichkeit im Wissenschaftsbetrieb festzustellen. Immer weniger Frauen sind bereit, ihrem Mann zu folgen, wohin er auch beruflich

geht. Sie weigern sich zu Recht, weil sie selber eine berufliche Biographie haben und verfolgen wollen. In den USA wird das dadurch
abgefedert, dass bei einer Berufungsverhandlung die Bewerberin
oder der Bewerber selbstverständlich sagt: Ich habe einen Lebens-
oder Ehepartner, was können wir da machen? Sehr häufig gibt es
dann Doppellösungen an derselben Universität oder an benachbar-
ten Institutionen oder was auch immer. Bei uns wird dieses Problem
zeitlich verschoben. Die erste Berufung darf nicht an derselben
Universität erfolgen, wo man habilitiert wurde. Ob das mit der Ju-
niorprofessur besser wird, bezweifle ich. Unsere so genannten
Nachwuchswissenschaftler sind bei der Habilitation im Durchschnitt
41 Jahre alt und können erst dann berufen werden. Die meisten sind
bis dahin verheiratet, haben Familie. Jeder Wechsel kann den Fami-
lienzusammenhang zerreißen. So klein Deutschland ist, das Spagat-
leben zwischen zwei Städten ist durchaus ein Hindernis für die
persönliche Entwicklung. Zu dieser Rigidität kommt noch eine Kar-
tellbildung der zuständigen Ministerien in Deutschland hinzu, die
ebenfalls eine dynamische Wissenschaftsentwicklung behindert. Dazu gehören die Rufsperren, die starren Zulageregelungen und der-
gleichen mehr. Eine tief greifende Flexibilisierung solcher Regelun-
gen täte dem deutschen Wissenschaftssystem gut.

4. Das akademische Ethos

Ich möchte versöhnlich schließen mit einem Lob des akademischen
Ethos. Es gibt, das mag manchen Wissenschaftspolitikern entgan-
gen sein, eine bemerkenswerte intrinsische Motivation innerhalb
der Wissenschaft. Die Mehrheit der Wissenschaftler ist bereit, weit
über das vorgeschrieben Maß hinaus zu arbeiten. Wer daher nur an
finanzielle Anreize als Instrument der Optimierung von Universitäten und Wissenschaft denkt, schätzt die Lage in der Wissenschaft
falsch ein. Es geht um Anerkennung, Anerkennung auch der wissenschaftlichen Leistung. Natürlich freut man sich, wenn sich das gelegentlich auch finanziell auswirkt; aber wenn das die primäre Motivation wäre, wären die meisten von uns nicht in die Wissenschaft,
sondern in einen anderen Beruf gegangen. Die in der Wissenschaft
bleiben, sind in ihrem Fach in der Regel die Besten, d.h. sie hätten

auch andere attraktive Perspektiven gehabt. Es gibt zweitens ein bemerkenswertes Maß an interner Verantwortungsbereitschaft. Das
zeigt sich in der Bereitschaft fast aller Wissenschaftler, bei Gut-
achten, mit denen sie eigentlich nichts zu tun haben, beratend tätig
zu sein, etwa bei Habilitationsverfahren an anderen Universitäten.
Sie kümmern sich darum, dass der wissenschaftliche Nachwuchs
eine positive Entwicklung nimmt. Die interne Verantwortungsbereitschaft ist aufgrund eines doch nach wie vor relativ stabilen akademischen Ethos sehr hoch entwickelt. Kritischer sehe ich die externe Verantwortungsbereitschaft. Sie ist bei Einzelnen vorhanden,
aber doch begrenzt. Es gibt sogar eine gewisse Tendenz in der Gemeinschaft der Wissenschaftler, diejenigen auszugrenzen, die solche
externe Verantwortung in hohem Maße wahrnehmen. Das unterscheidet uns sehr stark von den USA. Es gibt ein bemerkenswertes
Maß an permanenter Selbstevaluation, nicht erst seitdem Evaluatio-
nen institutionell vorgeschrieben sind. Das Wesen der wissenschaftlichen Zeitschriften etwa beruht ja auf Selbstevaluation der Wissenschaft. In welcher Währung wird dieses Engagement entgolten?
Die Währung ist im Wesentlichen Anerkennung und Freiheit, nicht
so sehr monetär. Es gilt, dieses akademische Ethos, das nach wie vor
nicht zerstört, wohl aber gefährdet ist, zu revitalisieren.

Zweiter Teil

KUNST UND LEBENSWELT

Innovation in Wissenschaft und Kunst*

Den *Philosophischen Untersuchungen* Wittgensteins ist ein Nestroy-Motto vorangestellt: «Überhaupt hat der Fortschritt das an sich, dass er viel größer ausschaut, als er wirklich ist.» Hier ist eine wesentliche Wahrheit eingeschlossen: Das letzte Kriterium des Fortschritts ist das Kriterium der Humanität. Humanität ausbuchstabiert heißt Selbstachtung der einzelnen Person, heißt Respekt vor anderen, auch in ihrem kulturellen Anderssein, und heißt schließlich eine Grundeinstellung der Sympathie oder der Kooperationsbereitschaft mit anderen Menschen, unabhängig von ihrer Herkunft, von ihrem Glauben, von ihrer Lebensform. Wenn man dies als letztes Kriterium des Fortschritts nimmt, dann sehen viele «Fortschritte» in der Geschichte der Wissenschaften, der Technik, der Gesellschaft, der Ökonomie nicht mehr so bedeutend aus, denn an diesem Kriterium gemessen relativiert sich manches. Diese Feststellung impliziert keine Fortschrittsfeindlichkeit. Es geht darum, die Potenziale für mehr Humanität auszuschöpfen, die in der Entwicklung der Technik, der Wissenschaft und auch in der Entwicklung der Kunst liegen.

Wenn ich jetzt – eher kursorisch – auf eine Interpretation der Wissenschaftsentwicklung eingehe, die mit dem Namen Thomas Kuhn verbunden ist,[14] so ist das keine Identifikation mit dieser Auffassung. Mein verehrter akademischer Lehrer, Wolfgang Stegmüller, hat ein Gutteil seiner Arbeitskraft darauf verwendet, diesen Ansatz auf seinen Kern zurückzuführen und ihn vor allem vor seinen irrationalistischen Interpretationen zu schützen. Es gibt eine wesentliche Einsicht bei Kuhn, die für das Verständnis von Innovation in der Wissenschaft unverzichtbar ist. Kuhn unterscheidet zwischen zwei Arten von Wissenschaft. Die eine nennt er die «normale Wissenschaft», eine Wissenschaft, die sich entwickelt im Rahmen eines

* Festvortrag zum 51. Hochschulverbandstag, Saarbrücken, März 2001.
14 Thomas S. Kuhn: *Die Struktur wissenschaftlicher Revolutionen*, Frankfurt a. M. 1973.

etablierten Paradigmas. Mit diesem Begriff lehnt er sich an den späten Wittgenstein an. Paradigmen sind, ich zitiere Kuhn, «Modelle,
aus denen bestimmte fest gefügte Traditionen wissenschaftlicher
Forschung erwachsen». Paradigmen sind keine Theorien, sie sind
eher Interpretationsmuster von Phänomenen, oft nur eines Einzel-
phänomens. Ein Paradigma entfaltet dadurch seine Kraft, dass Wissenschaftler versuchen, nach dem Muster dieser Interpretation andere Phänomene zu interpretieren. Paradigmen legen Regeln fest
und steuern so die Systematisierung von Daten. Die Art und Weise,
wie wir Daten sammeln, nach ihnen suchen, sie unter bestimmte
Begriffe fassen, ist jeweils abhängig von einem Paradigma. Die normale Wissenschaft stellt das jeweils etablierte Paradigma nicht in
Frage, sondern sie entwickelt es fort, sie weitet den Anwendungs-
bereich dieses Paradigmas aus, sie versucht vergleichbare Fälle zu
finden, die ebenfalls mit Hilfe der anerkannten Sichtweise plausibel
erklärt werden können. Nun gibt es aber eine zweite Form von
Wissenschaft, die Kuhn «außerordentliche Wissenschaft» nennt
und die vor allem für die Innovation in der Forschung relevant
wird. Eine Phase außerordentlicher Wissenschaft beginnt, wenn die
etablierten Paradigmen immer wieder in ihrer Anwendung auf bestimmte Phänomene Probleme aufwerfen – ich möchte nicht sagen
«scheitern», weil dies schon relativ nah an dem mit Karl Popper
verbundenen Konzept der Falsifikation läge. Die eigentliche Autorität des Kuhnschen Ansatzes beruht auf seiner diffizilen wissen-
schaftshistorischen Analyse. Dort bestätigt sich ein Gutteil dieser
Sichtweise. Einer Innovation in der Wissenschaft, die einen Paradigmenwechsel beinhaltet, geht das wiederholte Scheitern von Versuchen der Akkomodation konfligierender Daten voraus. Es entstehen «Anomalien» im Rahmen des jeweils etablierten Paradigmas.
Dann verfällt Kuhn allerdings in eine psychologisierende und soziologische Betrachtungsweise des wissenschaftlichen Fortschrittes, die
ich für unzureichend halte, denn sie beleuchtet nur einen Teil des
Prozesses: Er spricht davon, dass sich ein Gefühl der Unzufrieden-
heit in der Forschergemeinschaft ausbreitet und schließlich jüngere
Forscher sich mit der Etablierung eines neueren Paradigmas nicht
dadurch durchsetzen, dass sie die besseren Argumente haben – diese
haben sie meist zu diesem Zeitpunkt nicht –; vielmehr verdrängen
sie die ältere Generation der Wissenschaftler. Dann stellt sich oft

im Nachhinein heraus, dass mit diesem neuen Paradigma doch Beträchtliches zu leisten ist, und im Rückblick betrachtet mag es dann als überlegen erscheinen. Zum Zeitpunkt des Entstehens des Paradigmas ist das in den seltensten Fällen schon erkennbar, so Kuhn. «Wissenschaftliche Revolutionen» – ein Terminus, den Kuhn verwendet – tauschen ein wirkungsmächtiges Paradigma gegen ein anderes aus. Die beiden konkurrierenden Paradigmen und die Theorien, die dann im Rahmen dieser Paradigmen entwickelt werden, sind in einem bestimmten Sinne inkompatibel. Sie verwenden neue Begrifflichkeiten, die nicht ineinander übersetzt werden können, sie legen andere Maßstäbe an zur Rechtfertigung bestimmter Argumente im Rahmen dieses Paradigmas, sie führen in letzter Konsequenz zu einem neuen Regelsystem der Forschung. Das für mich Faszinierende dabei ist, dass diese Innovationen natürlich in einem historischen und kulturellen Kontext stehen. Sie sind nicht *creationes ex nihilo*, sie nehmen Bezug auf etwas, was schon da ist, so revolutionär sie sich auch immer selbst empfinden mögen. Und oft ist erst aus dem historischen Abstand von Jahrzehnten und Jahrhunderten erkennbar, wie sehr sie doch ihrer jeweiligen Zeit, ihrer jeweiligen Tradition verpflichtet waren. Besonders sorgfältig ist das zum Beispiel untersucht bei Thomas Hobbes, der sich selbst als wissenschaftlichen Revolutionär verstand und auch als Revolutionär wahrgenommen wurde. Wenn man genau hinsieht, ist er doch sehr viel stärker, als er selbst gesehen hat, der Tradition verhaftet.

Ich möchte in diesem Zusammenhang noch einen kurzen historischen Blick auf den Beginn des 20. Jahrhunderts werfen. Dort hat die Grundlagenwissenschaft der Naturwissenschaften – jedenfalls verstand sie sich selbst so und wird über lange Phasen des 20. Jahrhunderts als solche verstanden –, nämlich die Physik, in relativ kurzer Zeit mehrere Revolutionen in diesem Sinne durchlaufen, ohne dass die Physiker deswegen auf einmal die normale Wissenschaft im Sinne Kuhns aufgegeben hätten. Nach Phasen der Beunruhigung, des Konflikts, der Unsicherheit über die je zu etablierenden Regelsysteme (die heute noch einen fernen Nachklang haben in Schriften, die nicht mehr im Zentrum der physikalischen Forschung stehen und immer noch versuchen, die spezielle Relativitätstheorie zu widerlegen) kommt die Wissenschaft wieder in die Bahnen normaler Forschung. Es gibt eine Arbeitsteilung zwischen kleinteiliger, an der

Ausweitung des Anwendungsgebiets des jeweiligen Paradigmas interessierter Forschung einerseits und gelegentlichen kühnen Entwürfen eines alternativen Paradigmas zum Beispiel in den Bereichen der Kosmologie oder der Elementarteilchenphysik andererseits. In derselben Phase geschieht etwas Vergleichbares in der Kunst. Die Kunst verändert sich Ende des 19. Jahrhunderts und gibt bestimmte wohl etablierte «Paradigmen» auf, um sie dann in rascher Folge durch ganz unterschiedliche, neue Paradigmen zu ersetzen. Ein Beispiel: Das seit der Renaissance gültige Paradigma der realistischen Darstellung mittels der Zentralperspektive in der Malerei, das gewissermaßen für normale Kunst stand, wird innerhalb kurzer Zeit von Künstlern der jüngeren Generation verabschiedet. Sie betrachten diese Form der Repräsentation eines Gegenstandes nicht mehr als ihre Aufgabe. Cézannes Bilder zeigen, wie die Sichtbarkeit eines Gegenstandes durch eine Sichtweise interpretiert oder ersetzt werden kann. Der Durchbruch der Abstraktion kommt bei Kandinsky. Deutlich wird der radikale Wandel im Bildverständnis bei Malewitsch – das schwarze Quadrat auf weißem Grund von 1915 repräsentiert auch nach eigenem Verständnis nichts. Das ist nicht das Ende der Kunstentwicklung, sie «mäandert», führt auch zurück zu einer «Neuen Sachlichkeit» oder zu figurativer Kunst in der Gegenwart. Im Unterschied zur Entwicklung der Physik häufen sich jedoch in der Kunst seit der Wende vom 19. zum 20. Jahrhundert die Paradigmenwechsel, sie werden geradezu zur Essenz künstlerischer Kreativität, künstlerischer Innovation. Der Wechsel von einem Paradigma in das nächste wird eigentlicher Ausweis der modernen Kunstentwicklung. Damit verändert sich im Übrigen auch das Verhältnis von Kunst und Lebenswelt. Die «Art World», die aus den Künstlern, insbesondere den am Diskurs beteiligten, den Museumsdirektoren, den Theoretikern, den Galeristen, der kleinen, kunstinteressierten Elite gebildete Welt der Kunst, definiert nach internen Kriterien neu, was Kunst ist oder Kunst zu sein hat in der jeweiligen Zeit. Und das Publikum reagiert, zum Teil wenigstens, ratlos oder mit der typischen zeitlichen Verzögerung. Die Hochschätzung, die die klassische Moderne heute in weiten Teilen der Bevölkerung erfährt, hatte bei den Zeitgenossen keine Entsprechung.

Die Frage «Was ist eigentlich Kunst?» begleitet die Kunst seit Beginn des 20. Jahrhunderts, ob sie nun an Duchamps Ready-mades denken oder daran, wie Warhol Gebrauchsgegenstände der kommerzialisierten Lebenswelt zu Kunstobjekten umdefiniert und so das Alltägliche monumentalisiert oder an Beuys' Erweiterung des Kunstbegriffs in die soziale und politische Aktion hinein, die von Beuys so verstandene Entmusealisierung der Kunst. Da ging es jeweils nicht nur um die Etablierung eines neuen Paradigmas innerhalb der Kunst, sondern um ein neues Verständnis von Kunst überhaupt, um die Frage «Was macht Kunst eigentlich aus?». Diese Fragestellung zieht sich bis in die Kunst der Gegenwart. Ich nehme als Beispiel Carsten Nicolai, der bildender Künstler und zugleich Musiker bzw. Discjockey ist. Er versteht sich selbst aber auch als Forscher, der die Grenzen zwischen U und E überschreitet, zwischen Museum und Lounge, zwischen Popkultur und White Cube. Künstler wie Nicolai gehen von der Autonomie der Kunst ab und schreiben der Kunst ausdrücklich auch eine Dienstleistungsfunktion zu. Ein anderes Beispiel ist die schwedische Künstlerin Ann-Sofi Sidén. Sie betreibt für ihre Installationen und Videodokumentationen Recherchen, die auf den ersten Eindruck eher den Charakter einer ethnologischen Studie haben. Psychologie spielt hinein, auch ein gewisser politischer Impetus, sehr zurückgenommen. Eine ihrer letzten Arbeiten hat den deutschen Titel «Warte mal». Sie versammelt Videointerviews und Filmmaterial über das Leben von Prostituierten an der deutsch-tschechischen Grenze und untersucht, wie sich Menschen einrichten in der Entfremdung zwischen Geld, Körper und Gewalt. Auch bei diesem Projekt geht es letztlich um die Frage, was Kunst eigentlich ausmacht.

Ich habe bewusst eine Naturwissenschaft, die Physik, und die bildende Kunst im 20. Jahrhundert herangezogen. Die Geisteswissenschaften nehmen in diesem Spektrum eine Zwischenrolle ein. Sie beruhen einerseits auf akzeptierten Rationalitätsstandards, auf akzeptierten Paradigmen, haben insofern eine Gemeinsamkeit mit der Physik, wenn auch die Methoden natürlich ganz andere sind. Andererseits scheinen die Geisteswissenschaften, jeweils in ihren gerade als besonders aktuell empfundenen Ausprägungen, gelegentlich den Gesetzen eines «Kunstmarktes» zu unterliegen, die ästhetische Originalität einer Position spielt eine große Rolle. Nehmen Sie zum Beispiel den Einfluss, den die «französische» Philosophie, der ich persönlich eher kritisch gegenüberstehe, gegenwärtig auf die US-

amerikanischen *Humanities* hat. Die Vertreter dieser Art von «conti-
nental philosophy» (wie sie dort bezeichnet wird, offenbar in seltsa-
mer Verkleinerung des europäischen Kontinents) ähneln im Habitus
gelegentlich Stars der europäischen Kunstszene und entsprechen
weniger dem Geist nüchterner Wissenschaft – ich denke etwa an
den Auftritt von Foucault in den USA. Die Geisteswissenschaften
stehen zwischen den universalen Erklärungsansprüchen der Naturwissenschaften und dem Spezifitätsbewusstsein der Kunst. Sie bilden einen wesentlichen Teil des kulturellen Gedächtnisses und be-
rühren sich auf dieser Ebene stärker mit der Kunst. Das Historische
spielt für die Geisteswissenschaften konstitutiv eine andere Rolle als
für die Naturwissenschaften. Die Geschichte der Physik ist ein ganz
anderes Fach als die Physik. Gleiches kann man von der Philosophie nicht sagen. Die Geschichte der Philosophie ist Teil der Philosophie.

Ich möchte jetzt noch einen kurzen Exkurs zur Rolle von Regeln
machen. Ich hatte bereits von Regeln im Zusammenhang des Kuhnschen Paradigmenbegriffs gesprochen und möchte nunmehr auf einen anderen Aspekt hinweisen, den der Verständigung. Jede Art von
Verständigung ist von gemeinsam akzeptierten Regeln abhängig. Wo
diese Regeln in einem Wandel begriffen sind, muss es als Begleit-
phänomen immer auch Verständigungsprobleme geben. Dies ist kein
Plädoyer für den Stillstand, die Regeln müssen sich verändern, aber
man muss wissen, was das jeweils mit sich bringt. Rationalität basiert
auf gemeinsam akzeptierten Regeln. Sie setzt zum Beispiel Regeln
der Begründung voraus oder Regeln, die festlegen, was überhaupt als
Datum gelten oder nicht gelten darf. Regelunsicherheit stellt damit
auch Rationalität auf einen Prüfstand, indem beispielsweise die Kriterien von Begründung unsicher werden. Das heißt, solange Kommunikation eine Gemeinschaft eint – ich denke jetzt an die Wissen-
schaftlergemeinschaft oder auch an die Gemeinschaft der Kunst, die
«Art World» –, muss es einen gemeinsamen Regelbestand geben, der
so grundlegend ist, dass er Veränderungen verkraftet, ohne dass die
Verständigung kollabiert. Ich will diesen kurzen Exkurs abschließen
mit der Idee eines Spektrums. Die Lebenswelt – der Bereich der alltäglichen Erfahrung und Verständigung – beruht auf einem von uns
selten diskutierten, weil als selbstverständlich vorausgesetzten, gemeinsamen Bestand an Regeln, an fundamentalen Urteilen, an Ge-

wissheiten. Wir haben Gewissheiten, die niemand in Frage stellt. Man kann zum Beispiel Anti-Realist sein, allerdings nur im philosophischen Seminarraum. In dem Moment, in dem man ihn verlässt, kann man nicht mehr Anti-Realist sein, nicht wirklich. Wer außerhalb des philosophischen Seminarraums Anti-Realist ist, läuft Gefahr, als «Halbirrer» betrachtet zu werden, um Wittgenstein aus seiner letzten Schrift *Über Gewissheit* zu zitieren. In der Lebenswelt gibt es also einen hohen Bestand an Überzeugungen und Regeln, die sich nur sehr langsam ändern. Das betrifft übrigens auch den Bereich unserer gemeinsamen moralischen Überzeugungen, der sich nicht einfach über einen Theorieentwurf verändern lässt. Er lässt sich behutsam modifizieren – dort wo Inkohärenzen bestehen –, aber die Moral, die uns im Leben leitet, steht nicht in toto zur Disposition einer wissenschaftlichen Analyse.

Ich möchte nun einige konkrete Schlussfolgerungen für die Kultur- und Wissenschaftspolitik ziehen:

Vor dem skizzierten Hintergrund wird etwas klarer, was Autonomie in Kunst und Wissenschaft bedeutet und warum diese Autonomie so wichtig ist. Prozesse der Innovation sind Vorgänge, die von außen nicht steuerbar sind. Sie verlangen eine Offenheit, ein Nichtkontrollieren, damit Ungewöhnliches, auch Widerspenstiges, überhaupt möglich wird. Eine kontrollierte Wissenschafts- und Technikentwicklung ist ebenso wenig denkbar wie eine kontrollierte Kunstentwicklung. Der Sinn dieser Autonomie ist es, Freiheit zu schaffen, Freiheit für die Wissenschaft und die Kunst.

Zugleich gibt es Grenzen der Autonomie. Diese Grenzen hängen im Wesentlichen mit der Einbettung in den gesellschaftlichen, auch den politischen Kontext von Kunst und Wissenschaft zusammen. Ich habe einen Aspekt genannt: Die Verständigung in die Lebenswelt hinein ist für Kunst und Wissenschaft nicht einfach vernachlässigbar. Es muss Berührungspunkte geben, Menschen müssen zum Beispiel wissen, was an den Universitäten, was in den Forschungsinstituten, was in den wissenschaftlichen *Brain-Trusts* denn tatsächlich getrieben wird, um auch bereit zu sein, diese Wissenschaft mit ihren Steuermitteln zu fördern. Wir brauchen also eine Öffnung der Wissenschaft in die Lebenswelt hinein und wir brauchen Mittler, Wissenschaftler, die bereit sind, einen Teil ihrer zeitlichen Ressourcen zur Verfügung zu stellen für das Vermitteln dieser Ergebnisse nach außen. Diese Kultur des Vermittelns könnte besser entwickelt sein, besonders auch in Deutschland. Wir sollten versuchen, weitere Schritte zu gehen, um die Akzeptanz für das Besondere der Wissenschaft und das Besondere der Kunst in der Gesellschaft zu fördern. Diese Einbettung umfasst auch die Dimension der Kooperation. Es kann nicht sein, dass sich das Subsystem Wissenschaft und das Subsystem Kunst ablösen und keinerlei kooperative Bezüge zum Rest der Gesellschaft mehr aufweisen. Sie wirken in die Gesellschaft hinein. Die Entwicklung der Gesellschaft wird ganz wesentlich geprägt von wissenschaftlichen und künstlerischen Entwicklungen. Weil dies ein so zentraler Bereich der gesellschaftlichen Entwicklung ist, erwarten andere Bereiche der Gesellschaft zu Recht Kooperation – ob das die Wirtschaft oder die Technik sind, die Bildungsinstitutionen usw.

Innovation in Wissenschaft und Kunst verlangt ein Klima der Toleranz. Irren ist weder in der Wissenschaft noch in der Kunst eine Schande. Ich gehe so weit zu sagen, es gehört zum Ethos dieser beiden großen Kreativitätspotenziale der Gesellschaft, Abweichendes, Unbequemes, den meisten vielleicht sogar abwegig Erscheinendes zu fördern. Es gibt eine schöne Formulierung von Karl Popper, dass die Wissenschaft voranschreitet durch den Prozess kühner Entwürfe und kritischer Prüfung. Kühne Entwürfe müssen es sein. Wenn Wissenschaft und Kunst aus lauter Anpassern bestehen würde, dann wäre die Innovation in Wissenschaft und Kunst gefährdet.

Weder die Wissenschafts- noch die Kulturpolitik hat Kriterien zur Beurteilung, was gute Wissenschaft und was gute Kunst ist. Aber dennoch muss sie Mittel zur Förderung bereitstellen. Ein wesentliches Kriterium dieser Förderung ist schlicht das Kriterium der Vielfalt. Die Wissenschaftspolitik, die Kultur- und Kunstpolitik muss Vielfalt fördern. Wo Vereinheitlichung droht, wie zum Beispiel gegenwärtig im Film, muss sie gegensteuern, muss sie Steuermittel zur Verfügung stellen. Das öffentliche Gut einer lebendigen künstlerischen, einer lebendigen wissenschaftlichen Entwicklung hat einen hohen Rang. Das rechtfertigt es, mit Steuermitteln die Vielfalt herzustellen und zu sichern, auch wenn es manchmal finanziell weh tut.

Es gilt dies auch für die Förderung von Interdisziplinarität. Es besteht in allen Bereichen immer eine Tendenz, sich auf das Sichere zurückzuziehen, dem mit der Förderung von Interdisziplinarität entgegengesteuert werden kann. Es ist interessant zu sehen, dass die großen Innovationsschübe oft durch Begegnungen ausgelöst wurden, die niemand geplant hat, Begegnungen zwischen den Disziplinen, die bei dem einen oder anderen neue Sichtweisen ermöglichen und neue Durchbrüche. Das gilt für die Kunst gleichermaßen wie für die Wissenschaft.

Der nächste Punkt ist die Förderung der Internationalität. Wenn der Bezugsrahmen von Wissenschaft und Kunst jeweils die Nahestehenden sind, die darüber entscheiden, ob die weitere Laufbahn der Wissenschaft vorangetrieben wird oder nicht, dann besteht immer die Gefahr einer gewissen Bequemlichkeit, sich auf das Naheliegende zu beziehen und es damit auch sein Bewenden haben zu lassen. Die Konfrontation mit dem, was außerhalb der nationalen Grenzen ist, der Austausch, die Begegnung über die nationalen Grenzen hinweg, ist wesentlich für Innovation in Wissenschaft und Kunst.

Es gab einmal ein relativ enges Verhältnis zwischen Wissenschaft und Kunst. Dieses enge Verhältnis datiert – bei allen Unterschieden – in die Antike zurück und reicht zweifellos bis weit in das 19. Jahrhundert hinein. Die ganze experimentelle Tradition in den Naturwissenschaften ist von ihrer Entstehung her eng an künstlerische Performances gebunden, zum Beispiel in den Salons vornehmer Damen, die Künstler und Wissenschaftler einluden, um dort bestimmte Experimente mit viel Licht und Geräusch zu inszenieren. Das ist ein wesentlicher Teil der Entwicklung der Naturwissenschaft im 18. und 19. Jahrhundert. Beide Bereiche – Wissenschaft und Kunst – haben sich zunächst einmal auseinander entwickelt, schienen nicht mehr viel miteinander zu tun zu haben. Die Kunst verachtete über lange Zeiten hinweg die Verbindung zur Technik und zum Handwerk, die früher sehr eng war. Die Wissenschaft versuchte, als präzise an Rationalitätsstandards ausgerichtete Tätigkeit Abschied zu nehmen von den Unwägbarkeiten der künstlerischen Kreativität. Mein Eindruck ist, dass heute eine neue wechselseitige Aufmerksamkeit besteht. Künstler sind interessiert an der Wissenschaft. Es gibt zum Beispiel Kunstprojekte, die sich mit der Gentechnik und der Biotechnologie auseinander setzen, weil Künstler merken, das hat kulturelle Einflüsse, da verändert sich etwas und wir

müssen darauf reagieren. Es gibt Künstler, die sich als Forscher verstehen, es gibt Wissenschaftler, die sich für die Kreativitätspotenziale
der Kunst interessieren. Ich glaube, es ist gut für die Gesellschaft,
Kunst und Wissenschaft in ein engeres Verhältnis zu bringen.

Die Innovationspotenziale in der Kunst und der Wissenschaft
hängen davon ab, dass Bezüge zur Lebenswelt bestehen bleiben und
vertieft werden. Die Wissenschaft kann gewinnen, wenn sie sich für
die Erwartung der Menschen öffnet, wenn sie merkt, welche gesellschaftlichen Entwicklungen welche wissenschaftlichen Antworten
erforderlich machen. Jüngere zeitgenössische Künstler wollen die
Auseinandersetzung, den Dialog mit der Gesellschaft, nicht nur mit
den wenigen, die sich für eine Ausstellung in einer Galerie interessieren. Sie wollen diesen Dialog, sie verstehen ihre Kunstprojekte
als Teil öffentlicher Diskurse. Interventionistische Kunst ist ein Begriff in diesem Zusammenhang, es gibt viele Projekte, die darauf
abzielen, Einfluss zu nehmen, sich auszutauschen, Wechselwirkungen zwischen Lebenswelt und Kunst zuzulassen. Ich denke, dass die
Kulturpolitik dazu beitragen kann, die Reintegration von Kunst und
Wissenschaft in die Lebenswelt zu fördern, indem sie Räume bereitstellt, in denen diese Begegnungen stattfinden können. Das ist
ein zentrales kultur- und wissenschaftspolitisches Projekt, dem wir
uns alle widmen sollten.

Eine Schlussbemerkung: Ich denke, wir sollten den Kulturstaat,
der mit diesem Terminus nicht im Grundgesetz steht, der aber zur
Essenz der Verfassungsrealität gehört, so umfassend wie möglich
verstehen. Kultur bedeutet nicht nur Museum, Orchester, nicht nur
das eine oder andere Projekt, sondern Kultur ist die Art und Weise,
wie wir uns miteinander verständigen, wie wir Innovationen aufneh-
men und fördern. Kultur ist letztlich dasjenige, was dem Leben der
einzelnen Person erst ihren Sinn gibt. Und im Sinne dieses umfas-
senderen Verständnisses von Kulturstaat denke ich, dass die Innovationspotenziale der beiden Bereiche Wissenschaft und Kunst im
Mittelpunkt stehen sollten, nicht nur der Kultur- und Wissenschaftspolitik, sondern der Politik generell, weil dies die Zukunftschancen der Gesellschaft ganz wesentlich beeinflussen wird.

Baukörper und Menschenbilder[*]

Anlässlich dieser ersten Verleihung des Taut-Stipendiums möchte ich zu der Thematik Baukultur und Architektur einige Bemerkungen aus einer durchaus persönlichen Perspektive machen. Bitte sehen Sie es mir nach, wenn diese Überlegungen zu stark von meiner Herkunft als Philosoph geprägt sein sollten. Bruno Taut war 1919 als Leiter des Bayerischen Bauwesens in die Bayerische Räteregierung berufen worden. Der Philosoph Otto Neurath war in derselben Regierung zuständig für die Sozialisierung der bayerischen Wirtschaft. Sie sind nicht sehr weit vorangekommen, denn bevor sie ihr Amt antreten konnten, wurde die Regierung gestürzt. Ich lasse offen, ob man das bedauern oder begrüßen soll. Jedenfalls gibt es eine Nähe zwischen der von Neurath maßgeblich mitgeprägten Philosophie des Wiener Kreises – aus der sich die analytische Philosophie entwickelt hat – und führenden Architekturbewegungen im ersten Drittel des 20. Jahrhunderts: Bauhaus, aber auch Max und Bruno Taut. Stichwortartig kann man die inhaltliche Schnittmenge so charakterisieren: soziales Bewusstsein von Architektur, unprätentiöse Formen, bürgerschaftliche Verantwortung und eine Verbindung von Ästhetik und Ethik. Ein zentraler Kopf dieser neuen Art von Philosophie, Ludwig Wittgenstein, war ja ein Ästhetiker. Er hat sich selber sogar als Architekt versucht, mit durchaus interessantem Ergebnis. Wittgenstein war ein Philosoph, der eine besondere Sensibilität für die Kunstentwicklung hatte und zur gleichen Zeit sinngemäß sagte: «Lasst uns als Philosophen nicht darüber reden, denn die Kunst eignet sich nicht für klare Sätze.» Und ebenso: Was wir als ethische Verantwortung empfinden, eigne sich nicht für die Wissenschaft. Das habe andere Wurzeln, Wurzeln in der Lebensform, in der Existenz. Und das, was dann in der Regel in einer Form von Pseudorationalisierung als Auseinandersetzung mit ästhetischen und ethischen Fragen komme, sei unbefriedigend. Dahinter steht die

---

[*] Vortrag zur Verleihung des Architekturpreises Taut-Stipendium, Berlin, Juni 2001.

Beobachtung, dass sich die ästhetische wie die ethische Dimension nur zu einem kleinen Teil für die sprachliche Darstellung, den Diskurs und die diskursive Klärung eignen.

Der Zusammenhang von Ästhetik und Lebensform zieht sich auch durch die Architekturdiskussion der Gegenwart. Ich denke hier vor allem an die einflussreiche, faszinierend zu lesende und oft imitierte Zivilisations-, Architektur- und Stadtplanungskritik Richard Sennetts. Wenn man sich die zentralen Thesen Sennetts vor Augen führt, wird deutlich, dass dort eine antimodernistische Melodie angeschlagen wird – auf beeindruckend hohem intellektuellem Niveau, vor dem Hintergrund immenser historischer Kenntnisse, aber eben doch antimodernistisch. Man hört diese Melodie in einfacherer Form auch, wenn es zu begründen gilt, warum auf dem Berliner Schlossplatz nur eine 1:1-Rekonstruktion des Schlosses in Frage komme. «Man schaue sich doch Berlin an, in welcher Verfassung Berlin unterdessen ist, angesichts des Wütens der zeitgenössischen Architektur!» Ich teile diese Perspektive nicht. Ich weiß, es gibt viele Bausünden, auch in der jüngsten Architektur. Aber dieser Ansatz, der in einer wirklich sehr fesselnden Form bei Richard Sennett seinen Ausdruck findet, geht, wie mir scheint, nicht in die richtige Richtung. Ich will einige Motive hier kurz herausgreifen.

Die zentrale These Sennetts besagt, dass der desolate Zustand der modernen Architektur und Stadtgestaltung auch damit zusammenhänge, dass wir Probleme mit dem menschlichen Körper hätten, dass das moderne Bauen von einem Fluch verfolgt würde, der Ausdruck einer umfassenden Verarmung der Sinne sei. Körperempfindungen, so Sennett, werden in den modernen Lebensformen zurückgedrängt, und parallel dazu verarmt der Raum sinnlich als Resultat einer nachlassenden menschlichen Anteilnahme. Und die Frage, die sich dann stellt, ist: Was muss geschehen, damit man den Körper wieder sinnlicher und moralisch empfindsamer macht, damit die räumlichen Beziehungen der Körper zueinander wieder intimer werden, dass die Tendenz der Zivilisationsentwicklung nicht mehr in die Richtung der Ruhigstellung von Körpern geht, dass wir wieder Sinn für die taktile Realität gewinnen, dass der Raum nicht bloßes Medium der Fortbewegung ist und sonst nichts, dass der Wunsch, den menschlichen Körper von Widerständen zu befreien, nicht mehr im Mittelpunkt steht. Das sind jetzt nicht wörtliche Zitate, aber doch Zusammenfassungen der zentralen Formulierungen von Sennett. Und ich bezweifle nicht, sonst wäre seine Studie ja auch nicht so faszinierend, dass er auf ein reales Problem aufmerksam macht. Aber mir scheint, das Problem ist unzureichend beschrieben, wenn es wie bei Sennett in einer Art umgekehrten Geschichtstheologie dargestellt wird, als eine kontinuierliche Entwicklung zum Schlechteren. Ich will einmal ein Gedankenexperiment machen. Es sieht folgendermaßen aus: Man kann dazu sogar ein Kapitel des im Deutschen mit *Fleisch und Stein*[15] überschriebenen Buches von Sennett heranziehen, nämlich das über das Paris des 18. und 19. Jahrhunderts. Nehmen wir an, dieses Paris sei das heutige München und entwickele sich in die Richtung des Paris des frühen 19., des späten 18. Jahrhunderts. Es ergäbe sich eine Vergröberung unserer Lebensformen, eine zunehmende Entsensibilisierung durch ein immer lauteres Anschwellen der Geräusche, des Gestankes in den Straßen, des Menschengewühls. Niemand kann mehr ein gepflegtes Gespräch führen, weil die Räume nicht mehr hinreichend abgetrennt sind, jedenfalls was die unteren und mittleren Schichten der Gesellschaft angeht. Die Überfüllung verbietet jede Privatheit, jedes vertraute Gespräch, jede musikalische Darbietung, und die dauernde Belastung mit schlechter Luft, auch mit alltäglicher Aggression auf den Straßen, lässt einen zivilisierten Lebensstil nicht mehr zu. So kann man argumentieren, da wäre zumindest ein Körnchen Wahrheit dabei. Aber die einfache Übertragbarkeit der Beschreibung des Paris des 19. Jahrhunderts auf das München der Gegenwart weckt doch Zweifel an der Differenziertheit und historischen Adäquatheit von Sennetts Analyse, ein teleologischer Einschlag scheint mir jedenfalls unverkennbar. Insofern muss man bei den Bildern, die Sennett evoziert, sehr genau hinsehen. Ich möchte einen Zusammenhang herstellen zwischen Baukörpern und Menschenbildern, wobei ich «Baukörper» in einem relativ umfassenden Sinne verstehe. Auch die Stadt ist ein Baukörper: uneinheitlich, vielfältig konturiert, es gibt Einbrüche der Natur, die aber gewissermaßen gezähmt werden von einer Kultur, die Teil dieses Baukörpers ist. Ich mache jetzt einen ganz großen Sprung, nämlich zu einer interessanten Passage in der *Politeia* von Platon, in der er von der Ent-

15 Richard Sennett: *Fleisch und Stein: der Körper und die Stadt in der westlichen Zivilisation*, Berlin 1995.

wicklung der Stadt spricht und sinngemäß sagt: Die ursprüngliche Stadt ist eine Stadt der Bedürfnisbefriedigung. Sie entsteht, weil Hausgemeinschaften feststellen, dass sie nicht vollständig autark sind, dass sie besser leben können, wenn sie sich in ein Austauschverhältnis mit anderen Hausgemeinschaften bringen. Diese Stadt, die ursprüngliche Stadt, die Stadt der Bedürfnisbefriedigung, entwickelt eine Dynamik, die ihr gewissermaßen eingepflanzt ist, nicht als ein Akt menschlicher Planung, sondern als Ausdruck der Bedürfnisbefriedigung und der jeweilig anwachsenden Wünsche, wenn Bedürfnisse befriedigt sind. Sie entwickelt eine Dynamik im doppelten Sinne: eine ökonomische und eine kulturelle. Und nun kommt das Merkwürdige – deshalb habe ich diesen großen Sprung über 2500 Jahre gemacht, weil man damit auch eine gewisse Distanz zu den eigenen Ideologemen bekommt, die einem tief eingepflanzt sind: Für Platon ist das Ergebnis dieser Entwicklung die kranke Stadt. Es ist nämlich die Stadt, die nur existieren kann, wenn sie expandiert, wenn sie sich weitere Räume zu Eigen macht, wenn sie in Dynamik bleibt. Und er setzt dagegen die Stadt der Stabilität, eine Stadt, die autark ist, die nicht wachsen muss, um zu existieren, und bei der das große Streben nach ökonomischer und kultureller Bedürfnisbefriedigung ersetzt wird durch eine Stadt, die auf Erkenntnis baut. Diese Form von Erkenntnis schließt ein, dass man sich in der Stadt über die Proportionen einig sein muss, darüber, was einen gerechten Anteil ausmacht. Also kurz: Die gerechte Stadt ist nicht dynamisch, sondern statisch. Sie ist stabil. Sie wächst nicht, sondern sie bleibt, wie sie ist. Jede Stadt, die «dynamisch» ist, zeigt, dass sie ungesund ist, dass sie nicht mit sich im Gleichgewicht ist. Jetzt befürchten sicher manche, dass ich in eine ökologistische Ideologie der statischen Stadt rutsche. Ich möchte aber nur sagen, dass wir implizit Wertungen vornehmen, zum Beispiel Wertungen dergestalt, dass jede Unterbrechung von Entwicklung ein Warnsignal ist. Aber die Gültigkeit dieser Wertungen ist nicht ausgemacht.

Ich glaube, wir sind gegenwärtig in einer schwierigen Phase, in der die europäische Stadt versucht, ein Paradigma aufrechtzuerhalten, nämlich das Paradigma ihrer Gestaltung im Sinne humaner Kriterien. Dieses Paradigma gerät in Schwierigkeiten angesichts der von Platon wunderbar zutreffend beschriebenen Dynamik der Bedürfnisse, der individuellen, oft durch Unternehmen repräsentierten

Bedürfnisse, die insbesondere über das Kriterium des Standortvor-
teils (also auch durch politische Pressionen, die damit jeweils in der
Kommune zum Ausdruck kommen) bestimmte partikulare, ökonomische Interessen in der Entwicklung von Städten dominant machen. Hinzu kommen allerdings auch die partikularen Interessen der
vielen, die für sich entscheiden, dass sie zum Beispiel eine wesentlich
größere Wohnfläche pro Kopf offensichtlich vorziehen, auch wenn
sie teurer kommt als früher – was das für Stadtplaner ärgerliche Phänomen nach sich zieht, dass die meisten Großstädte nicht mehr
wachsen, sondern zahlenmäßig eher schrumpfen. Trotzdem wird der
Platzbedarf für die Wohnungen immer größer. Die Wohnungsnot
nimmt zu, obwohl die Anzahl der Wohnungen gestiegen und die
Anzahl der Bewohner gesunken ist. Da kommen also dynamische
Momente ins Spiel, die politisch nur sehr eingeschränkt zu steuern
sind. Diese Momente stehen in einem merkwürdigen Kontrast zu
dem Selbstbild der meisten in diesem Bereich aktiven Politiker. Sie
gehen davon aus, dass es hier um einen planbaren Prozess geht,
nämlich darum – um auf Sennett zurückzukommen –, den Körpern
auch einen entsprechend strukturierten Raum anzubieten, in dem sie
miteinander in ein vernünftiges Verhältnis treten. Die Gestaltbarkeit
dieses Prozesses ist aber in hohem Maße eingeschränkt. Vor diesem
Hintergrund möchte ich einige, bei weitem nicht ausgereifte Gedanken einfach zur Diskussion stellen. Der erste betrifft das Verhältnis
von Ästhetik und Lebensform, noch einmal am Beispiel Sennett. Bei
Sennett scheint es mir so zu sein, dass er bestimmte, meist nicht
ausgesprochene Kriterien einer humanen Lebensform anlegt. Ich
habe einige Punkte genannt, die zeigen, in welche Richtung diese
Kriterien gehen: Herstellung von Nähe, Sinnlichkeit, Austausch usw.
Das Ästhetische misst dann die Gestaltung der Baukörper daran, ob
sie diesen Kriterien entsprechen. Und daran ist offensichtlich auch
etwas Wahres, denn im Gegensatz zu manch anderen Sparten der
Kunst ist die Baukunst immens wirksam, wenn es um die Gestaltung
individueller Lebensformen geht. Sie prägt diese Lebensformen mit,
sie steht in einem Austausch- und Abhängigkeitsverhältnis mit den
jeweils konkreten Lebensformen. Das ist zumindest in anderen Bereichen der modernen Kunst seit Ende des 19. Jahrhunderts nicht
mehr so, weil sich die Kunst in autonome Räume zurückgezogen hat
und ihren Anspruch auf Gestaltung von Lebensformen der Alltags-

welt wesentlich zurückgenommen hat. Das heißt, es ist durchaus angemessen, diese Kriterien anzulegen.

Aber jetzt kommt ein interessantes Phänomen ins Spiel, der Umstand nämlich, dass die Frage der gewünschten, der guten, der gelungenen Lebensform selbst eine ästhetische Dimension hat. Die Selbstbilder, die Menschen haben (individuell oder kollektiv, d. h. auf das Selbstverständnis, das in einer Gemeinschaft entsteht, bezogen), haben offensichtlich eine Auswirkung auf die Bedürfnisbefriedigung, die Menschen für ihre Lebensform für angemessen halten. Und zu dieser Bedürfnisbefriedigung gehört das bauliche Umfeld, in dem sie leben. Um das etwas konkreter zu machen: die Frage zum Beispiel der Distanz und der Nähe. Es ist nicht so, dass es eine unverrückbare *conditio humana* gibt, die festlegt, wie viel Nähe gut ist und wie viel Distanz notwendig. Dies ist vielmehr in hohem Maße kulturvariant. Es gibt interessante sozialpsychologische Untersuchungen, die beispielsweise zeigen, dass Menschen, die miteinander reden, in unterschiedlichen Kulturen unterschiedliche Abstände zueinander einhalten. Was dem einen geradezu als aufdringliche Nähe erscheint, erscheint einem anderen aus einem anderen Kulturkreis schon als distanzierende Ferne. Und die Tatsache, dass etwa im ostasiatischen Kulturkreis die Quadratmeterzahl pro Kopf Wohnfläche so viel niedriger ist als etwa in Europa, ist nicht nur ein Ausdruck von Not, sondern, wie mir scheint, auch ein anderes Wahrnehmen von Nähe und Distanz, als es sich unterdessen hier entwickelt hat. Und in diese Zusammenhänge spielt die formende Kraft der Stadtplanung und der Architektur hinein. Ich will ein anderes Beispiel nennen: In einem neuen Stadtviertel in München, in der Messestadt Riem, ist eine wunderschöne Schule gebaut worden. Sie ist von großer Eleganz, da gibt es Holz und Glas und Stahl, und sie ist sehr groß. Die Kinder, die diese Schule besuchen, kommen ganz überwiegend aus den unteren und mittleren sozialen Schichten. Man hat nun festgestellt, dass diese Schüler zusammen mit ihren Lehrern die wunderbare Transparenz des Gebäudes wieder zerstören, indem sie zum Beispiel die Fenster zukleben. Die Großzügigkeit der Räume wird offenbar mehr als Bedrohung denn als Gewinn wahrgenommen. Es ist allem Anschein nach sehr stark schichtenspezifisch, auch bei Erwachsenen, welche Form von Ästhetik als angenehm oder als unangenehm empfunden wird. Andererseits gibt es einen Effekt der Gewöhnung in dem Sinne, dass bestimmte ästhetische Ideale dann am Ende auch das Empfinden von angenehm und unangenehm prägen. Das heißt, um es jetzt ein bisschen pathetisch auszudrücken: Es geht hier um eine anthropologische Dimension. Es geht um die Frage des Menschenbildes, nicht als invariante *conditio humana*, sondern als Frage des individuellen und kollektiven Selbstverständnisses. Diese anthropologische Komponente beeinflusst offenbar die Ideale einer angemessenen baulichen Strukturierung unserer Lebenswelt. Ich habe nur einen Aspekt angesprochen: das Verhältnis von Distanz und Nähe. Es gibt weitere, zum Beispiel den der Disziplinierung. Disziplinierung – der eigenen Empfindungen, der Ausdrucksformen von Emotionen – schlägt sich auch in den Baukörpern nieder. Es gibt disziplinierendere Baukörper und es gibt verspieltere, sinnlichere Baukörper. Hierarchisches Bewusstsein spiegelt sich in den baulichen Formen. Und es gibt Idealtypen, Leitbilder, die architektonische Entwicklungen steuern. Insbesondere die Oberschichten vergangener Zeiten haben zum Beispiel das Bild des *homo ludens* in den Mittelpunkt gerückt; man sieht das an Bauten wie dem Versailler Schloss. Oder nehmen Sie den *homo spiritualis*, der vor allem in den sakralen Bauten sein bauliches Selbstbild wiederfindet. Es gibt des Weiteren den im 17. und 18. Jahrhundert entstandenen *homo oeconomicus*, der auf Effizienz, Klarheit und Sachlichkeit achtet (und in der berühmten Studie von Albert Hirschman[16] ja nicht einfach als der rationale Mensch charakterisiert wird, sondern als der Mensch, der seine Regungen, seine Ansprüche, sein Streben nach Ehre usw. unter Kontrolle hat; da geht es gar nicht so sehr um Triebunterdrückung, sondern zum Beispiel um die Unterdrückung des Wunsches nach Anerkennung in Absetzung zum ritterlichen Ideal des Mittelalters). Und es stellt sich am Ende auch die Frage, ob wir – bislang sicher nur ein Minderheitenphänomen – einen *homo aestheticus*, der seine Lebensform ästhetischen Idealen unterordnet und nicht umgekehrt, zu einer Orientierungsmarke unserer Architektur und Stadtplanung machen.

---

16 Albert O. Hirschman: *The Passions and the Interests. Political Arguments for Capitalism before its Triumph*, Princeton 1977.

Berliner Mitte*

Die meisten Architektinnen und Architekten – unter Denkmal-
schützern ist das wahrscheinlich noch deutlicher – lehnen den
Nachbau einmal ausgelöschter Gebäudeexistenzen ab. Renzo Piano
hatte einmal vor dem Wiederaufbau des Stadtschlosses in Berlin mit
den Worten gewarnt: Die Vergangenheit zu kopieren wäre für mich
Selbstmord. Auch die Vereinigung der Landesdenkmalpfleger in
Deutschland lehnte Anfang der 90er Jahre den Wiederaufbau des
Stadtschlosses ab, da die überlieferte materielle Gestalt als Ge-
schichtszeugnis genauso unwiederholbar sei wie die Geschichte
selbst. Einzelne Experten aus Architektur, Stadtplanung und Denkmalschutz haben in der nun über ein Jahrzehnt während intensiven Debatte mit beachtenswerten Gründen Gegenpositionen bezogen. Dies blieb aber immer eine deutliche Minderheit. Außerhalb
der Fachwelt allerdings scheint es zumindest innerhalb Berlins eine
vielleicht nur relative, aber doch stabile Mehrheit für den Wiederaufbau des Stadtschlosses zu geben. Die von Fachleuten vorgebrachten Argumente, der Wiederaufbau eines vollständig zerstörten
Schlosses sei historisch retrospektiv, politisch restaurativ, eine Ge-
schichtsattrappe oder gar Las Vegas, ließen die Befürworter in der
Bürgerschaft Berlins weitgehend unbeeindruckt. Wenn es nun lediglich darum gegangen wäre, die Stellungnahmen von Expertinnen
und Experten einzuholen, dann hätte man die internationale Kommission nicht einsetzen müssen. Eine Vielzahl von schriftlichen und
mündlichen Stellungnahmen lag schließlich schon Anfang Januar
des vergangenen Jahres vor. Die Tendenz im Bereich der Architektur, der Stadtplanung und des Denkmalschutzes war ziemlich eindeutig. Sinn dieser Expertenkommission war ein anderer. Weder
sollten vorgefasste Meinungen auf Seiten der Politik nachträglich
durch eine Kommission bestätigt, noch lediglich die vorhandenen
Urteile aus der Fachwelt dupliziert werden. Der Sinn der Experten-

* Rede im Deutschen Bundestag am 6. Juni 2002.

kommission war vielmehr, aus der Sackgasse herauszuführen, in die die Diskussion geraten war. Das ist ihr gelungen. Sie hat die Frage der kulturellen Nutzung an den Anfang und nicht – wie dies zuvor geschehen war – an das Ende gestellt. Sie hat einstimmig ein Nutzungskonzept beschlossen, das in Abstimmung zwischen der Stiftung Preußischer Kulturbesitz, darunter insbesondere den außereuropäischen Sammlungen, der Humboldt-Universität, den Wissenschaftssammlungen und der Bibliothek, zuletzt unter meiner Federführung und in enger Abstimmung mit der Kultursenatorin Berlins, entwickelt worden war. Diesen Konsens halte ich für eine der großen Leistungen dieser Kommission, denn sie hat eine kulturelle und öffentliche Nutzungsvorstellung entwickelt, die an diesem Ort eine Begegnung europäischer und außereuropäischer Kulturen, die Verbindung von Wissenschafts- und Kulturgeschichte und die tägliche Faszination des Lesens miteinander kombiniert.

Mit der Entscheidung für diese kulturelle Nutzung war auch die Entscheidung gegen eine 1:1-Rekonstruktion des Berliner Stadtschlosses gefallen. Ein vollständiger Wiederaufbau des Stadtschlosses, der für die älteren historischen Schichten ohnehin technisch kaum machbar gewesen wäre, ist mit dieser Nutzungsidee unvereinbar.

Die Kommission hat nach intensiver Diskussion für die Orientierung des Neubaus an der Stereometrie des Hohenzollernschlosses entschieden. Dies war nach meinem Eindruck nicht nur eine Abfrage von vorab gebildeten Meinungen, sondern das Ergebnis von Abwägungen. Ich glaube, dass auch diejenigen, die sich einen modernen Bau vorgestellt haben, angesichts der städtebaulichen Gesamtsituation in der Mitte Berlins doch dafür plädierten, die topographische Rolle des alten Schlosses – sei es auch in Gestalt eines modernen Baus – wiederherzustellen. Damit hat sie Alternativmodellen wie dem von Axel Schultes, so durchdacht diese auch sind, eine Absage erteilt. Durch die intensiven Beratungen wurden unterschiedliche Sichtweisen gegeneinander gestellt und abgewogen. Dies gilt auch für den Umgang mit dem Palast der Republik. Auch die Befürworter einer kulturellen Kontinuität der DDR-Geschichte an diesem Ort – damit übertreibe ich jetzt etwas – haben sich den städtebaulichen Argumenten nicht verschlossen. So bitter dies für viele sein mag, die an dieses Gebäude persönliche Erinnerungen knüpfen, muss man doch feststellen: Es kann keinen Bestand haben, obwohl es ein gemeinsames Anliegen der Kommission war, die «Volkshaus»-Tradition auf der Agora des Nutzungskonzeptes in veränderter Form fortzuführen. Gewollt oder nicht hat diese Kommission zur Entideologisierung beigetragen. Die Überhöhung des Konfliktes zu einem Kampf um die kulturelle Identität dieser Republik gehört nach meinem Eindruck der Vergangenheit an. Die dritte deutsche Republik wird sich weder in der Kontinuität der Hohenzollerndynastie restaurativ, noch in der Tradition von «Honeckers Lampenladen» nostalgisch, aber auch nicht angestrengt modernistisch definieren. Die dritte deutsche Republik sucht nicht erst nach ihrer Definition an diesem Ort. Ihre kulturelle Substanz wird an diesem Ort weder geschaffen noch zerstört werden. Der Streit hatte sich zuletzt – gewissermaßen verdünnt – auf die Frage konzentriert: Sollen in drei Himmelsrichtungen die Barockfassaden des Schlosses rekonstruiert werden oder nicht? Hierzu gibt es nicht zwei, sondern drei Positionen. Es gibt die Befürworter, die Gegner und diejenigen, die sagen: Wenn dies die beste Lösung ist, dann wird sie sich gegenüber anderen, in der Stereometrie des Schlosses gestalteten Lösungen behaupten. Sie wollen also diesen Teilkonflikt, der übrig geblieben ist, in eine Diskussion über die beste architektonische Lösung in dem von der Kommission vorgegebenen Rahmen verlagern. Es ist lange beraten worden. Die nächsten Schritte sollten zügig erfolgen. Sie können nur in enger Abstimmung zwischen Bund und Land, und zwar nicht nur wegen der vorgesehenen drei Hauptnutzer, gegangen werden. Es geht nicht um die Antwort auf eine Identitätsfrage, sondern um eine überzeugende Lösung eines städtebaulichen Problems in der Mitte Berlins. Dabei muss es uns um eine sinnvolle kulturelle Akzentuierung an diesem Ort und eine überzeugende ästhetische Gestaltung gehen. Es darf keine Illusionen bezüglich der Finanzierung geben. Zu oft wurden in den vergangenen Jahrzehnten Kulturbauten auf dem sicheren Fundament von Selbstsuggestion und Kalkulationsschwäche errichtet. Ich sage ganz offen: Mein Vertrauen in Fachleute ist in dieser Hinsicht auch aufgrund meiner Münchener Erfahrungen gründlich erschüttert. Ich will mir ein realistisches Bild machen. Das betrifft auch die Folgekosten für die vorgesehenen kulturellen Nutzungen und die Träger dieser Nutzungen. Zügig soll es vorangehen, aber nicht kopflos. Was ich dazu beitragen kann, will ich tun.

Pop.Musik.Kultur[*]

Die von Leslie Fiedler 1969 mit dem Titel eines Aufsatzes geprägte Forderung, «Cross the Border. Close the Gap», steht für den Beginn einer bis heute andauernden Debatte über den Stellenwert der Popkultur. Fiedler attackiert in seinem Beitrag tradierte Dichotomien, die im Grunde auch in der Moderne nicht in Frage gestellt wurden. Ins Zentrum der Diskussion rückte insbesondere der Gegensatz zwischen «E» und «U», zwischen Hoch- und Subkultur. Den Hintergrund von Fiedlers Forderung bilden die für die 60er Jahre charakteristischen kulturellen Entwicklungen: in der bildenden Kunst die Hinwendung der Pop Art zu Alltagsphänomenen, in der Literatur der anti-elitäre Graswurzel-Empirismus der Beatniks, vor allem aber auch der Durchbruch der Popmusik zur Jugend- und Massenbewegung. Diese Entwicklungen flossen nach 68 – zusammen mit dem emanzipatorisch ausgerichteten politischen Mainstream – in das Projekt einer neuen Kulturpolitik ein. Öffnung und Partizipation waren die Leitideen dieser Politik, die «Kultur für alle» postulierte. Die kulturpolitische Offensive der 70er Jahre war außerordentlich erfolgreich. Die Öffnung von etablierten Kulturinstitutionen für breite Schichten der Bevölkerung gelang in beeindruckendem Maße. Und im Zuge der Etablierung von Einrichtungen der Soziokultur wurde Kunst «entsakralisiert» und stärker in gesellschaftliche Bezüge eingebunden. Dies hat Räume eröffnet: Die freien Szenen sind seitdem in die Strukturen der öffentlichen Förderung einbezogen; Popkultur und Popmusik werden nicht mehr als moralzersetzende Schmuddelkinder gebrandmarkt.

Dennoch, so meine These, ist der kulturpolitische Aufbruch der 70er Jahre in einer Hinsicht auf halbem Wege stecken geblieben: Eine genuine inhaltliche Öffnung der etablierten Kulturinstitutionen für die spezifischen ästhetischen Qualitäten der Popkultur ist in Deutschland nicht gelungen – Gérard Mortier etwa hat dies einmal

[*] Eröffnungsvortrag der Popkomm, Köln, August 2002.

am Beispiel der Theaterlandschaft überzeugend dargelegt. Diese
Einschätzung gilt auch für die Zeit nach dem Paradigmenwechsel
der 70er Jahre. Die 80er Jahre waren charakterisiert durch eine
Ökonomisierung des kulturellen Diskurses – ich erinnere hier nur
an die flächendeckende Verbreitung des Standortarguments. Im
Musikbereich hat dies z. B. dazu geführt, dass klassische Musik zunehmend als popkulturelles Event inszeniert wird, Stichwort Festi-
valisierung. Ich will diese Entwicklung hier gar nicht bewerten.
Mein Punkt ist nur: Eine inhaltliche Schließung des Grabens – um
die Formulierung Fiedlers aufzugreifen – hat es nicht gegeben. Die
Impulse der Popkultur wurden nicht wirklich in das bestehende Ge-
flecht der Kultureinrichtungen integriert.

In den 90er Jahren trat ein neuer Elitarismus in Politik und Kul-
turszene hinzu – es ist übrigens bemerkenswert, dass sich dieser
Chor zu einem Gutteil aus Protagonisten der 68er Bewegung zu-
sammensetzt, flankiert von einem konservativen Ostinato. Geäußert
wurde insbesondere ein Unbehagen an der Ausweitung des Kulturbegriffs. Kunst könne nicht anders als elitär sein, konstatierte beispielsweise 1997 der damalige Bundesminister Jürgen Rüttgers,
und: der «erweiterte Kulturbegriff» sei «ein großes Übel unserer
Zeit». Äußerungen wie diese legen zumindest implizit nahe, dass
Popkultur einer kulturpolitischen Berücksichtigung nicht würdig
sei. Man kann die vorgebrachten Bedenken gegen die inflationäre
Verwendung des Kulturbegriffs in Teilen durchaus nachvollziehen –
nicht jede Ausrufung einer neuen Bier-, Beauty- oder Betriebskultur
stellt eine gewichtige Innovation dar. Aber die Behauptung, für
diese Phänomene sei die Kulturpolitik der 70er Jahre verantwortlich, scheint mir doch in die Geschichtsklitterung zu führen. Und
was die Kritik an der Popkultur betrifft, verfehlt das Argument insofern den Punkt, als niemand bestreiten würde, dass es im Bereich
der Popularkultur Banales gibt. Nicht alles, was wir etwa zur Popmusik zählen, ist Kunst von hoher ästhetischer Qualität. Aber ebenso ist nicht alles, was nach herkömmlichen Kategorien zur E-Musik
zählt, hohe Kunst. Es gibt eben innerhalb beider Bereiche ein Qualitätsgefälle, ebenso wie die kulturelle Produktion in beiden Bereichen von kommerziellen Gesichtspunkten mitbestimmt wird. Vor
diesem Hintergrund – und angesichts der Schwierigkeiten, begründet zwischen «U» und «E» zu unterscheiden – plädiere ich dafür,

die spezifischen ästhetischen Qualitäten der Popkultur im weitesten Sinne sehr ernst zu nehmen. Pop und Popmusik können irritieren, neue Formen der Kommunikation initiieren, Mythen bilden. Popmusik kann ein Lebensgefühl auf den Punkt bringen – mit zwei Zeilen und einem Riff. Und Popmusik macht heute einen nicht geringen Teil unseres kulturellen Gedächtnisses aus – sie prägt Generationen. Es sind nicht zuletzt diese Aspekte, die in der elitaristischen Wendung gegen die Popkultur außen vor bleiben.

Die skizzierten Entwicklungen haben nichts daran geändert, dass die öffentlichen Förderstrukturen einem Schubladendenken verhaftet sind – es gilt sozusagen immer noch die Aufforderung «Mind the gap!». Und es ist auch zu konstatieren, dass innerhalb der Förderungen nach wie vor eine deutliche finanzielle Asymmetrie zwischen «E» und «U» besteht. Es gibt für diese Situation gute Gründe – die Zahl der tätigen Künstler spielt hier eine Rolle, ebenso die Dauer der Ausbildung. Dennoch sollten wir das Verhältnis von «E» und «U» immer wieder hinterfragen, auch wenn man sehen muss, dass sich der kulturpolitische Stellenwert einer Sparte der Kunst nicht allein an der Förderhöhe ablesen lässt. Der Staat hält sich z. B. in der Förderung von Literatur zurück und konzentriert sich auf die Schaffung intakter Rahmenbedingungen für die Verlagsbranche. Dies heißt selbstverständlich nicht, dass er der Literatur gegenüber anderen Sparten einen geringeren Stellenwert beimisst. Eine Anmerkung zur musikalischen Bildung: An unseren Schulen ist es nicht mehr selbstverständlich, dass die für den Musikunterricht eingesetzten Lehrer überhaupt über eine Fachausbildung verfügen. Und die qualifizierten Lehrkräfte entstammen überwiegend einer von «klassischer» Musik geprägten Ausbildung und treffen damit auf Schüler, die ihre musikalische Sozialisation weitgehend der Popkultur verdanken. Hier liegt zugleich ein Problem und ein noch weitgehend ungenutztes Potenzial: Wenn es gelänge, näher an den musikalischen Erfahrungen der Jugendlichen anzusetzen, könnte der Musikunterricht lebendiger und in einem substanziellen Sinne bereichernder werden. Ich glaube, es würde sich lohnen, Lehrpläne und Lehrerausbildung auf einen stärker integrativen Ansatz hin durchzusehen.

Zu den Defiziten der kulturellen Bildung tritt in den etablierten Kulturinstitutionen wie den Theatern, Opern- und Konzerthäusern

eine Alterslücke hinzu. Die öffentlich geförderten Angebote erreichen Menschen zwischen 15 und 30 nur eingeschränkt. Ich halte dies
für bedenklich, denn Popmusik und Popkultur prägen heute unsere
kulturell verfassten Lebensformen in signifikantem Umfang mit.
Problematisch scheint mir die Alterslücke u. a. unter dem Gesichtspunkt der kulturellen Integration von Jugendlichen mit einem
Migrationshintergrund. Trotz erheblicher Zuwanderung – die auch
künftig noch notwendig sein wird – haben sich in Deutschland bislang Parallelgesellschaften in bedrohlichem Ausmaß nicht entwickelt. Aber die Gefahr eines Auseinanderdriftens der Gesellschaft in
kulturell geschlossene *communities* ist durchaus real. Und gerade in
diesem Zusammenhang – der Prägung kultureller Identitäten – spielt
Popkultur eine eminente Rolle. Popkultur ist heute in einem allgemeinen Sinn akzeptiert – Pop ist gesellschaftsfähig geworden, und,
von einigen Kassandra-Rufen abgesehen, auch «kulturpolitikfähig».
Der Befund darf aber nicht den Blick dafür verstellen, dass wir von
einer genuinen Integration der Popkultur in unsere Kultur- und Bildungseinrichtungen noch ein gutes Stück entfernt sind. Insofern
sind die von Fiedler benannten Grenzen und Gräben nicht vollständig überwunden. Und so gesehen ist auch der kulturpolitische Aufbruch der 70er Jahre keineswegs ein abgeschlossenes Projekt.

Die beschriebenen Defizite werfen die Frage nach (pop)kultur-
politischen Handlungsfeldern auf. Ich möchte an die Gewichtungen
erinnern: Im Rahmen der föderalen Verfasstheit Deutschlands tragen Länder und Kommunen rund 90% der Ausgaben für Kunst und
Kultur, 10% entfallen auf den Bund. Daran soll sich nichts ändern,
ebenso wenig wie an der Zuständigkeit der Bundesländer u. a. für
die Förderung der Kulturwirtschaft und die der Städte und Gemeinden für Probleme, die den kommunalen Nahbereich betreffen
– Stichwort Probenräume oder die Ermöglichung einer lebendigen
Clubszene. D. h. nun keineswegs, dass der Bund einer Verantwortung für den Bereich der Popkultur enthoben wäre. Zu den Aufgaben des Bundes gehört vor allem die Ordnungspolitik. Das klingt
trocken und ist es oft auch. Man darf aber nicht übersehen, dass die
gesetzlichen Rahmenbedingungen das kreative Klima in unserem
Land erheblich beeinflussen.

Eines der drängendsten Probleme der Musikbranche besteht in
den weit reichenden Möglichkeiten der Erstellung digitaler Kopien,

Stichworte CD-Brennerei und Internet-Piraterie. Diese Möglichkeiten bedrohen die künstlerische Kreativität und ihre wirtschaftliche Basis ganz erheblich. Angesichts dessen sieht die Bundesregierung in der Umsetzung der EU-Richtlinie zum Urheberrecht im Informationszeitalter eine zentrale Voraussetzung für die Stärkung der Branche. Ein weiterer Punkt betrifft die bundesweite Förderung von Künstlern im Musikbereich, wobei hier die Kompetenzen des Bundes und der Länder noch klärungsbedürftig sind. Unstreitig sind die Kompetenzen des Bundes in der Vertretung Deutschlands nach außen. Dazu gehört aus meiner Sicht auch ein Deutsches Musikbüro, das nicht zuletzt den Export deutscher Produktionen stärken könnte.

Auch weiter gehende Förderungen sind aus meiner Sicht denkbar. Ich habe meine Rolle in diesem Zusammenhang mit dem Begriff der «ausgestreckten Hand» charakterisiert. Dies gilt nach wie vor. Voraussetzung für eine Beteiligung meiner Behörde ist – in einer gewissen Analogie zur Filmförderung – die Bereitschaft der Branche zu einem eigenen finanziellen Engagement.

Ich möchte abschließend das Thema kulturelle Vielfalt und Markt ansprechen. Die Rolle des Marktes in diesem Zusammenhang ist keineswegs immer negativ. Marktwirtschaft kann durchaus Vielfalt befördern und damit zur kulturellen Öffnung beitragen. Ich denke hier an die westdeutsche Nachkriegsgesellschaft, die nicht zuletzt durch die Einbindung in internationale Wirtschaftsbeziehungen in bemerkenswertem Umfang kulturell lebendiger geworden ist. Auch Comics, Kaugummis und Elvis Presley haben zur Entstehung einer offenen Gesellschaft beigetragen. Dennoch kann der Markt aus seiner Logik heraus Nivellierung und Standardisierung bewirken – das Kartellrecht z. B. wurde ja geschaffen, um ein Minimum an Vielfalt als Voraussetzung für Konkurrenz zu erzwingen. Musikalische Vielfalt ist eine zentrale Dimension kultureller Vielfalt. Popmusikalische Vielfalt aber scheint durch die gegenwärtige Ausrichtung der deutschen Medien, insbesondere des Radios, gefährdet. Sprachanteile und Herkunft der Musik im Hörfunk sind nicht das einzige Kriterium für Vielfalt, aber doch ein gewichtiger Indikator. So wurden in einer von mir in Auftrag gegebenen Studie von Media Control von Anfang Mai 2001 bis Ende April 2002 94 öffentlich-rechtliche und private Rundfunkprogramme in Deutschland beobachtet. Die Sendeprofile zerfallen dabei in zwei relativ klar abgrenzbare Gruppen: das Profil «deutsche Schlager, Oldies, Volksmusik» einerseits und «Rock und Pop-Mainstreamformate» andererseits. In der ersten Gruppe ist der Anteil deutschsprachiger Titel hoch, in der Regel bewegt er sich zwischen 85 und 95%. In der zweiten, auch in der Reichweite der angesprochenen Hörer deutlich größeren Gruppe dagegen ist der Anteil sowohl der deutschen als auch der deutschsprachigen Produktionen geradezu dramatisch gering. Die Einsätze deutscher Produktionen liegen zwischen 20 und 10% und der Anteil deutschsprachiger Titel in der Regel deutlich unter 10%. Von den 94 untersuchten Programmen weisen 51 einen Anteil von nur 5% deutschsprachiger Titel auf. Diese Sender erreichen immerhin 39 Mio. Hörer, d.h. jeder zweite Hörer bekommt von 20 Titeln nur einen in deutscher Sprache zu hören. Und die 30 größten Radiosender in der Pop-Mainstream-Gruppe spielten im Schnitt pro Tag (d.h. in 24 Stunden) nur drei deutschsprachige Titel. Eines der größten öffentlich-rechtlichen Mainstream-Programme setzte sogar in einem Jahr insgesamt nur 141-mal einen deutschsprachigen Song ein – dies bedeutet einen Anteil von 1,1%, liegt aber immer noch über einem der größten Privatsender, der es in 365 Tagen auf ganze drei Einsätze deutschsprachiger Titel brachte.

Nun möchte ich hier keine Einzelkritik betreiben und nenne deshalb auch keine Sendernamen. Der Gesamtbefund wird differenziert zu betrachten sein – ich denke an die «jungen» Programme der öffentlich-rechtlichen Sender, von denen sich einige z.B. engagiert um Newcomer kümmern. Und es kann auch nicht unterschlagen werden, dass im Bereich des deutschen Schlagers bundesweit Programme existieren, die ältere und neuere Produktionen regelmäßig und mit einem hohen Anteil am Gesamtprogramm senden. Mir geht es hier darum, ein Problem ins Bewusstsein zu rücken und einen öffentlichen Diskurs zu initiieren, denn aus meiner Sicht prägt der Grad der musikalischen Vielfalt im Radio die kulturelle Verfasstheit unseres Landes entscheidend mit. Programmfreiheit ist ein hohes Gut. Aber in dem Wort steckt auch «programmatisch», d.h. zielsetzend, richtungweisend, vorbildlich. Und das Argument, es werde doch das gespielt, was die Hörer hören wollen, scheint mir zweifelhaft, denn durch die Ausrichtung der Programme wird die

Wahrnehmung auf ein immer kleineres Repertoire verengt. Nach Angaben der deutschen Landesgruppe der IFPI (*International Federation of Phonographic Industries*) ist die Zahl der Titel, die in der Rotation zum Einsatz kommen, von ursprünglich 1,5 Millionen bei den großen Sendern inzwischen auf rund 1000 (und teilweise bereits darunter) eingeschmolzen. Während einige Titel permanent wiederholt werden, verengt sich der Zugang für junge und auch etablierte Künstler auf ein Rinnsal. Darin sehe ich eines der größten Probleme für die Entwicklung der Rock- und Popmusik in Deutschland. Einige Musikredakteure werden jetzt sicherlich auf die Verantwortung der Musikwirtschaft verweisen, die sich vom kurzfristig erzielbaren Erfolg wieder auf den langfristigen Aufbau von Künstlern besinnen müsse. Auch das ist richtig. Wer die Diskussion in den letzten Monaten verfolgt hat, wird bemerkt haben, wie dieses Thema ins Bewusstsein dringt. Die Zeit ist reif, dass Medien und Branche wieder aufeinander zu gehen. Dort, wo ich dabei helfen kann, werde ich es gerne tun.

Ich selbst habe mit meiner Bemerkung im Bundestag für Erstaunen gesorgt, dass ich offen sei, das Thema Quote zu diskutieren. Dieses Thema ist natürlich in erster Linie eines, das die Länder angeht, die ja die Medienaufsicht haben. Doch wie nicht nur die Hörfunkanalyse zeigt, betrifft das Thema die Arbeitsbedingungen der Künstler elementar. Und es betrifft auch die Interessen eines wichtigen Wirtschaftszweiges, der nach schon schlechten Daten in den Vorjahren 2001 mit einem Umsatzrückgang von 10,2% ein bedenkliches Ergebnis eingefahren hat. Wenn Frankreich im gleichen Jahr seine Umsätze um fast 10% steigern konnte, wenn der CD-Absatz von 1997 bis 2001 vor allem dank des Zuwachses bei nationalen Produktionen von 105 Mio. auf 125 Mio. Einheiten gestiegen ist, dann ist es zumindest nicht abwegig zu fragen: Wie machen das die Franzosen? Frankreichs Quotenregelung hat zwei Komponenten – eine Quote, die auf den Anteil der französischen Sprache abzielt, und davon wiederum eine Teilquote, die den Anteil von Neuheiten vorschreibt. Durch den Bezug auf die Sprache, die ja auch in Kanada, der Schweiz und in den ehemaligen Kolonien gesprochen wird, ist das Modell vor dem Vorwurf des Protektionismus geschützt und hatte so auch vor dem Europäischen Gerichtshof Bestand. Dank der seit 1996 geltenden Regelung haben Wechselwirkungen eingesetzt:

Mehr Französisch sprechende Künstler erhalten in den Medien
Sendeplätze, und die Branche wiederum steigert ihre Umsätze. Die
Produktions- und Promotion-Investitionen für französischsprachige
Künstler haben sich von 1994 bis 1999 vervierfacht und für Nach-
wuchskünstler sogar gut verfünffacht.

Auch wenn ich Elemente der französischen Quotenregelung für
interessant halte, scheint sie mir aus mehreren Gründen nicht auf
Deutschland übertragbar. Wir haben eine föderale Rundfunkord-
nung mit einem dualen System aus öffentlich-rechtlichen und pri-
vatwirtschaftlich organisierten Sendern, und der Eingriff in die Programmfreiheit ist problematisch. Wenn ich aber die Parallele ziehe
zur Diskussion um Gewalt in den Medien, zur Debatte über die
Durchsetzung des Jugendschutzes, kann ich mir durchaus vorstellen, dass auch in der Quotenfrage das Prinzip der regulierten
Selbstregulierung greifen kann. Dies ist in einer zivilen Gesellschaft, für die die Eigenverantwortung einen hohen Stellenwert hat,
der beste Weg. Bevor man über eine Quote redet, muss man sich
über die Ziele verständigen. Hier gibt es für mich zwei wesentliche
Punkte: Zum einen sprechen wir innerhalb der EU über die Bewahrung kultureller Vielfalt. Dazu gehört für mich nicht zuletzt, dass
keine Sprache eine übermächtige Dominanz über andere erlangt
und dass neben der heimischen auch andere europäische Sprachen
eine Chance erhalten. Dies muss auch für die Medien gelten. Zum
anderen: Es müssen wieder deutlich mehr Titel in die Senderota-
tion aufgenommen werden, mit dem Ziel, sowohl Newcomern als
auch etablierten Künstlern mit neuen Werken größere Chancen zu
geben. Die langfristigen wirtschaftlichen Interessen der Popmusik-
branche scheinen mir mit dem gesellschaftlichen Interesse, kulturelle Vielfalt zu fördern, weitgehend zu konvergieren. Dies ist
Ansatzpunkt und Chance einer Kulturpolitik der «ausgestreckten
Hand».

Zur Buchkultur[*]

Die Buchkultur in Deutschland nimmt international eine Spitzen-
stellung ein. Wir haben ein dichtes Netz von Buchhandlungen mit
hoch qualifiziertem Fachpersonal auch in kleineren Städten. Die
Verlagsangebote sind Jahr für Jahr durch ein breites Spektrum von
Neuerscheinungen geprägt. Trotz einiger Konzentrationserschei-
nungen können sich auch kleinere und mittlere Verlage behaupten.
Diese Charakteristika der Buchbranche bilden ein Kulturgut ersten
Ranges.

Natürlich ist das Buch auch ein Wirtschaftsgut, das produziert,
vertrieben und konsumiert wird. Aber es ist nicht nur ein Wirtschaftsgut, wie es beispielsweise die Schraube darstellt. Auf dem
Markt der Schraubenanbieter müssen wir darauf achten, dass nicht
übermäßige Konzentrationsvorgänge die Konkurrenz aushebeln
und damit zu verbraucherfeindlichen Strukturen führen. Wir können dabei darauf vertrauen, dass die Nachfrage durch den Markt-
mechanismus allein im Großen und Ganzen gedeckt werden wird.
Im Gegensatz dazu hat das Buch neben seiner Rolle für die individuelle Bedürfnisbefriedigung weitere kulturelle Zwecke zu erfüllen,
die nicht nur eine individuelle, sondern auch eine öffentliche An-
gelegenheit sind. Wir wünschen uns eine Gesellschaft, in der sich
jeder in nahe gelegenen Buchhandlungen von gutem Fachpersonal
informieren, bilden und beraten lassen kann. Das nachvollziehbare
Interesse, Bestseller zu einem möglichst günstigen Preis zu erwerben, muss abgewogen werden gegen das kulturelle Ziel, die Vielfalt
des Buchangebotes, die Dichte von Buchhandlungen, die Qualität
des Fachpersonals und die besonderen Bindungen von Autor und
Verleger zu erhalten. Von daher gibt es eine kulturpolitische Legitimation für ein ungewöhnliches Instrument, nämlich das eines nationalen Preisbindungsgesetzes.

[*] Rede im Deutschen Bundestag am 14. Juni 2002.

Mancher mag sich wundern, dass zum Teil die gleichen Personen, Verbände und Institutionen, die sich bei der Diskussion um das Urhebervertragsrecht vehement gegen jeden weiter gehenden Markteingriff gestellt haben und das Hohelied der Marktfreiheit gesungen haben, in diesem Fall nun einen weit gehenden Eingriff des Staates in das Marktgeschehen gefordert haben. Ich will diese scheinbare Widersprüchlichkeit wohlwollend interpretieren: Hier handelt es sich nicht um bloße Artikulationen materieller Interessen, sondern um ein Verantwortungsgefühl für das Kulturgut Buch, das in diesem Fall ein Abgehen von der reinen Lehre der Marktfreiheit begründet. Es kann kein Zweifel bestehen, dass ohne das Instrument der Preisbindung, das über hundert Jahre in Deutschland durch freiwillige Branchenabsprachen gesichert wurde, die kulturelle Rolle des Buches Schaden nehmen würde: Es gäbe mehr Konzentration, das Netz an Buchhandlungen würde rasch ausdünnen, die Angebotsvielfalt der Verlage zurückgehen. Aber auch umgekehrt gilt: Nur wenn die Buchpreisbindung nicht nur als ein ökonomisches Instrument, sondern als eine kulturpolitisch motivierte Maßnahme verstanden wird und wenn alle Beteiligten dies als moralische Verpflichtung empfinden, lassen sich diese kulturellen Ziele auch in Zukunft erreichen. Ohne Quersubventionen im Verlag verliert die Buchpreisbindung ihre segensreiche Wirkung auf die Vielfalt des Angebots. Wenn Verlage auf breiter Front diese Quersubventionierung der vielen weniger erfolgreichen Bücher auf dem Markt nicht mehr praktizierten – und das ist bei einigen Verlagen offizielle Politik geworden –, dann ließe sich durch Preisbindung die Vielfalt des Angebots nicht befördern.

Schon mein Vorgänger hatte vehement für die Aufrechterhaltung der Preisbindung gestritten und zur Sicherung der Preisbindung eine Initiative zur Änderung des Gesetzes gegen Wettbewerbsbeschränkungen veranlasst. Die EU-Kommission hatte diese Änderung des § 15 GWB, die am 1. Juli 2000 in Kraft gesetzt wurde, zunächst offiziell begrüßt. Im weiteren Verlauf gab es jedoch nicht den angekündigten «Letter of Comfort», im Gegenteil: die Beschwerde des österreichischen Libro-Konzerns führte zu den mit großer Medienaufmerksamkeit durchgeführten, spektakulären Durchsuchungen bei einigen führenden Verlagen und beim Börsenverein des Deutschen Buchhandels selbst. Als ich Anfang des Jahres 2001 mein Amt antrat, verfestigte sich bei mir rasch der Eindruck, dass wir in Deutschland um ein nationales Buchpreisbindungsgesetz nicht herumkommen. Allerdings schien zu diesem Zeitpunkt in der Verlagsszene noch Unsicherheit zu herrschen, ob dieser Weg beschritten werden soll. Ich habe den Vorschlag, ein nationales Buchpreisbindungsgesetz zu etablieren, zum ersten Mal öffentlich im März 2001 bei einer Podiumsdiskussion anlässlich der Eröffnung des *Salon du Livre* in Paris gemacht. Auch in zwei Gesprächsrunden beim Bundeskanzler wurde diese Thematik angesprochen und schließlich vereinbart, dass ein solches Gesetz von der Bundesregierung auf den Weg gebracht wird, wenn der Börsenverein einen weit gehenden Konsens für eine nationale Buchpreisregelung in der Branche herstellen kann. So ist es dann auch gekommen. In gemeinsamer Federführung des Bundeswirtschaftsministers und des Kulturstaatsministers haben wir einen Gesetzentwurf eingebracht, der das bewährte Instrument der Buchpreisbindung auf Dauer sichern soll. Er wurde vom Kabinett am 20. März dieses Jahres beschlossen. Die genannten Ziele werden mit diesem Gesetz erreicht: Zunächst wird endlich Rechtssicherheit im Verhältnis zur EU hergestellt. Wie in unseren Nachbarstaaten, zum Beispiel in Frankreich und Österreich, räumt das nationale Buchpreisbindungsgesetz EU-kartellrechtliche Bedenken aus. Es stützt sich insoweit auf die gefestigte Rechtsprechung des Europäischen Gerichtshofs, wonach nationale Buchpreisbindungen mit dem EU-Kartellrecht vereinbar sind. Und die Realisierung der kulturpolitischen Ziele – Vielfalt und hohe Qualität des Buchangebotes in Deutschland, flächendeckende Versorgung durch kompetente Buchhandlungen und Existenzsicherung kleiner Verlage und noch nicht etablierter Autorinnen und Autoren – ergibt sich durch die mit dem Gesetz auf Dauer gewährleistete Preistransparenz.

Bei den Vorarbeiten zur Erarbeitung des Gesetzentwurfs sind wir auf bemerkenswerte Vergleichszahlen gestoßen: So sind beispielsweise entgegen dem, was man vielleicht prima facie erwarten könnte, die Verbraucherpreise für Verlagserzeugnisse in den Ländern ohne Preisbindung, zum Beispiel in Finnland und Schweden, vergleichsweise höher als in Ländern mit bestehender Preisbindung. Auch in Großbritannien, wo 1995 die Buchpreisbindung suspendiert wurde, hat sich dies nach anfänglichem Preisrückgang gezeigt.

Darüber hinaus ist die Zahl lieferbarer Bücher in den Ländern mit Preisbindung deutlich höher als in den Staaten ohne diese Bindung. Beispielsweise hat ein Vergleich des deutschen Sprachraums, also einschließlich Österreichs und der deutschsprachigen Schweiz, mit dem englischen Sprachraum gezeigt, dass dort pro eine Million Einwohner über 40 Prozent weniger lieferbare Titel angeboten werden. Die durchschnittliche Anzahl von Buchhandlungen in mittleren Ortschaften zwischen 20 000 und 50 000 Einwohnern beträgt zum Beispiel in Schweden im Verhältnis zu Deutschland etwa ein Drittel, in den USA nahezu nur ein Fünftel. Ähnliches können wir bei dem Vergleich der Verlagskonzentration feststellen. Unter dem Gesichtspunkt des Erhalts eines breiten und vielfältigen Buchangebots legitimieren die empirischen Befunde eindeutig den mit einer Preisbindung verbundenen Eingriff in den freien Markt. Und für die Verbraucherinnen und Verbraucher wird sich auch nach In-Kraft-Treten des Gesetzes so gut wie nichts ändern: Bereits heute sind rund 90 Prozent der erscheinenden Buchtitel preisgebunden, wenn auch auf vertraglicher Grundlage.

Ich möchte abschließend noch auf zwei Aspekte eingehen, die zur Beurteilung dieses Vorhabens wichtig sind. Da ist zum einen die Frage nach dem Internet. Das Gesetz betont in § 4 ausdrücklich, dass die Preisbindung nicht für grenzüberschreitende Verkäufe innerhalb des Europäischen Wirtschaftsraumes gilt. Das entspricht dem vorrangigen Recht der Europäischen Union, wonach grenzüberschreitende Handelshemmnisse unzulässig sind. Aber Abs. 2 dieser Vorschrift schützt im Einklang mit der Rechtsprechung des Europäischen Gerichtshofs die nationale Buchpreisbindung vor Umgehungsgeschäften. Wenn also der Verkauf deutscher Bücher auch über das Internet vom Ausland aus ausschließlich auf deutsche Abnehmer gerichtet ist, diese Bücher de facto jedoch die Grenze nicht überschreiten, ist auch insoweit die Preisbindung einzuhalten. Gleiches gilt, wenn jemand Bücher ausführt, um sie von vornherein aufgrund eines einheitlichen Plans wieder nur an Letztabnehmer in Deutschland zu verkaufen. Der zweite Punkt betrifft den Bereich der Zeitungen und Zeitschriften. Wir hatten ursprünglich die Vorstellung, dass wir mit dem Preisbindungsgesetz alle Verlagserzeugnisse, also auch die Presse, erfassen und dabei gleichzeitig die bisherige Regelung im GWB aufheben. Die intensiven Gespräche mit der Pressebranche haben uns jedoch überzeugt, dass in diesem Bereich mehr Flexibilität notwendig ist. Ich darf hier erneut auf das Beispiel der überwiegend in englischer Sprache erscheinenden wissenschaftlichen Zeitschriften verweisen. Sie müssen sich auf dem internationalen Markt behaupten, was mit zwingender Preisbindung kaum zu realisieren wäre. Das Gesetz beschränkt sich somit lediglich auf die notwendige Anpassung des § 15 GWB; die insoweit zulässige Preisbindung für Zeitungen und Zeitschriften wird von der EU-Kommission nicht in Frage gestellt.

Ich freue mich besonders, dass dieses kulturpolitische Vorhaben von eminenter Bedeutung weite, fraktionsübergreifende Zustimmung findet. Der bis zuletzt intensive Beratungsprozess – Stichworte: Buchgemeinschaften, Schulbuchsammelbestellungen – hat nach meinem Eindruck nunmehr zu einem Ergebnis geführt, das alle relevanten Interessen angemessen und fair berücksichtigt. Ich danke allen, die an der Erarbeitung des Gesetzes mitgewirkt haben.

Dritter Teil

PERSPEKTIVEN
DER ZIVILGESELLSCHAFT

Kulturelle Integration
als kulturpolitische Leitidee

Kulturpolitik wird häufig auf Fragen der finanziellen Kulturförderung konzentriert und reduziert. Wie viel Geld haben Gemeinden, Länder und der Bund für die Unterhaltung von Theatern und Opernhäusern, die Subventionierung von Orchestern, den Bau von Museen, die Förderung von Künstlern bis hin zu den Aktivitäten soziokultureller Zentren übrig? Erst die öffentliche Hand ermöglicht Kultur; ohne sie – so ist zu hören – findet Kultur vielfach nicht statt. Zeiten knapper Kassen werden dann als Bedrohung empfunden. Die Kulturpolitik gerät in die Defensive und beschränkt sich darauf, das Schlimmste zu verhüten, d. h. die Schließung etablierter Kulturinstitutionen zu vermeiden. Weniger schlimm, jedenfalls wenn man an das eigene politische Überleben denkt, ist die schleichende Auszehrung der kulturellen Infrastruktur durch finanzielle Austrocknung, Reformverweigerung und inhaltliche Stagnation. Kulturpolitik beschränkt sich jedoch nicht auf finanzielle Förderung; sie ist auch unabhängig von Haushaltsmitteln möglich. Darüber hinaus sollten knappe öffentliche Kassen in der Kulturpolitik nicht nur als Bedrohung, sondern auch als Chance verstanden werden. Knappe Kassen bieten Veranlassung und nötigen, grundsätzlich über Kulturpolitik nachzudenken und bestehende Konzeptionen und Gewohnheiten neu zu überdenken. Dabei ist vor allem eine Rückbesinnung auf kulturpolitische Leitideen wesentlich. Wir müssen prüfen, welche kulturpolitischen Leitideen wir brauchen, um den Interessen der Bürgerinnen und Bürger gerecht zu werden. Dabei geht es letztlich um Fragen, die das friedliche Zusammenleben und die Zukunftsfähigkeit unserer Gesellschaft betreffen.

Es würde sich lohnen, die Entwicklung der Kulturpolitik im Hinblick auf ihre oft nur impliziten Leitideen hier nachzuzeichnen. Es würde dabei deutlich werden, in wie hohem Maße Denkmuster und Wertorientierungen die konkreten Rahmenbedingungen der Kulturpolitik bestimmen. Das angekündigte Ende der bürgerlichen

Kultur Ende der 60er Jahre des vergangenen Jahrhunderts hat zu einer Vitalisierung der künstlerischen Kreativität auch außerhalb professioneller Kunst geführt, und es hat insbesondere sozialdemokratische Kulturpolitik auf das Konzept der Verallgemeinerung kultureller Teilhabe festgelegt. Das Motto «Kultur für alle» ging jedoch implizit davon aus, dass es die *eine* Kultur gibt, die nun allen, auch den kulturfernen Schichten, zu vermitteln sei. Natürlich sollte diese Kultur im Zuge der Verallgemeinerung ihren elitären Habitus ablegen und in eine nähere Beziehung zu Lebenswelten treten, die in der traditionellen Hochkultur keine prägende Rolle spielen. Diese zweite, auf Veränderung des Inhaltlichen gerichtete Perspektive der neuen Kulturpolitik hat sich aber spätestens im Verlaufe der 80er Jahre in der institutionellen Konkurrenz verschiedener kultureller Sparten verloren, und innerhalb der Kunstszene wurde ihr in einem neuen Elitarismus weitgehend der Garaus gemacht.

«Kultur für alle» scheint als kulturpolitische Leitidee verblasst. Allerdings muss hinzugefügt werden, dass die vorliegenden empirischen Daten zur Kulturrezeption durchaus auch so gelesen werden können, dass diese Perspektive über alle Erwartungen hinaus erfolgreich war und es daher nur rational sei, wenn sie in den aktuellen kulturpolitischen Auseinandersetzungen an Orientierungskraft eingebüßt hat. So beeindruckend etwa die stetig wachsende Zahl von Museumsbesuchen ist: Ich teile diese optimistische Interpretation nicht, da ihr zahlreiche Indizien kultureller Verflachung entgegenstehen. Diese Kontroverse muss hier jedoch nicht entschieden werden, da die nachstehenden Überlegungen auch dann bestehen könnten, wenn man die optimistische Interpretation teilt, denn auch in diesem Fall ginge es zumindest um eine angemessene Fortentwicklung der Perspektive «Kultur für alle».

Zwischen dem maßgeblich von Hilmar Hoffmann mitentwickelten konzeptionellen Ansatz «Kultur für alle» und den folgenden Überlegungen zur Integration als Leitbegriff der Kulturpolitik bestehen im Wesentlichen zwei Parallelen. Die Leitidee der neuen Kulturpolitik der späten 60er und 70er Jahre war eine soziale. Diesen Ansatzpunkt nehme ich insofern auf, als ich meinen Vorschlag in diesem Beitrag zu einem guten Teil vor dem Hintergrund gegenwärtiger sozialphilosophischer Debatten entwickle. Die zweite Parallele besteht darin, dass der kulturellen Prägung der Lebenswelt ein hoher Stellenwert beigemessen wird. Integration beginnt im lebensweltlichen Nahbereich. Dieser Nahbereich fällt politisch gesehen in die Zuständigkeit der Kommunen, die nach wie vor rund die Hälfte der staatlichen Mittel zur Förderung von Kunst und Kultur aufbringen. Hilmar Hoffmann hat die zuvörderst mit seinem Namen verbundene Perspektive «Kultur für alle» in kommunalpolitischen Zusammenhängen – in Oberhausen und als Kulturdezernent in Frankfurt am Main – geprägt. Die nachstehenden Ausführungen basieren – jedenfalls zum Teil – auch auf in kommunalpolitischer Tätigkeit gewonnenen Erfahrungen. In beiden Fällen wäre es allerdings ein Missverständnis, die Reichweite der Perspektive so zu interpretieren, dass sie auf die kommunale Ebene beschränkt wäre.

Ich möchte im Folgenden für Integration als neue kulturelle Leitidee plädieren. Dabei wird rasch klar werden, dass ich dabei nicht ein enges interkulturelles Konzept von Integration vor Augen habe, sondern Kultur als integrales Element gesellschaftlicher Interaktion verstehe, was allerdings zur Konsequenz hat, dass die korrespondierende Kulturpolitik keine Ressortpolitik, sondern ein sich durchziehender Aspekt von Politik generell ist. Der praktizierenden Politik scheint dies kaum mehr bewusst zu sein. Dies hängt auch mit dem zunehmenden Theoriedefizit der Politik zusammen, das besonders seit 1989 schmerzhaft deutlich wurde. Gerade in einer Zeit, in der zukunftsweisende Konzeptionen gefragt waren, hat sich die Politik in vordergründigem Opportunismus und kurzatmigem Krisenmanagement verzettelt. Wissenschaft und Politik haben sich voneinander entfernt, das politische Personal steht weder mit der Kunst noch mit der wissenschaftlichen und technischen Intelligenz in einem stetigen Ideenaustausch. Die bloße und oft recht effiziente Machttechnik hat Fragen der Legitimation und der zukunftssichernden Strategie in den Hintergrund gedrängt. Einer Phase der theoretischen Überhöhung politischer Praxis ist eine Phase theorieloser Praxis gefolgt. Gerade deshalb scheint es mir unverzichtbar, hier einige theoretische, ja philosophische Überlegungen einfließen zu lassen. Zunächst ist es notwendig, den Begriff der Integration, wie er hier verstanden werden soll, genauer zu bestimmen. Betrachten wir zunächst den interkulturellen Aspekt. Wenn von Integration der hier über Jahre und Jahrzehnte lebenden Ausländer die Rede ist, so wurde darunter häufig nichts anderes als Assimilation verstanden.

Der eigene kulturelle Kontext wurde als derart selbstverständlich empfunden, dass die Integration Außenstehender nichts anderes sein konnte als ihre völlige Angleichung an diesen kulturellen Kontext. Das – meist unausgesprochene – Ziel dieser als Assimilation missverstandenen Integration war es, dass Ausländer – einmal abgesehen von äußeren und möglicherweise nicht zu tilgenden Merkmalen – sich von Inländern in nichts mehr unterschieden. Diese Form der Integrationspolitik gerät in Konflikt mit der Achtung vor der Besonderheit der einzelnen Person, die eben auch durch ihre kulturellen Bindungen geprägt ist. Mir scheint es nachvollziehbar und zugleich anerkennenswert zu sein, dass Zugewanderte es vorziehen, in Wohngebieten zu wohnen, in denen möglichst viele ihrer Landsleute schon ansässig sind, um nicht völlig in der neuen Umgebung aufzugehen und die eigene Seele zu verlieren. Davon zu unterscheiden ist ein Multikulturalismus, der nicht auf das integrierte Miteinander unterschiedlicher kultureller Bindungen, unterschiedlicher Lebensformen und Wertorientierungen abhebt, sondern auf das unverbundene und möglichst authentische Untersichbleiben verschiedener Kulturen. Tatsächlich leben wir in einer multikulturellen Gesellschaft, und die Tatsache, dass die meisten Politiker – insbesondere des konservativen Spektrums – nicht bereit sind, diese Realität anzuerkennen, ist eine der Ursachen für eine desolate gesellschaftspolitische Praxis und der Nährboden für immer wieder erfolgreiche Kampagnen, die den Einheimischen vorgaukeln, es sei alles noch wie früher, und es werde sich auch in Zukunft nichts ändern. Die Anerkenntnis dieser gesellschaftlichen Realität einer multikulturellen Gesellschaft möchte ich jedoch unterscheiden von der Ideologie des Multikulturalismus, unter der ich jene oben genannte Auffassung des Nebeneinanders möglichst authentischer Kulturen verstehe. Beide Ideologien, die der Assimilation und die der Segregation, beruhen auf dem gleichen philosophischen Irrtum. Beide hängen – implizit zumindest – der Auffassung an, dass das gesellschaftliche Zusammenleben durch eine gemeinsame kollektive Identität bestimmt und ohne eine solche kollektive Identität nicht lebensfähig sei. In dieser Auffassung kommt eine vordemokratische Gesinnung zum Ausdruck, die mit einer zivilgesellschaftlichen demokratischen Ordnung unvereinbar ist.

Weder Assimilation noch Segregation, sondern Integration und damit Kommunikation und Kooperation zwischen allen Individuen der Gesellschaft sind wesentliche Voraussetzungen für ein gedeihliches und vor allem friedliches Zusammenleben aller Bürger unserer Gesellschaft. Kooperation ist ein konstitutives Element der Demokratie und bedeutet in diesem Zusammenhang zunächst einmal Loyalität der Bürgerinnen und Bürger untereinander. Kooperation bedeutet darüber hinaus Bereitschaft zum Verzicht auf Blockade und die gewaltsame Durchsetzung eigener Positionen. Diese Bereitschaft ist mit der Erwartung verbunden, dass morgen auch der Andere auf eine Blockade verzichten wird, wenn demokratische Entscheidungen getroffen werden, die seinen Interessen widersprechen. Das unverzichtbare kooperative Element gesellschaftlicher Interaktion lässt sich weder durch die allein in Form äußerer Zwangsgesetze moderierte Gesellung individualistischer Egoisten realisieren, noch durch kulturell eingebettete Individuen, die in Solidarität zu ihrer jeweiligen Gruppe den Konflikt mit konkurrierenden Gruppen suchen. Marktliberalismus und Multikulturalismus scheitern am Problem der politisch-gesellschaftlichen Kooperation. Beiden Konzeptionen ist gemeinsam, dass sie keine genuine Bürgerschaft anerkennen. Im Falle des Marktliberalismus werden alle Personen zu *homines oeconomici*, zu optimierenden, aus dem gesellschaftlichen Interaktionsgefüge, das durch Normen der Interaktion und Kooperation geprägt ist, herausgelösten Individuen, und im Falle des Multikulturalismus wird das politisch-gesellschaftliche Gefüge durch Gruppenidentitäten und nicht durch Bürgerinnen und Bürger konstituiert. Im ersten Fall bleibt nur der Markt als Moderator des Interessenausgleichs, im zweiten Fall die Prozeduren des politischen Interessenausgleichs der Gruppenrepräsentanten. Ökonomismus und Kulturalismus stehen dem Gedanken einer genuin zivilen Gesellschaft und einer genuin zivilen staatlichen Ordnung, die eine solche Gesellschaft institutionell absichert, im Wortsinne verständnislos gegenüber: Die zivile Gesellschaft hat im begrifflichen Rahmen beider Konzeptionen keinen Platz.

Ich setze diesen beiden Strömungen der zeitgenössischen politischen Philosophie eine Konzeption entgegen, die ich als *humanistischen Individualismus* bezeichnen möchte. Für einen humanistischen Individualismus haben Personen als Bürgerinnen und Bürger einen Anspruch auf Anerkennung. Das heißt, sie haben einen Anspruch darauf, dass man ihre je individuell gewählte Lebensform respektiert und im Rahmen der demokratischen Institutionen die nötigen Grundgüter bereitstellt, damit diese individuelle Lebensform nach eigenen Präferenzen gestaltet werden kann. Für einen humanistischen Individualismus zählen Personen nicht erst qua Gruppenzugehörigkeit, qua kultureller Identität. Träger gesellschaftlichen Handelns bleiben Einzelpersonen, die sich jedoch in wechselseitig überlappenden politischen und gesellschaftlichen Handlungseinheiten organisieren können. In diesem Rahmen mag es sinnvoll sein, metaphorisch von «kollektiven Identitäten» und «kollektivem Handeln» zu sprechen. Der Unterschied zu einem kommunitaristischen Ansatz besteht aber darin, dass die Legitimität kollektiven und institutionellen Handelns ausschließlich von den einzelnen Individuen hergeleitet wird und zugleich einzelnen kollektiven Identitäten keine personenkonstitutive Rolle zugeschrieben wird. Der humanistische Individualismus versucht, kollektive Identitäten gegeneinander auszutarieren und den einzelnen Individuen an der Schnittstelle unterschiedlicher kollektiver Identitäten in dieser Weise ihre Autonomie zu sichern. Die einzelne Person ist z. B. Bürgerin eines Stadtviertels, einer Stadt, eines Landes, eines Staates, einer transnationalen Vereinigung wie etwa der Europäischen Union, sie ist Mitglied verschiedener gesellschaftlicher und politischer Vereinigungen, sie ist Arbeitnehmerin einer Firma, sie ist geprägt von Wertorientierungen ihrer türkischen Eltern und vom Konsumentenverhalten ihrer Freundinnen, sie fühlt sich als Muslimin und wendet sich gegen die Verfolgung Rushdies, sie ist Europäerin und Asiatin, sie trinkt Alkohol und wendet sich gegen die Unterdrückung türkischer Mädchen in den Familien, sie ist Türkin und spricht von «wir», wenn es zu Konflikten zwischen der türkischen Regierung und der PKK kommt, sie sieht amerikanische Filme und feiert Hochzeiten nach überkommenem Brauch, sie wird nicht als Türkin, als Muslimin, als Berlinerin, als Frau, als Angehörige eines westlich geprägten Lebensstils etc., sondern im Hinblick auf allgemeine Menschenrechte als Mensch und im Hinblick auf Bürgerrechte als Bürgerin geachtet. Ihre sozialen Anspruchs- und liberalen Autonomierechte, ihre Rechte auf kulturelle Teilhabe, ihre politischen Partizipationsrechte, der gesamte Komplex ihrer moralischen Rechte und Pflichten, die über den Bereich des juridisch Sanktionierten hinausgehen, sind gebunden an ihren Status als menschliche Person und als Bürgerin des betreffenden politischen Gemeinwesens.

Gesellschaftliche Interaktion setzt zweifellos einen gemeinsamen Grundbestand an akzeptierten und befolgten Regeln voraus. Diese Regeln lassen sich nicht in toto auf Regeln der sprachlichen Verständigung reduzieren. Insofern greift der diskursethische Ansatz zu kurz. Verständigung gibt es auch außerhalb der sprachlichen Kommunikation, und sie ist nur möglich, wenn die Akteure sich wechselseitig ein gewisses Maß an Rationalität zuschreiben und das Verhalten der jeweils anderen Person als Ausdruck dieser Rationalität interpretieren können. Wir verstehen das Verhalten einer Person nur insofern, als wir es einbetten können in einen intentionalen Kontext, der gerade dieses Verhalten als Ausdruck bewusster Entscheidung nachvollziehen lässt. Kulturelle Differenzen schlagen sich in unterschiedlichen Werthaltungen und Lebensformen nieder. Wenn diese Werthaltungen und Lebensformen über ein bestimmtes Maß hinaus divergieren, dann treten charakteristischerweise Verständigungsprobleme nicht nur sprachlicher Natur auf. Menschen, die von ihrer Herkunft oder Biographie her zwei unterschiedlichen kulturellen Kontexten angehören, verstehen das Verhalten der Angehörigen beider Kulturen in der Regel, häufig ohne in der Lage zu sein, die sprachlichen Ausdrucksformen der Verständigung in die jeweils andere Kultur zu übertragen. Insofern sind sie Mittler zwischen den Kulturen, ohne diese Mittlerfunktion sprachlich explizit machen zu können. Wenn diese Artikulationsfähigkeit in großem Umfang vorliegt, so entsteht der Eindruck einer personalen Doppelexistenz, die unterschiedlichen «kulturellen Identitäten» geschuldet ist. Es scheint mir allerdings plausibler, hier von einem interkulturellen Wissen auszugehen, das sprachlich nicht vermittelt werden kann, als anzunehmen, dass es sich um eine echte Persönlichkeitsspaltung handelt, die das Wissen um die jeweils andere Identität auch intrapersonell ausschließt.

Gesellschaftliche Kooperation setzt nicht eine geteilte Lebensform voraus. Die Kompatibilität unterschiedlicher kulturell weit divergierender Lebensformen mit einer zivilgesellschaftlichen Ordnung verlangt jedoch nach einem Minimalbestand geteilter normativer Regeln. Die Konzeptionen der Menschen- und Bürgerrechte reichen dafür allein nicht aus, bilden aber zwei wichtige Paradigmen dieses normativen Minimalkonsenses. Anerkennung kultureller Differenz, die man als eine Implikation des Grundprinzips der allgemeinen und gleichen Menschenwürde betrachten kann, muss hinzutreten. Insofern besteht eine asymmetrische Inklusionsbeziehung: Die zivile Gesellschaft ist auf einen normativen Minimalkonsens angewiesen, der im weitesten Sinne liberalen Ursprungs ist. Dieser Minimalkonsens grenzt sich ab gegen metaphysische naturrechtliche Ordnungskonzeptionen, gegen Gottesgnadentum, gegen absolutistische Wertkonzeptionen. Aber er ist mit diesen insofern vereinbar, als er zulässt, dass Bürgerinnen und Bürger einer zivilen Gesellschaft solchen konkurrierenden normativen Überzeugungen anhängen, sofern sie nur den äußeren Rahmen der übergreifenden zivilgesellschaftlichen Ordnung nicht in Frage stellen. Das Umgekehrte ist schwer vorstellbar und historisch nie realisiert gewesen: Liberale Gemeinschaften werden in einer anti-liberalen Gesellschaft als Bedrohung empfunden und daher in der Regel nicht geduldet. Diese Kompatibilität eines zivilgesellschaftlichen Minimalkonsenses mit kulturellen Prägungen, die als Elemente dieses Minimalkonsenses nicht in Frage kommen, verdankt sich dem Umstand, dass sich dieser Minimalkonsens in Form höherstufiger universeller Regeln manifestiert. Der Minimalkonsens einer zivilgesellschaftlichen Ordnung bezieht sich nicht darauf, welche konkrete Lebensform vorzuziehen ist, sondern er bezieht sich auf die für gesellschaftliche Kooperation (und Interaktion generell) konstitutiven Regeln. Diese Regeln können über eine breite Variation von Lebensformen und Werthaltungen hinweg verstanden und gleichermaßen befolgt werden. Die politischen Interaktionen in den multikulturellen Imperien seit der Antike bezeugen, dass eine moderne bürgerliche Kultur im Gefolge der europäischen Aufklärung für diese Form der interkulturellen Verständigung nicht *conditio sine qua non* ist.

Dennoch besteht ein weites Feld normativer Konflikte, die durch die Konkurrenz übergreifender Normen des zivilgesellschaftlichen Minimalkonsenses einerseits und der konkreten kulturellen Bindungen andererseits entstehen. Nicht jede individuelle Rechtsverletzung zieht das Recht oder gar die Pflicht auf externe Intervention nach sich. Die moderne Zivilgesellschaft ist jedoch rechtsstaatlich organisiert und hat in Gestalt der Strafgesetze eine sehr weit gehende staatliche Interventionspflicht festgeschrieben. Im internationalen Bereich ist der Konflikt durch die Konkurrenz zwischen dem Recht auf Selbstbestimmung und den individuellen Menschenrechten offensichtlich. So wie Kommunitaristen in Bezug auf die internationalen Beziehungen dem Prinzip der Kohäsion (und damit der Nicht-Intervention) ein größeres Gewicht als dem der individuellen und universell gültigen Menschenrechte geben, so betonen sie in der Kulturpolitik den hohen Wert kultureller Identität gegenüber den abstrakteren und formaleren Regeln des zivilgesellschaftlichen Minimalkonsenses. In beiden Fällen besteht jedoch die Gefahr, dass die Sorge um kulturelle Kohäsion den normativen Minimalkonsens der Zivilgesellschaft unterminiert. Die Grenzen sind besonders dort schwierig abzustecken, wo die individuellen Interessen hinter starken kulturellen Prägungen verborgen sind. Dies gilt etwa für die viel diskutierte Praxis der Klitorisbeschneidung in weiten Teilen Afrikas.

Die Kompetenz, solche Konflikte angemessen zu entscheiden, erwächst aber erneut aus transkultureller Verständigung. Verständigung ist Voraussetzung für gesellschaftliche Kooperation. Gesellschaftliche Kooperation entsteht nicht aus der Wahrnehmung des Gleichen im anderen. Kooperation verlangt vielmehr nach einer Beschränkung der Optimierung eigener Interessen und Werte zugunsten der Vereinbarkeitsvoraussetzungen kultureller Differenz und divergierender Interessen. Wären wir alle je optimierende Wesen im Hinblick auf unsere durch Interessen und Werte bestimmten Ziele, so bliebe nur das Modell der einheitlichen nationalstaatlichen Kultur. Wir sind jedoch in der Lage, unseren je individuellen (durch Interessen und Werte bestimmten) Standpunkt zu verlassen, andere Standpunkte wahr- und ernst zu nehmen, und diese Fähigkeit lässt uns diejenigen Restriktionen anerkennen, die für den Bestand einer zivilgesellschaftlichen Ordnung unverzichtbar sind. Dies – Differenzen wahrnehmen, ernst nehmen und Restriktionen anerkennen – ist mit der kulturellen Leitidee der Integration gemeint.

Für eine Zivilgesellschaft ist die Kultur der Integration unverzichtbar – jedenfalls unter den Bedingungen moderner multikultureller Gesellschaften mit der Auflösung sozialer Schichtenzugehörigkeit, hoher lokaler und sozialer Mobilität, Abschwächung überkommener Rollenmuster, ausdünnenden innerfamiliären Bindungen etc. Kulturpolitik, verstanden im weiten Sinne eines Aspektes von

Politik generell, hat ein breites Betätigungsfeld, wenn sie die Leitidee der Integration ernst nimmt.

Auch sozialpolitische Aspekte gehören hierzu. Die Integration
bedarf der Unterstützung und Absicherung durch ein normatives
Fundament organisierter Solidarität. Organisierte und institutiona-
lisierte Solidarität, wie sie sich etwa in Mittel- und Nordeuropa
etabliert hat, definiert idealiter nicht karitative Verpflichtungen, sondern soziale Anspruchsrechte. Diese Anspruchsrechte kommen
Personen, die im Rahmen eines solchen politischen Gemeinwesens
leben, auch wenn sie keine Bürgerinnen oder Bürger sind, weitgehend unabhängig von ihrer kulturellen Identität zu. Soziale Anspruchsrechte im Rahmen staatlich organisierter Solidarität sind ein
wirksames transkulturelles Element gleicher Anerkennung, gleicher
Würde und eines gleichen Status. Die Sprache sozialer Anspruchsrechte und die diesen korrespondierenden Kooperationspflichten als
steuerzahlende und politisch partizipierende Bürgerinnen und Bürger einer Zivilgesellschaft überwölben die je individuellen kulturellen Bindungen, Werthaltungen und Lebensformen. Sie stellen ein
Grundgut bereit – das der sozialen Sicherheit –, das unabhängig von
der gewählten Lebensform und den prägenden Wertorientierungen
von Bedeutung ist. Die Bereitstellung dieses Grundgutes greift nicht
in die kulturelle Identität des Individuums ein, sondern verbessert
ceteris paribus die Rahmenbedingungen selbstbestimmten Lebens.
Zugleich aber wird damit etwas Gemeinsames über unterschiedliche
kulturelle Identitäten hinweg geschaffen, das ein wesentliches Element eines übergreifenden normativen Minimalkonsenses darstellen
kann. Kulturen der Abgrenzung und Intoleranz haben es desto
schwerer, je wirksamer übergreifende Strukturen dieser Art etabliert
sind. Eine Kultur der Zivilgesellschaft trägt und wird ihrerseits gestützt von einer institutionellen Grundstruktur, deren Aufgabe die
gerechte Bereitstellung übergreifender Grundgüter ist. Dabei reicht
das normative Fundament organisierter, von Institutionen getrage-
ner Solidarität nicht aus. Die individuelle, von personalen Bindungen, moralischen Werthaltungen und Verpflichtungsgefühlen
geleitete Praxis muss hinzukommen; sie ist unverzichtbar für die
Integration in einer vitalen, sozialen Demokratie. Wir müssen deshalb Phantasie entwickeln, um angesichts des Mobilitätsdrucks einer
Marktgesellschaft personelle Bindungen generell und Familienstruk-

turen speziell, die Zusammenarbeit der Generationen, die elterliche Verantwortung, das ehrenamtliche Engagement, sozio- und interkulturelle Arbeit, Nachbarschaft und Teilhabe an kommunaler Politik zu stützen und damit kooperative Lebensformen zu ermöglichen und zu ermutigen. Das Beispiel organisierter und praktizierter Solidarität wurde gewählt, um deutlich zu machen, dass die Leitidee der Integration Kulturpolitik in einem umfassenden Sinne als Aspekt von Politik generell und nicht als Ressortpolitik anleiten sollte. Man hätte dies auch am Beispiel des Rechtsstaates oder an Beispielen demokratischer Entscheidungsverfahren erläutern können. Die Kulturpolitik als Ressortpolitik stellt demnach nur einen kleinen Ausschnitt politischer Praxis dar, der allerdings nach meiner Auffassung ein neues Gewicht im Rahmen einer solchen Umorientierung der Politik generell erhalten würde. Kulturpolitik als Ressortpolitik kann dabei eine Leitfunktion übernehmen und Querschnittsaufgaben formulieren, deren Umsetzung in den engen organisatorischen und finanziellen Grenzen kulturpolitischer Ressorts nicht möglich ist. Natürlich spielt dabei die interkulturelle oder – wie man besser sagen sollte – transkulturelle Arbeit eine wichtige Rolle, und es ist bemerkenswert, dass konservative Kulturpolitik ein zentrales Element der gesellschaftlichen Realität, nämlich das der längst etablierten Multikulturalität, in der Regel ausblendet. Diese Form des Realitätsverlustes hat zur Folge, dass die wechselseitige Anerkennung und Verständigung der von ihrem Ursprung her inländischen und ausländischen Kulturen auf deutschem Boden Schaden leiden müssen. Es wäre jedoch eine verhängnisvolle Verkürzung der kulturellen Leitidee Integration, wenn diese als bloßes Plädoyer für mehr interkulturelle Arbeit verstanden würde. Wie oben dargelegt, beruht wohlverstandene Integration im Rahmen einer demokratischen Zivilgesellschaft auf Verständigung und gemeinsamen Regeln des Konfliktaustrages. Der dabei zugrunde gelegte humanistische Individualismus fördert die Fähigkeit der Einzelnen, sich aus ihren kulturellen Bezügen zu lösen, andere Identitäten wahrzunehmen, anzuerkennen und Restriktionen als Voraussetzung der Kooperation zu akzeptieren. Das Medium der Kunst, der Literatur, des Films, des Tanzes, der Musik ist wie kaum ein anderes geeignet, das Transzendieren der eigenen kulturellen Identität zu befördern und erst dadurch sich des Eigenen bewusst zu werden.

Ein Plädoyer für Mehrsprachigkeit*

Wir leben in einer Welt, die gegenwärtig zwischen dem Bemühen um eine vertiefte Verständigung – auch in dem Bemühen um eine gemeinsame Basis der sprachlichen Verständigung – und dem angedrohten *clash of civilisations* hin und her schwankt, einer Welt, in der die Öffnung zu einer gemeinsamen kulturellen Verfasstheit und der erschreckte Rückzug auf das Eigene (oder oft nur vermeintlich Eigene) miteinander in Konflikt stehen. Wir sehen uns am Beginn des 21. Jahrhunderts mit Fragen nach kultureller Identität konfrontiert, deren Beantwortung mir für die Zukunft einer zivilen, globalen Gesellschaft das zentrale Problem zu sein scheint. Auf der Suche nach einer Antwort müssen wir auch all diejenigen beteiligen, die sich orientierungslos fühlen, die sich in dieser neuen, sich globalisierenden Welt nicht zurechtfinden und die deswegen durch Ausgrenzung anderer Kulturen, durch Ausgrenzung anderer Religionen, durch Ausgrenzung anderer Ethnien versuchen, ihr eigenes Selbstwertgefühl zu stabilisieren. Dies mündet häufig genug, ein kurzer Blick auf die internationalen Konflikte zeigt das, in Mord und Krieg.

Entwickeln wir uns zu einer Menschheit, deren Kulturenvielfalt aus schierer Nützlichkeit – da spielen ja auch ökonomische Interessen international operierender Unternehmen eine wichtige Rolle – zu einem, polemisch formuliert, «postmodernen Patchwork» verarmen wird? Oder wird es uns gelingen, den kulturellen Reichtum in seiner Vielfalt zu erhalten und durch die Bereitschaft zu wechselseitiger Verständigung zu beleben? Wir brauchen dafür einen freien Blick auf die jeweils anderen Kulturen und die Fähigkeit, neugierig und mit Respekt über die Grenzen der eigenen Gewissheit hinauszusehen und Weltkultur als den Zusammenhang individueller Leistungen zu begreifen, indem sowohl zeitliche als auch örtliche Nähe und Ferne sich in einem unaufhörlichen Wechselspiel verändern.

---

* Vortrag auf der Internationalen Konferenz der Gesellschaft für deutsche Sprache, Brüssel, November 2001.

Nie war die Ferne so leicht in die Nähe zu rücken wie heute. Die Möglichkeiten, im Fremden den Spiegel des Eigenen zu sehen, haben wir durch globale Kommunikation und wachsende Reiselust erstaunlich erweitert. Fraglich ist nur, ob wir auch geistig den Techniken gewachsen sind, die unserer Neugier fast unbeschränkten Spielraum eröffnen. Ob wir uns beispielsweise nicht allzu leicht täuschen lassen durch den Anschein der Verfügbarkeit der ganzen Welt im Internet oder ob wir unserer eigentlichen sinnlichen Erfahrungsinstrumente bewusst bleiben. Das heißt, ob wir uns unmittelbar dem Reichtum der Fremde aussetzen und die Ängste vor Distanzverlust beherrschen, die mit dem informativen Zusammenwachsen der Kulturen immer auch zugleich entstehen. Es ist ja auffällig, dass gerade in dieser wirtschaftlich, aber auch in der Mobilität der Menschen zusammenwachsenden Welt – an verschiedenen Orten und nicht nur dort, wo man vielleicht eine angebliche «kulturelle Rückständigkeit» unterstellt – plötzliche Rückfälle in die Barbarei zu beobachten sind. Eine Barbarei, die sich häufig genug religiös tarnt oder als Recht auf ethnische Identität camoufliert. Die Angst, in einer sich verdichtenden Welt zugrunde nivelliert zu werden, schlägt allzu häufig in mörderischen Hass um. Das ist die eine Seite. Die andere, optimistisch stimmende, sind transnational wandernde Ausstellungen und eine weltübergreifende Konzertkultur auf hohem Niveau. Wir verzeichnen einen stetigen Anstieg literarischer Übersetzungen, immer noch erstaunliche Einschaltquoten für Kulturdokumentationen des Fernsehens – auch wenn die Zeiten, in denen diese gesendet werden, nicht immer menschenfreundlich sind –, überfüllte Museen und ansteigende Besucherzahlen fast aller Kulturinstitute in Deutschland. Stätten des Weltkulturerbes werden von Touristen überlaufen. All das sind Signale, die nicht durchgängig immer nur positive Seiten haben, die aber doch zeigen, dass es eine Neugier auf das kulturell Andere gibt und dass diese Neugierde wächst.

Vorerst, scheint mir, können wir skeptisch hoffen. Eigene Kulturerfahrung gibt uns die Chance, fremde Phantasien zu achten und zu schätzen. Weltweit wächst das Interesse am Erlernen von Sprachen. Ich hoffe, dass wir auf dem europäischen Kontinent zu einem kulturellen Mindeststandard kommen, der das Erlernen der eigenen Sprache gegenüber der Entwicklung der vergangenen Jahre aufwertet. Als Hochschullehrer finde ich es gelegentlich schon merkwürdig, dass Studierende in den ersten Semestern zunächst mühsam die Grundregeln der deutschen Grammatik lernen müssen, damit die Hausarbeiten lesbar werden. Da ist eine Fehlentwicklung im Gang, und ich wiederhole deshalb meinen Vorschlag, dass man von der Wahlfreiheit an den Oberstufen der Gymnasien in einer Hinsicht abrückt und Deutsch als verpflichtendes Abiturfach etabliert. Ich weiß, das schränkt die Wahlmöglichkeiten ein. Aber ohne Deutsch kommt man nicht durch im Leben. Es gibt eine Tradition, die in der Antike bedeutsam war, die wir allzu sehr vernachlässigen – sowohl an den schulischen Einrichtungen, als auch an den Universitäten – und die dem mündlichen, nicht nur dem schriftlichen Ausdruck einen hohen Stellenwert beimisst. Das ganze Berufsleben, vielleicht nicht jede berufliche Tätigkeit, aber ein Gutteil der beruflichen Tätigkeiten, hängt davon ab, dass man seine Gedanken halbwegs verständlich, halbwegs gegliedert im freien, mündlichen Vortrag vermitteln kann. Üben wir das an den Schulen hinreichend? Üben wir das an den Universitäten? Mir scheint: Nein. Und da hilft auch der einzige Rhetoriklehrstuhl, den es in Deutschland gibt, nicht viel weiter. Es geht mir also um die Beherrschung der deutschen Sprache in schriftlicher und mündlicher Form.

Ein zweiter Aspekt ist: die sich globalisierende Welt bedarf eines universalen Kommunikationsmittels. Sie muss nicht in allen Feinheiten beherrscht werden, aber auf einem hinreichenden Niveau, das durchaus funktional bestimmt sein darf. *Lingua franca* war früher das Lateinische und wird heute zunehmend das Englische. Wir versündigten uns an den Zukunftschancen nachwachsender Generationen, wenn wir ihnen weismachen wollten, es geht ohne Englisch. Es geht nicht ohne Englisch.

Es gibt aber auch noch einen dritten Gesichtspunkt: Ich habe vom Englischen als einem Verständigungsmittel gesprochen, das für die internationale Kommunikation unverzichtbar ist. Aber Sprache ist auch der Schlüssel für den Zugang zu einer Kultur. Europa war immer multikulturell. Jeder Versuch einer Sprache, einer Kultur, in Europa zu dominieren, ist gescheitert. Den letzten und grausigsten Versuch hat Nazideutschland unternommen – mit verheerenden Folgen. Dazu gehört auch ein intellektueller und kultureller Verlust, der in ganz Europa bis heute nicht wieder aufgeholt wurde. Dieses Europa ist multisprachlich. Und wir müssen Zugänge schaffen zu unseren Nachbarkulturen, da Europa durch den Wegfall der Systemgrenze zwischen Ost und West neue Konturen gewinnt, sich die alten historischen Räume öffnen und traditionelle kulturelle Zusammenhänge – nicht zuletzt die der Literatur – wieder erlebbar werden. Nun sind die Sprachen, die hier in Europa gesprochen werden, viel zu zahlreich, als dass man erwarten könnte, sich jeder anderen Kultur in der jeweiligen Heimatsprache nähern zu können. Aber wir brauchen eine gesteigerte Sensibilität für unsere Nachbarkulturen. Wir brauchen ein Netzwerk der kulturellen Verständigung über das Eintauchen in die jeweilige gesprochene, gelebte Sprache in der kulturellen Lebenswelt, in der sie zu Hause ist. Und deswegen hoffe ich, dass die heranwachsenden zukünftigen Generationen es für eine Selbstverständlichkeit nehmen, möglichst noch vor ihrem 12. Geburtstag – denn etwa bis zu diesem Alter ist das Gehirn formbarer und es lässt sich noch akzentfrei eine Sprache lernen – in einer anderen Kultur diese Sprache, die jeweilige Lebensform, die Mentalitäten gewissermaßen spielerisch kennen zu lernen, sich anzueignen und damit auch eine gewisse Distanz und in Folge dieser Distanz möglicherweise auch eine besondere Wertschätzung für die eigene Kultur und für die eigene Sprache zu entwickeln.

Ich plädiere also für einen Konsens über die folgenden drei Minimalziele der Bildung für alle: (1) Deutsch in schriftlichem und mündlichem Ausdruck auf hohem Niveau; (2) Englisch als Mindeststandard der internationalen Verständigung und (3) eine zusätzliche europäische Sprache. Ich rede von minimalen Zielen, man kann sich natürlich sehr viel mehr wünschen. Ich habe von der Sprache als Zugang zu einer Kultur gesprochen. Dazu möchte ich gern einen kurzen philosophischen Exkurs einfügen.

Die Sprache ist über Jahrhunderte hinweg primär verstanden worden als Mittel der Repräsentation der äußeren Welt – wir sprechen über Sachverhalte und Dinge, und dazu benötigen wir sprachliche Mittel, wir teilen mit, wir informieren. Sprache repräsentiert aber auch mentale Zustände. Wir haben Gedanken, und in einer sprachlichen Gestalt bringen wir diese Gedanken zum Ausdruck, teilen sie anderen mit. Beides hängt natürlich zusammen. Es ist ein merkwürdiges Phänomen der Geistesgeschichte, der Philosophiegeschichte speziell, dass der Handlungscharakter der Sprache demgegenüber eine relativ späte Entdeckung ist. Das datiert erst in das späte erste Drittel des 20. Jahrhunderts. Ich gebe zu, es gibt Vorläufer, aber als ein Programm des Verständnisses, was Sprache eigentlich ausmacht, beginnt das erst insbesondere mit Ludwig Wittgenstein, Gilbert Ryle und John Langshaw Austin im 20. Jahrhundert. Oder mit dem von mir besonders geschätzten H. Paul Grice, der eine intentionalistische Semantik initiiert hat, die ein vertieftes Verständnis von Sprache ermöglicht.

Nach dem vor allem von Grice entwickelten Verständnis von Sprache beruht das Spracherlernen ganz wesentlich darauf, dass mit sprachlichen Mitteln Absichten – und mit Absichten sind Handlungsweisen und Einzelhandlungen verbunden – ausgetauscht werden. Die intentionalistische Semantik geht sogar so weit zu sagen, dass das Austauschen von Absichten primär ist und die Entwicklung der Sprache sekundär. Wenn es also nicht möglich wäre, außersprachlich Intentionen einer anderen Person zu erfassen, wäre der ganze Prozess des Spracherwerbs nicht nachzuvollziehen. Das will ich hier offen lassen. Wichtig ist nur Folgendes: Die gesprochene Sprache ist, um Wittgenstein zu zitieren, eine Lebensform. Vielleicht sollte man das «ist» streichen, aber es ist noch charakteristischer, wenn man das «ist» einfach so lässt, als Identitätsbehauptung. Die Sprache bringt jedenfalls eine Lebensform zum Ausdruck. Sie ist eingebettet in eine Lebensform. Diese Lebensform ist im umfassenden Sinne zu verstehen, nicht als individuelle Lebensform, sondern als die Lebensform einer Sprachgemeinschaft. Und die Bedeutung der einzelnen sprachlichen Ausdrücke ist in dieser Sprache selbst mit sprachlichen Mitteln nur unvollständig zu charakterisieren, sonst wäre die jeweilige Sprache unendlich redundant. Wir könnten ja dann einzelne sprachliche Ausdrücke jeweils ersetzen durch andere sprachliche Ausdrücke. Die Forderung akribischer Lehrer – nach dem Motto: «Definier' doch mal, was du unter ‹Gesellschaft› verstehst ...» – hat schon ihre systematischen Grenzen. Denn wenn es immer so einfach wäre, Definitionen anzugeben, dann würden wir eine sehr redundante Sprache sprechen.

Das heißt, die Bedeutung der sprachlichen Ausdrücke ergibt sich aus ihrem Gebrauch, um noch einmal Wittgenstein zu zitieren, sie ergibt sich daraus, was wir damit tun, welche Handlungen wir vollziehen, und zu den Handlungen kann auch eine Mitteilung gehören, auch das ist eine Form von Handlung. Dadurch erhellt sich der Satz: «Die Sprache ist das Tor zur jeweiligen Kultur.» Und es wird verständlich, dass aus einer Sprache in die andere nicht ohne Verlust übersetzt werden kann, weil die Lebensformen nicht identisch sind und damit die Bedeutungen, die durch den Gebrauch im jeweiligen kulturellen Kontext bestimmt sind, sich nicht einfach eins zu eins übertragen lassen. Verwandtere Kulturen tun sich damit leichter als Kulturen, die weiter auseinander liegen.

Deshalb mein Appell, den Zugang zu einer anderen Kultur über die Sprache und eingebettet in die kulturelle Lebensform zu erschließen. Also wenigstens in einem, möglichst in zwei oder mehr Fällen einen genuinen Zugang zu finden, der nicht durch Übersetzung vermittelt werden muss. In dem Zusammenhang noch ein pragmatischer Vorschlag. Ich habe keine genaue Statistik, aber ich vermute, Deutschland ist im Filmbereich Synchronisationsweltmeister. Warum eigentlich? Warum werden so wenig Filme – und zwar auch im Fernsehen – in der Originalsprache gesendet? Man kann Untertitel unterlegen. Wer Sorge hat, dass die Filme dann kaum gesehen würden, sei auf Skandinavien verwiesen, dort werden die englischsprachigen Filme durchgängig in englischer Originalsprache gezeigt. Wir können ja behutsam beginnen. Fangen wir mit fünf Prozent aller Filme an, zum Beispiel europäische Filme aus Frankreich, aus Spanien, aus Italien. Diese könnten in der Originalfassung mit Untertiteln – oder noch vorsichtiger – mit ihrer ganz eigenen Sprachmelodie im Zweikanalton plus Untertitel gesendet werden. Damit kann jeder, der es will – und auch diejenigen, die die Sprache nicht gut sprechen –, diesen Film in der Originalsprache sehen. Dadurch würde sich der Zugang zu der Kultur, den die Filme repräsentieren, ganz anders darstellen.

Wer über Sprachen und ihre Wegweisung zwischen den Kulturen zu sprechen unternimmt, sieht sich natürlich unvermeidlich auch mit der Frage konfrontiert, wie wir über unsere eigene Sprache sprechen und uns mit ihr auseinander setzen. Es geht darum, dass die jeweiligen Gedanken, die wir in unserer eigenen Sprache äußern, so klar und nachvollziehbar wie möglich formuliert werden. Um jetzt ein letztes Mal Wittgenstein zu zitieren: «Alles, was sich sagen lässt, lässt sich klar sagen. Über den Rest muss man schweigen.» Nun könnte es sein, dass dann ein Gutteil der öffentlichen Diskurse in Stillschweigen verfiele, was wahrscheinlich auch keine Katastrophe wäre. Aber diese Anstrengung, die eigene Sprache so klar wie möglich zu verwenden, scheint mir doch wichtig zu sein. Und selbstverständlich können wir auch aus einer anderen Sprache Klarheit für die eigene gewinnen. Es waren und sind vorrangig die Dichter, die uns darauf verweisen, worin andere Literaturen uns bereichern – und worin die Literaturen und Künste sich gleichen: in jenen Fragen nämlich, die Grundfragen der menschlichen Existenz sind. Der Reichtum der Ausdrucksweisen, die unbegrenzbare Variation der Metaphorik mag ja weltweit und zeitunabhängig auf immer die gleichen Themen zurückzuführen sein, ja sogar – ich übertreibe – auf drei Grundstoffe: Liebe, Tod und Transzendenz. Ihre jeweilige Gestalt aber ist ebenso so individuell wie der Summenklang einer Kultur, den wir hilfsweise und oft missbräuchlich Nationalcharakter oder Mentalität nennen. Wenn nun Sprachen einander begegnen, wenn ihre Ideen-, Handlungs- und Bildwelten aufeinander treffen, kommt alles darauf an, ob es uns gelingt, im fremden Wort-Schatz den kulturellen Reichtum zu entdecken, dem er Ausdruck gibt. So vielfältig wie die Griechen das Wort *xénos* gebrauchten – Fremder, Gast, Gastfreund, Feind – so vielfältig sind unsere Möglichkeiten, mit der nachbabylonischen Polyphonie der Welt zu verfahren. Die blanke Neugier ist hier der beste Anfang, um am Ende beschenkt zu werden. Herder hat das so ausgedrückt: «Nicht um meine Sprache zu verlernen, lerne ich andere Sprachen, sondern ich gehe bloß durch fremde Gärten, um für meine Sprache Blumen zu holen.» Goethe hingegen sagte es deutlicher: «Die Gewalt einer Sprache [gemeint ist ihre Kraft] ist nicht, dass sie das Fremde abweist, sondern dass sie es verschlingt.» Vielleicht haben beide Unrecht, Nützlichkeitserwägungen derart in den Vordergrund zu stellen. Denn zunächst wissen wir nicht, in welcher Weise die fremde Sprache unsere eigene zu bereichern vermag. Wir müssen erst in sie hineinhorchen, uns langsam auf ihrem Terrain zurechtfinden, die Landschaft, die Häuser kennen lernen, in denen sie gesprochen wird. Als Fremder, *xénos*, kommen wir von außen. Als Gast, ebenfalls *xénos*, bleiben wir, wenn wir willkommen sind. Als Freund lernen wir im besten Fall, die fremde Sprache weiterzutragen – und damit die Kultur, der sie Ausdruck gibt.

Wir haben uns angewöhnt, Fremdsprachenkenntnisse besonders unter dem Aspekt zu befürworten und zu fördern, dass sie uns für die Eroberung fremder Märkte nützlich sind, oder im beruflichen Fortkommen individuelle Vorteile verschaffen. Wie ja überhaupt viele Erscheinungen gegenwärtig auf diese Art der Bewertung eingegrenzt erscheinen, denken Sie nur an die Begründung von Kulturpolitik mit Hilfe des Standortargumentes. Selbst die in Deutschland beklagte Fremdenfeindlichkeit wird immer wieder wegen ihrer schädlichen Wirkung nach außen, auch für den Export, bedauert. Dabei wäre zuförderst ihre Wirkung nach innen, auf uns selbst und unsere Selbstbeschädigung durch Ausgrenzung zu bewerten. So ist auch die Kenntnis fremder Sprachen in erster Linie als Bereicherung nach innen, für unsere eigene geistige, ethische, kulturelle Entwicklung zu sehen, bevor wir sie ökonomisch instrumentalisieren. Wer meint, es genüge, eine andere Sprache zu erlernen, um in ihr seine persönlichen Interessen artikulieren und besser verfolgen zu können, verfehlt den Gewinn, den ihm seine Mühe bescheren könnte. Er erntet gleichsam nur ein Feld ab und sieht nichts vom Um-Feld, dem Himmel, dem Horizont. Anders gesagt: Er lässt die Kultur, deren Essenz in der Sprache Gestalt geworden ist, nicht mit seiner Neugier zusammentreffen. Wenn wir uns einlassen wollen auf die Sprache einer anderen Kultur, gehört dazu mehr als der Erwerb eines Wortschatzes und seiner Grammatik. Dass bei dem, was mehr dazugehört, die Auseinandersetzung mit Literatur und zwischen den Literaturen eine herausragende Rolle spielt, ist offenkundig.

Alle Kunst der Sprachbilder, die im eigenen kulturellen Raum sich nicht auf das ererbte Repertoire verlässt, sondern – gewiss auf Schultern – neugierig auf Veränderung ist, verwandelt Kulturerbe vom historischen Besitz zum gegenwärtigen Prozess der Aneignung. Es sind in allen Kulturen diese Prozesse, die dann untereinander in Korrespondenz treten, wenn Künstler das Erbe der anderen für sich entdecken und in die eigene künstlerische Auseinandersetzung einbeziehen.

Was daraus entstehen kann, ist mehr als Begegnung: Im besten Fall wachsen daraus Räume jenes Gebäudes, in dem die Selbstvergewisserung der Menschheit zu Hause ist. Es ist das Gebäude der Neugier.

Die Idee der Zivilgesellschaft[*]

Der deutsche Sonderweg, Schrecken für die einen, Gegenstand des Stolzes für die anderen, galt lange als das Signum der deutschen Nationalgeschichte, vornehmlich in den letzten zweihundert Jahren. Zu seinen Eigenarten gehörte nicht nur die schroffe Entgegensetzung von Kultur und Zivilisation, sondern auch das Schwanken zwischen Staatsvergottung und Bewegungsromantik. Heinrich August Winkler hat in seiner zweibändigen deutschen Geschichte für die These argumentiert, dass der deutsche Sonderweg spätestens seit dem 3. Oktober 1990 endgültig der Vergangenheit angehört. Deutschland ist heute im Westen angekommen, es gibt keinen deutschen Sonderweg, keine offenen Territorialfragen, und das Land ist demokratisch stabil, kurz: eine ganz normale westliche Demokratie.

Wenn es so ist – und es spricht vieles dafür –, heißt dies natürlich nicht, dass damit ernsthafte Gefährdungen der Demokratie in Zukunft nicht mehr zu erwarten seien. Vielmehr ist damit zu rechnen, dass die Probleme, die auf die deutsche Demokratie zukommen, von nun an vornehmlich von der gleichen Art sein werden, wie sie auch die anderen westlichen Demokratien beschäftigen. Eines dieser Probleme ist die Entfremdung zwischen Politik und Bürger und das komplizierte Verhältnis von Zivilgesellschaft und Staat. Nicht erst seit 1989, aber seitdem verstärkt, ist in der politischen Öffentlichkeit wieder von der «Zivilgesellschaft» oder «Bürgergesellschaft» die Rede. In den 70er und 80er Jahren war es vor allem die Alternativ- und Umweltbewegung, die mit diesen Begriffen eine gegen die staatliche Politik gerichtete oder zumindest staatsferne Praxis theoretisch zu verorten trachtete. Fast gleichzeitig gingen auch viele Dissidenten im Ostblock dazu über, den Begriff der «Zivilgesellschaft» als Gegenbegriff zur verstaatlichten Gesellschaft der kommunistischen Massenorganisationen und als Inbegriff des sich for-

[*] Festrede zur Verleihung des Preises «Das politische Buch» an Heinrich August Winkler, Berlin, Mai 2001.

mierenden gesellschaftlichen Widerstands zu gebrauchen. Aber die Debatte hat eine lange Tradition, und wir sollten den größeren historischen Rahmen sehen, den ich in knapper und sicher auch vereinfachender Form darzustellen versuche. Ich glaube, es gibt im Wesentlichen zwei Grundmodelle einer Gesellschaft der Bürgerinnen und Bürger. Das eine Modell datiert auf die Antike. Es ist das Polis-Ideal, das sicher in dieser Form nirgends realisiert war, aber unser Denken nach wie vor stark beeinflusst – zum Teil durch die Schriften von Aristoteles, Platon und vielen anderen, zum Teil durch die Faszination, die die griechische Klassik bis heute auf uns ausübt. Viele zeitgenössische Vorschläge sind von diesem Geist beseelt – ich denke dabei zum Beispiel an Benjamin Barber, der von «strong democracy» spricht. Ein anderer wichtiger neuzeitlicher Denker, der nun schon einige Jahrhunderte zurückliegt, aber auch heute noch das Denken stark prägt, nämlich Jean-Jacques Rousseau, ist ebenfalls deutlich erkennbar von diesem antiken Polis-Ideal beeinflusst. Was macht dieses antike Ideal aus? Die Idee besteht darin, dass es eine Gemeinschaft der Bürgerinnen und Bürger gibt, die durch einheitliche Wertorientierungen zusammengehalten wird – auch durch einheitliche religiöse Orientierungen, man kann hier durchaus von «Ziviltheologie» sprechen –, und die im Großen und Ganzen so verfasst ist wie eine funktionierende, von Respekt geprägte großfamiliäre Gemeinschaft. Dies ist mit einigem Vorbehalt zu verstehen, weil es leicht Missverständnisse auslösen kann. Die kulturellen Gemeinsamkeiten, die Gemeinsamkeiten der Herkunft, der Wertorientierung, bilden den Kern des Zusammenhalts der Bürgerschaft nach diesem Verständnis.

Dazu gibt es ein Gegenmodell. Das Gegenmodell könnte man mit dem Namen Thomas Hobbes' verbinden. Es ist bis heute mindestens ebenso wirkungsmächtig in unserem Denken wie das Polis-Modell. Dieses Gegenmodell besagt: Verlasst euch nicht auf solche Gemeinsamkeiten. In der größeren Gesellschaft jedenfalls, die die Moderne ja im Gegensatz zum antiken Ideal der relativ autarken Stadtgesellschaft ausmacht, bedarf es lediglich bestimmter Vorkehrungen, die sicherstellen, dass die Konflikte zwischen Gruppen und zwischen Einzelpersonen nicht zum Bürgerkrieg eskalieren. Der Staat muss Gesetze erlassen, diese sanktionieren, notfalls auch mit Gewalt durchsetzen, um so jeden Einzelnen daran zu hindern, seine

Interessen mit Mitteln zu verfolgen, die am Ende von allen praktiziert das Gemeinwesen zu Grunde richten. Der Staat soll sich aus
Sicht des Hobbesianischen Modells zurückhalten. Er ist wertneu-
tral. Der Staat ist kompatibel mit einer Vielfalt von Lebensformen.
Der Staat mischt sich nicht ein in diese Lebensformen. Er schreibt
nicht vor, wie man zu leben oder nicht zu leben hat. Der Staat ist in
diesem Sinne neutral und distanziert.

  Ich glaube, dass beide Modelle – trotz aller Faszination, die von
ihnen ausgeht – unzureichend sind. Aber man muss wesentliche
Elemente beider Modelle ernst nehmen, wenn man zu einer angemessenen Konzeption einer modernen Gesellschaft der Bürgerinnen und Bürger gelangen will. Um an diesem Punkt begriffliche
Klarheit zu bekommen, habe ich vorgeschlagen, den Begriff der
Kooperation in den Mittelpunkt des Verständnisses einer Bürgergesellschaft zu rücken.[17] Bürgergesellschaft (oder Zivilgesellschaft
oder genuine Staatsbürgerschaft im Sinne von *citizenship*) ist dadurch
geprägt, dass die einzelnen Bürgerinnen und Bürger Teile eines
Netzwerkes der Kooperation sind. Damit dieses Netzwerk der Kooperation nicht reißt, ist es erforderlich, dass der Staat Institutionen
bereitstellt und die Konformität mit diesen Institutionen sanktio-
niert. Ich verwende den Institutionenbegriff hier sehr weitgehend,
also unter Einschluss von Gesetzen etc. Diese staatlich sanktionierten Institutionen wären aber viel zu schwach, um dieses notwendige,
reichhaltige, dicht geknüpfte Netz der Kooperation allein zu tragen.
Was hinzutreten muss, sind normative Übereinstimmungen, d. h.
Übereinstimmungen der Bürgerinnen und Bürger zum Beispiel darüber, was die Aufgaben des Staates sind, oder zu was man verpflichtet
ist. Artikel 1–19 unseres Grundgesetzes – der vermutlich freiheitlich-
sten Verfassung der Welt, auch unter dem Schock der Erfahrungen
des Krieges und des Nationalsozialismus entstanden – haben allerdings eine Schieflage, es ist nämlich dort nur von Rechten und kaum
von Pflichten die Rede. Und ohne Pflichten lässt sich eine Bürgergesellschaft nicht organisieren. Dieses Netzwerk der Kooperation
bedarf auch der Verpflichtungsgefühle, der Verpflichtung gegenüber
der Gemeinschaft, der Verpflichtung gegenüber all denjenigen, die
es mir ermöglichen, ein Leben nach meinen Wertvorstellungen zu

17 Julian Nida-Rümelin: *Demokratie als Kooperation*, Frankfurt a. M. 1999.

gestalten, die mit mir kooperieren und zugleich nicht intervenieren in dem Moment, in dem sie ihre eigenen Interessen tangiert sehen. Rücksichtnahme, Empathie, Großzügigkeit sind die entscheidenden Begriffe. Mit anderen Worten: Eine Vertrauenskultur ist unverzichtbar für eine genuine Bürgergesellschaft. Bürgerschaftliches Engagement in der Übernahme öffentlicher Aufgaben und Ämter und im freiwilligen Dienst an den Mitbürgern ist freilich ein altes Konzept. Bewusst oder unbewusst knüpfen alle neueren Diskussionen zu diesem Thema auch an den antiken Demokratiediskurs (etwa bei Perikles) und den klassischen Republikanismus an. In diesen frühen Demokratietheorien herrscht die Vorstellung, dass die Bürgerfreiheit notwendig mit der Verantwortung gegenüber dem Gemeinwesen verbunden ist und die Demokratie auf der aktiven Partizipation der Bürger und nicht allein auf einem Verfassungsarrangement beruht. Erst im 20. Jahrhundert, vornehmlich in der ökonomischen Demokratietheorie von Joseph Schumpeter und Anthony Downs sowie in allen folgenden Versuchen, die Demokratie auf dem Modell von Elitenherrschaft und Konsumentenwahl zu begründen, geht dieser Gedanke wieder verloren. Freilich hat sich bisher jedenfalls – auch gerade in Deutschland – die Praxis gegenüber solchen Theorien als erstaunlich resistent erwiesen. Auch wenn immer mal wieder behauptet wird, die Deutschen stellten nur Ansprüche an den Staat und seine Vorsorge- und Versorgungseinrichtungen, ohne je auf die Idee zu kommen, die Lösung eines Problems selbst in die Hand zu nehmen, ist doch die Tradition zivilgesellschaftlicher – oder wie es früher hieß: ehrenamtlicher – Selbsttätigkeit in Vereinen, Verbänden und Initiativen im Ganzen beachtlich, übrigens auch bei jungen Menschen. Keinesfalls kann davon die Rede sein, dass in Deutschland die zivilgesellschaftliche Kooperation im internationalen Vergleich dramatisch unterentwickelt sei.[18]

Wenn heute von der Aktivierung der Bürgergesellschaft die Rede ist, so geht es vor allem darum, das vorhandene Potenzial effizienter zu nutzen. Begreiflicherweise spielt dabei auch die Forderung nach

---

18 Das zeigen auch vergleichende Untersuchungen, vgl.: Helmut Klages: «Engagement und Engagementpotential in Deutschland», in: U. Beck: *Die Zukunft von Arbeit und Demokratie*, Frankfurt a. M. 1999, und Bernhard von Rosenbladt und Sybille Picot: *Freiwilligenarbeit, ehrenamtliche Tätigkeit und bürgerschaftliches Engagement*, Repräsentative Erhebung Bonn (Infratest Burke), 1999.

Begrenzung oder Reduzierung der öffentlichen Ausgaben eine Rolle. Die angespannte Lage der öffentlichen Finanzen und der populäre Ruf nach einer Verschlankung des Staates veranlassen heute Politiker aller Parteien, nach Möglichkeiten Ausschau zu halten, den Staat von – insbesondere finanziell folgenreichen – Interventionsforderungen zu entlasten. Die Bürger selbst, so die verbreitete Auffassung, könnten und sollten einen Teil der Aufgaben übernehmen, die bisher vom Staat und den öffentlichen Körperschaften wahrgenommen wurden, und so die öffentlichen Kassen entlasten. Auch wenn ich es für durchaus legitim halte, in der gegenwärtigen Lage solche Möglichkeiten der Entlastung der öffentlichen Haushalte in Erwägung zu ziehen, so glaube ich doch, dass es völlig unangemessen wäre, das Thema der Aktivierung der Bürgergesellschaft auf diesen Aspekt zu begrenzen. Das, was wir Bürger- oder Zivilgesellschaft nennen, ist eine Sphäre eigenen Rechts, deren Funktion sich keineswegs darin erschöpft, Finanzierungs- oder Effizienzdefizite des Staates auszugleichen. Das sich zwischen dem Individuum und dem Staat ausbreitende Institutionengefüge, für das Tocqueville den Begriff der *pouvoirs intermédiaires* prägte, die vielen kleinen und größeren Netze der Kommunikation und Kooperation bis hin zu den global operierenden Nichtregierungsorganisationen, sind das eigentliche Unterfutter der Demokratie. Hier vor allem werden die entscheidenden Sozialisationsleistungen erbracht, die zur Ausbildung ich-starker Individuen und verantwortungsbewusster Bürger notwendig sind. Hier bilden und behaupten sich auch die Widerstandspotenziale, die als Vorkehrung gegen totalitäre Ansprüche des Staates und Übergriffe der ökonomisch Mächtigen unverzichtbar sind. Hier bildet sich in der freiwilligen und selbstorganisierten Bearbeitung öffentlicher Aufgaben jener Bürgersinn, ohne den ein demokratisches Gemeinwesen nicht bestehen kann.

Die Aktivierung der Bürgergesellschaft ist also unter drei Aspekten von Bedeutung:

1. unter dem der Sozialisation, d. h. der Vermittlung und Einübung von Einstellungen und Verhaltensweisen, die das Individuum im Wortsinne gesellschaftsfähig machen;
2. unter dem der Partizipation, d. h. der Teilhabe der Bürger an der demokratischen Willensbildung und der Ermöglichung direkter Demokratie;

3. unter dem der effizienten und bedürfnisgerechten Bearbeitung und Lösung gesellschaftlicher Probleme.

Ausdrücklich möchte ich betonen, dass ich den Gedanken der Subsidiarität für die Organisation moderner Gemeinwesen für unverzichtbar halte. Dass er mittlerweile nicht nur im nationalen Rahmen, sondern auch auf der Ebene der Europäischen Union weitgehend akzeptiert wird, darf vielleicht als Zeichen dafür gelten, dass die Ära des Staatspaternalismus und der zentralistischen Steuerungssysteme endgültig vorbei ist. Freilich gilt es nun, nicht in das andere Extrem zu fallen und einer modischen Staatsfeindschaft und einer heute ebenfalls verbreiteten romantischen Überhöhung der Zivil- oder Bürgergesellschaft das Wort zu reden. Die Erfahrung zeigt, dass die Bürgergesellschaft des rechtsstaatlichen Rahmens und des sozialstaatlichen Fundaments bedarf. Richtig verstanden erfüllt sich der Gedanke der Subsidiarität erst im produktiven Miteinander von Zivilgesellschaft und Staat, im wechselseitigen Bedingungsverhältnis von freier Gesellung und verlässlichem Rechtsrahmen. Die großen, in Jahrzehnten der politischen Auseinandersetzung erkämpften staatlichen Solidarsysteme sind auch in Zukunft für eine humane Gesellschaft unverzichtbar. Sie sind Ausdruck einer auf Kooperation angelegten Gesellschaft, die ein Band der Solidarität zwischen Alten und Jungen, zwischen Arbeitsplatzbesitzern und Arbeitslosen, zwischen Gesunden und Kranken knüpft. Die Aufgabe dieser Solidarsysteme ist es, vor individueller Not zu schützen und das individuelle soziale Engagement zu stützen. Dass sie neuen Bedingungen und Ansprüchen angepasst werden müssen, dass Fehlentwicklungen korrigiert und Lasten hier und da neu verteilt werden müssen, kann niemand bezweifeln, der sich mit der Materie näher befasst. Aber der Sozialstaat darf nicht in Frage gestellt werden – auch um der Demokratie willen nicht. Es kommt darauf an, eine verlässliche Brücke zwischen Solidarität und Subsidiarität zu bauen. Und eben hierzu bedarf es der Aktivierung der Bürgergesellschaft.

Das Staatsverständnis, das einer solchen Sicht der Dinge zugrunde liegt, unterscheidet sich grundlegend von allen obrigkeitsstaatlichen Modellen, aber auch von dem des paternalistischen Versorgungsstaats. Ich habe dafür in früheren Arbeiten den Begriff des zivilen Staates gewählt. Der Grundgedanke dieses Konzepts lautet: Staatliche Institutionen haben die Funktion, das gesellschaftliche

Kooperationsgefüge zu stützen. Das Leitbild des Bürgers im zivilen Staat ist nicht der Untertan, auch nicht der Empfänger staatlicher Leistungen, sondern der aktiv mit anderen seine Belange selbst regelnde, sich in die öffentlichen Angelegenheiten selbstbewusst einmischende *citoyen*. In diesem Leitbild verbindet sich also das kommunitaristische Moment mit dem der *citoyennité*. Wer die Aktivierung der Bürgergesellschaft will, muss die Subjektstellung des Bürgers stärken, und zwar nicht nur des Bürgers als Konsument, sondern vor allem als *citoyen*. Dazu genügt es freilich nicht, an den Gemeinsinn der Bürger zu appellieren. Vielmehr ist es Aufgabe der Politik, die Bedingungen für zivilgesellschaftliche Kooperation und damit für die reflexive Selbststabilisierung der demokratischen Gesellschaft zu erhalten und nach Möglichkeit zu verbessern. Zwar ist es richtig, dass auch ein Zuviel an regulierenden Eingriffen des Staates hier hinderlich sein kann, aber keinesfalls darf daraus im Umkehrschluss gefolgert werden, dass es um die zivilgesellschaftliche Kooperationsfähigkeit umso besser steht, je mehr sich der Staat aus der Gestaltung der Lebensbedingungen heraushält. Überhaupt ist die solchen Fehlschlüssen zugrunde liegende rein quantitative Betrachtung staatsinterventionistischer Aktivitäten irrig. Nicht der Umfang staatlicher Eingriffe ist entscheidend, sondern ihre Qualität, nicht wie viel öffentliche Gelder ausgegeben werden, sondern wofür und zu welchen Bedingungen. Der Staat als Ermöglicher und Förderer gesellschaftlicher Selbstorganisation und ziviler Kooperation braucht andere Steuerungsinstrumente und ein anderes Interventionsmodell als der traditionelle Obrigkeits- und Versorgungsstaat.

Wenn es also die Aufgabe des demokratischen oder zivilen Staates ist, das gesellschaftliche Kooperationsgefüge zu unterstützen, so wäre nun zu fragen, mit welchen Mitteln dies heute geschehen könnte. Diese Frage lässt sich nur beantworten, wenn man sich vergegenwärtigt, welche Ressourcen den Bürgern verfügbar sein müssen, damit sie in einem hohen Maße eigenaktiv und selbstorganisiert tätig werden können. Ganz allgemein gesprochen sind dies die folgenden:

– Geld oder andere Formen verfügbaren Einkommens;
– frei gestaltbare Lebenszeit;
– Gesundheit;

- Wissen, handwerkliche und sonstige Fertigkeiten;
- ein die Eigentätigkeit begünstigendes Wohnumfeld;
- stabile soziale Beziehungen;
- eine Kultur der sozialen Eigenverantwortung.

Es ist offensichtlich, dass die Politik auf die Verfügbarkeit und Verteilung dieser Ressourcen in vielfältiger Weise Einfluss nehmen kann und tatsächlich auch nimmt, und zwar auf allen Ebenen:

So kann z. B. die Kommunalpolitik durch die Gestaltung des Wohnumfelds die selbstorganisierte Problemlösung durch Individuen und Gruppen erleichtern oder erschweren. Sie kann die zivilgesellschaftliche Kooperation fördern, wenn sie bei Planung und Neugestaltung von Wohnquartieren darauf achtet, dass die Kommunikation unter den Bewohnern erleichtert wird, dass es in Mietshäusern Räume gibt, in denen Reparaturarbeiten durchgeführt werden können und eine gemeinsame Kinderbetreuung oder Hausaufgabenhilfe organisiert werden kann. Öffentlich zugängliche Sportanlagen, eine Bibliothek mit benutzerfreundlichen Öffnungszeiten, Räume für Jugendtreffs, Alten- und Internetcafés für Tauschbörsen und andere Vermittlungtätigkeiten, ein auf die Bedürfnisse der Menschen – auch der Kinder und der Alten – abgestimmtes Verkehrssystem, all das kann die Selbstorganisationsfähigkeit und die Selbsthilfekompetenz der Bewohner stärken.

Auf der Länderebene spielt vor allem die Bildungspolitik eine entscheidende Rolle bei der Förderung zivilgesellschaftlicher Aktivitäten und einer Kultur der sozialen Eigenverantwortung, übrigens nicht nur in der Schul- und Hochschulbildung, sondern besonders auch auf dem Feld der Erwachsenen- und Weiterbildung.

Auf der Ebene des Bundes sind Maßnahmen zur Förderung von Familien und familienähnlichen Formen des Zusammenlebens von Erwachsenen mit Kindern von besonderer Bedeutung, aber auch eine aktive Arbeitsmarkt- und Einkommenssicherungspolitik oder ein zeitgemäßes Stiftungsrecht, wie es die Bundesregierung als ersten Schritt kürzlich mit der erheblichen Verbesserung der steuerlichen Rahmenbedingungen auf den Weg gebracht hat.

Dennoch, das eigentliche Bewährungsfeld einer Politik, die sich die Aktivierung der Bürgergesellschaft zum Ziel setzt, ist die Kommune. Hier, im unmittelbaren Lebensumfeld der Menschen werden auch heute noch am häufigsten jene Netze der Kommunikation und der Kooperation geknüpft, die das ausmachen, was man Zivilgesellschaft nennt. Freilich bleiben die Kooperationsbezüge – gerade heute im Zeitalter der digitalen Kommunikation – nicht auf den Nahbereich beschränkt. Mit den modernen Kommunikationsmitteln sind, wie wir an den international operierenden NGO's studieren können, Kooperationsnetzwerke möglich, die sich von Kontinent zu Kontinent über den ganzen Erdball erstrecken.

Die politischen Institutionen der Demokratie, von der kommunalen Ebene über die des Landes oder der Region bis hin zum Nationalstaat und darüber hinaus der Europäischen Union und der UNO, können ohne die Unterstützung durch zivilgesellschaftliche Aktivitäten auf Dauer nicht funktionieren. Aber auch umgekehrt gilt, dass die Selbstorganisationsfähigkeit der Zivilgesellschaft im hohen Maße von politischer Rahmensetzung abhängig ist. Hierbei spielt der gesetzliche Regelungstyp eine herausragende Rolle. Ein Staat, der in seinen Gesetzen, eine Verwaltung, die in ihren Anordnungen nicht nur das zu erreichende Ziel, sondern auch noch die Mittel zur Erreichung des Ziels in allen Details vorschreibt, lässt den Bürgern zu wenig Raum, entsprechend den je unterschiedlichen lokalen und regionalen Bedingungen an der Lösung öffentlicher Probleme mitzuwirken. Würde aber ganz auf eine gesetzliche Regelung verzichtet, wie es von neoliberaler Seite oft gefordert wird, dann kommt es zumeist zu unerträglichen Ungleichheiten bei den Lebenschancen der Bürger und nicht selten auch zu einer Gefährdung der öffentlichen Sicherheit. Eine klare rechtsverbindliche Festlegung der öffentlichen Aufgaben und Ziele bei weit gehender Offenlassung der Mittel und Wege zu ihrer Erfüllung erscheint mir also als die angemessene Vorgehensweise, um die Aktivierung der Bürgergesellschaft zu fördern.

In der Praxis geht die Unterstützung der zivilgesellschaftlichen Kooperation durch den Staat und die Kommunen freilich aus guten Gründen über die bloße Rahmensetzung und infrastrukturelle Vorleistungen hinaus. Die Erfahrung (auch meine eigene als kommunaler Kulturpolitiker in München) zeigt nämlich, dass zivilgesellschaftliche Selbsttätigkeit in vielen Fällen am effektivsten ist, wenn professionelle Leistung und Laienmitwirkung, Selbsthilfe und staatliche bzw. kommunale Leistung sich ergänzen. Viele hervorragende Beispiele von sozialen und kulturellen Initiativen haben sich in den letzten Jahren um Kernbereiche öffentlich verwalteter Dienstleistungen herum gebildet. Allerdings funktionieren solche flexiblen Kooperationen nur dann, wenn die Angehörigen der Verwaltung und des öffentlichen Dienstes den Wert der zivilgesellschaftlichen Selbsttätigkeit begreifen und diese nicht als Bedrohung ihres «Leistungsmonopols» empfinden. Da die beiden Milieus, der öffentliche Dienst und die freien Initiativen, sich anfänglich oft sehr fremd sind, ist es unumgänglich, dass Beamte und Angestellte auf die neuen Aufgaben im Zusammenhang mit der Aktivierung der Zivilgesellschaft speziell vorbereitet werden. Insbesondere dort, wo freie Initiativen, Vereine oder Verbände öffentliche Gelder in Anspruch nehmen, besteht die Gefahr, dass Kontrollauflagen und Abrechnungsmodalitäten die freiwillig Tätigen überfordern oder ihnen ein Maß an bürokratischer Formalisierung und Professionalisierung aufzwingen, das sich nachteilig auf das Engagement der Freiwilligen auswirkt. Natürlich muss über die Verwendung öffentlicher Gelder in einer Demokratie sorgfältig Rechenschaft abgelegt werden. Aber kluge Verwaltungen sollten den damit verbundenen Aufwand nicht allein den freien Initiativen aufbürden, sondern im Gegenteil ihnen bei der unvermeidlichen bürokratischen Arbeit helfend zur Hand gehen.

Der Satz, dass der Staat für die Menschen da sei, und nicht umgekehrt die Menschen für den Staat, ist der richtige Kerngedanke des politischen Liberalismus. Die neoliberalen Marktradikalisten unserer Tage übersehen aber, dass der Einzelne nicht unvermittelt dem Staat gegenübersteht, sondern dass sich zwischen beiden das vielfältige Kooperationsgefüge der Zivilgesellschaft erstreckt, ohne das ein produktiv-demokratisches Verhältnis zwischen Mensch und Staat gar nicht möglich ist. Wenn Margaret Thatcher einmal sagte, dass es so etwas wie «Gesellschaft» gar nicht gebe, so lieferte sie damit einen deutlichen Beleg für die Blindheit der Neoliberalen gegenüber der lebendigen Gesellschaftlichkeit, die in der Vielfalt von Vereinen, Verbänden, Initiativen und informellen Kooperationsgemeinschaften zum Ausdruck kommt und die kein noch so perfekt organisierter Markt simulieren kann.

Ohne diesen Reichtum kooperativer Formen wäre auch die moderne Gesellschaft nicht lebensfähig und gewiss auch nicht lebenswert. Die Vielfalt der Kultur – im weiteren und im engeren Sinne – ruht auf diesem Fundament gesellschaftlicher Selbsttätigkeit. Jeder

Versuch, sie in staatliche Regie zu nehmen oder sie allein als profitable Produktion für den Markt zu organisieren, müsste zwangsläufig zu einer kulturellen Verarmung und zur Erosion der Grundlagen der Demokratie führen. Ohnehin geben sinkende Wahlbeteiligung und verbreitete Staats-, Parteien- und Politikverdrossenheit heute Anlass zur Sorge. Bloße Appelle – das hat sich in den letzten Jahren gezeigt – helfen da nicht. Die Entfremdung zwischen der Politik und dem täglichen Leben der Menschen ist eher noch größer geworden. Ich bin davon überzeugt, dass eine Politik, die auf allen Ebenen die Bedingungen für zivilgesellschaftliche Selbsttätigkeit verbesserte, wesentlich dazu beitragen könnte, die oft – und nicht ganz zu Unrecht – beklagte Kluft zwischen Politik und Leben, wenn nicht zu schließen, so doch zu verringern. Meiner Ansicht nach kann nur die gezielte Aktivierung der Zivilgesellschaft verhindern, dass die Demokratie allmählich an Auszehrung stirbt.

Bürgersinn kann sich immer noch am besten in den konkreten Kooperationszusammenhängen der Zivilgesellschaft herausbilden und stabilisieren. Der *citoyen* braucht Gegenstände, an denen er sich ausprobieren und bewähren kann, und die findet er am ehesten vor der eigenen Haustür, in der Kommune, in den enger und weiter gespannten Netzen der Kooperation mit anderen. Die hier eingeübte Haltung demokratischer Verantwortung und Mitwirkung wird sich, so hoffe ich, in dem Maße auch auf die Fragen der großen Politik übertragen, vielleicht am Ende sogar zu einer wieder wachsenden Wahlbeteiligung und Mitarbeit in den Parteien führen, in dem deutlich wird, dass die kleine Politik der zivilgesellschaftlichen Kooperation und die große Politik des zivilen Staates aufeinander angewiesen sind.

Globalisierung und kulturelle Differenz

I.

Das Verhältnis zwischen Kultur und dem, was unter dem Begriff der Globalisierung subsumiert wird, ist facettenreich und komplex. Ich beschränke mich in diesem Beitrag auf einen – allerdings wesentlichen – Aspekt der Problematik, den der normativen Basis einer zivilen Weltgesellschaft. Nicht zuletzt die Ereignisse des 11. September 2001 haben die keineswegs nur theoretische Relevanz dieser grundsätzlichen Fragestellung unterstrichen.

Die folgenden Überlegungen verstehen sich als programmatische Skizze der Konzeption einer globalen Zivilgesellschaft.[19] Im Hintergrund steht dabei ein, jedenfalls in der Moderne, zentrales Problem der politischen Philosophie: das der Lösung von aus gegensätzlichen Interessen und kulturellen Differenzen erwachsenden Konflikten in einer zivilen – und das heißt insbesondere: gewaltfreien – Weise. Das Problem des Umgangs mit Differenz stellt sich heute insofern im weltweiten Maßstab, als im Prozess einer Globalisierung, die von wirtschaftlichen Interessen wesentlich bestimmt ist, offenkundig in vielen Regionen der Welt das Bedürfnis entstanden ist, sich auf das Lokale und Regionale, auf religiöse Traditionen, auf das je verschieden kulturell verfasste Eigene zurückzuziehen. Diese Entwicklung geht in vielen Weltregionen einher mit einer Abgrenzung gegenüber anderen kollektiven Identitäten und anderen Lebensformen, spezifisch gegen die mit dem Prozess der Globalisierung zumindest äußerlich verknüpfte Lebensform, die weite Teile der westlichen Welt prägt.

---

19 Ausführlicher habe ich diese Konzeption in «Zur Philosophie einer globalen Zivilgesellschaft», Kap. 12 von *Demokratie als Kooperation*, Frankfurt a. M. 1999, entwickelt. Der vorliegende Beitrag stützt sich in wesentlichen Teilen auf die dort entfalteten Überlegungen.

II.

Zunächst zu theoretischen Alternativen der zivilgesellschaftlichen Konzeption. In der politischen Theorie gibt es einen prominenten Ansatz, mit Differenz umzugehen, sei es eine Differenz der Interessen, eine der Kultur oder eine der Lebensform – diese Unterscheidungen markieren lediglich Punkte in einem Spektrum mit fließenden Übergängen. Die Antwort, die Thomas Hobbes auf die Frage des Umgangs mit Differenz gegeben hat (und die bis heute die Diskussion prägt), ist im Kern die, dass es Aufgabe des Staates ist, eine Eskalation der Differenzen zu Gewalt zu verhindern. Der Souverän löst diese Aufgabe, indem er denjenigen, die bestimmte Regeln brechen und dadurch die Stabilität des gesellschaftlichen Gefüges gefährden, mit Sanktionen droht. Der Hobbessche Leviathan verfügt dabei über unbegrenzte Sanktionsmöglichkeiten, er ist nicht an moralische Grenzen gebunden. Ich beschränke mich auf zwei kritische Anmerkungen zu diesem Ansatz.

Zum einen läuft die Drohung mit Sanktionen in einem fanatisierten Umfeld ins Leere. Akteure, die bereit sind, ihr eigenes Leben der Erreichung bestimmter ideologischer Ziele zu opfern, sind durch die Hobbessche Strategie der Befriedung nicht zu bezwingen. Zum anderen ist offenkundig, dass wir auf der globalen Ebene nur relativ schwache Institutionen haben, die Fanatismus und Gewalt nur begrenzt eindämmen können, trotz zum Teil sehr komplexer Sicherheitssysteme. Eine entgegengesetzte Variante politischen Denkens setzt darauf, dass es eine Gemeinschaft der Bürgerinnen und Bürger gibt, die durch konvergierende Wertorientierungen zusammengehalten wird. Ein Gemeinwille eint dieser – maßgeblich von Rousseau geprägten – Denkweise zufolge die *citoyens*. Die Grundidee besteht darin, dass die Differenzen der Privatpersonen im Bürgerstatus eingeebnet werden. Staatliche Sanktionen kommen hinzu, aber sie stützen letztlich nur einen tieferen normativen Konsens. Problematisch ist dieser Ansatz nicht zuletzt deswegen, weil er, ganz im Sinne konventioneller Konzeptionen der Nationalstaatsbildung, auf kulturelle Angleichung und Homogenität zielt. Angesichts der gegenwärtigen weltpolitischen Konstellation lässt ihn dieses Merkmal wenig attraktiv erscheinen. Weder im internationalen Maßstab noch im Inneren einer multikulturellen Gesellschaft

gibt es den umfassenden Gemeinwillen, von dem die Konzeption
ausgeht. Die Vision einer globalen Kultur, die auf der Vereinheitlichung von Weltanschauungen, regionalen kulturellen Prägungen
und Lebensformen fußen würde, scheint ebenso wenig wünschenswert wie realisierbar.

III.

In Abgrenzung zu den skizzierten Ansätzen plädiere ich für eine zivilgesellschaftliche Perspektive. Ich verstehe darunter eine Konzeption, die den von Hobbes als Zustand potenzieller permanenter Gewalt beschriebenen Naturzustand durch ein stabiles und von einem
normativen Konsens getragenes Kooperationsgefüge überwindet.
Zur Stabilisierung dieses Gefüges bedarf es staatlicher und supra-
staatlicher Institutionen. Die Friedenssicherung im Sinne eines *status
civilis*, in dem Konflikte unterhalb der Schwelle der Gewaltanwen-
dung moderiert werden, resultiert jedoch nicht aus der Etablierung
einer zentralen Herrschaftsgewalt, sondern basiert auf wechselseitig
akzeptierten Regeln des Konfliktaustrags, auf der Anerkennung
staatlicher und rechtlicher Kompetenzen und auf der Rücksichtnahme auf kulturelle Differenzen. Dem staatlichen Gewaltmonopol
kommt dabei die Rolle einer *ultima ratio* zu. Es ist nicht durch die
Konzentration von Gewaltmitteln konstituiert, sondern durch eine
hinreichende Konformität des Verhaltens der Bürgerinnen und Bürger mit einer im Ganzen legitimen Struktur demokratischer Institutionen. Der dem zivilgesellschaftlichen Kooperationsgefüge zugrunde liegende normative Konsens ist ein minimaler in dem Sinne,
dass sich – bei aller Diversität – aus den moralischen Überzeugungen der Individuen ein gemeinsamer Kern rekonstruieren lässt.
John Rawls hat in diesem Zusammenhang den Begriff *overlapping
consensus* geprägt. Der gemeinsame Kern umfasst basale, aber allgemein gültige normative Prinzipien und Regeln. Ein so verstandener
normativer Minimalkonsens beruht auf einem Ethos der Toleranz
und des Respekts – Respekt für die Integrität und Autonomie anderer Personen, für ihre existenziellen Bindungen, für ihre Lebensform. Dieses Ethos trägt die abstrakten universellen Prinzipien. Die
Menschenrechte als zentrales Paradigma und andere Prinzipien, die
hinzutreten, bauen auf ihm auf. Dieser Ansatz steht in der kontrak-

tualistischen Tradition der politischen Ethik. Man kann die konsen-
suale Einigung auf einen normativen Kernbestand als Fairnessvertrag – d. h. als Verfahren der Wahl von Regeln und Prinzipien unter
fairen Bedingungen – interpretieren. Der Aspekt der Fairness findet
insofern Berücksichtigung, als alle Beteiligten von Differenzen der
Interessen und der kulturellen Prägung abstrahieren. Das Modell
eines fiktiven Fairnessvertrages bekommt normative Relevanz allerdings erst dann, wenn es die moralische Motivation realer Akteure
unter realen Bedingungen idealtypisch rekonstruiert: Jede einzelne
Person weiß um die Konflikte zwischen ihren subjektiven Zielen
und den Zielen anderer, sie weiß auch um weltanschauliche und
moralische Differenzen. Sie sieht sich jedoch zugleich als Teil eines
gesellschaftlichen Kooperationsgefüges. Sie wünscht sich ein Leben,
das über alle Differenzen hinweg durch vertrauenswürdige Zusammenarbeit, wechselseitig erwünschte gemeinsame Projekte, durch
Anerkennung der Eigenheiten und Zurückhaltung bei Konflikten
geprägt ist. Sie wünscht sich daher, dass Konflikte nur in den Grenzen ausgetragen werden, die vereinbar sind mit der Aufrechterhaltung bzw. der Entwicklung fairer gesellschaftlicher Kooperation. In
der Beurteilung der Regeln ist sie gezwungen, vom eigenen subjektiven Standpunkt, von der je eigenen Lebensform zu abstrahieren. Kooperation verlangt nach diesem Verständnis nicht die Einebnung von Differenzen, sondern nur die Einschränkung von
Handlungsoptionen durch akzeptierte Regeln.

IV.

Nun reicht ein faires Regelsystem für sich genommen nicht aus, um
ein stabiles zivilgesellschaftliches Kooperationsgefüge zu ermöglichen. Es bedarf der Stützung durch Institutionen, die Regelverstöße
sanktionieren können. Die institutionelle Stützung der zivilgesellschaftlichen Ordnung beschränkt sich bis dato weitgehend auf den
nationalstaatlichen Rahmen. Insbesondere im Bereich des staatlichen
Handelns auf internationaler Ebene ist eine institutionelle Ordnung
nur schwach ausgeprägt. In diesem Bereich existieren zwar (rudi-
mentäre) Rechtsnormen, denen jedoch keine allgemein akzeptierten
Sanktionsmöglichkeiten korrespondieren. Vor diesem Hintergrund
verweisen insbesondere von Hobbes inspirierte Kritiker gern auf

das Argument der Instabilität einer auf bloßer Moral beruhenden gesellschaftlichen Kooperation. Ist die Perspektive der Zivilgesellschaft nicht, zumindest im globalen Rahmen, ein wenig realistisches, im schlechten Sinne akademisches Konstrukt?

Ich möchte diesem Einwand zunächst mit einem Hinweis auf den Erfolg der Demokratiebewegungen in fast allen Teilen der Welt begegnen. Zum ersten Mal in der Geschichte der Menschheit lebt eine Mehrheit in Demokratien. Demokratisierung bildet den Nukleus einer globalen Zivilgesellschaft – auch deshalb, weil die historische Erfahrung zeigt, dass es zwischen demokratisch verfassten Staaten noch nie oder jedenfalls sehr selten (je nach den Kriterien für demokratische Verfasstheit) kriegerische Auseinandersetzungen gegeben hat. Die zivilisierende Leistung der einzelstaatlichen Demokratisierung kann nur als moralisches Phänomen adäquat verstanden werden. Für demokratische Ordnungen sind bestimmte gemeinsam akzeptierte Regeln, wie sie etwa in den Verfassungen kodifiziert sind, konstitutiv. Diese Regeln legen Verfahren der Entscheidungsfindung fest, die ungeachtet der Differenzen politische Handlungsfähigkeit sicherstellen. Demokratische Rechtsordnungen beruhen auf wechselseitigem Respekt und der Anerkennung von Kooperationsprinzipien, die auch dann zu beachten sind, wenn dies den eigenen Interessen zuwiderläuft. Die für demokratische Ordnungen konstitutiven moralischen Regeln verlangen die Bereitschaft der Bürgerinnen und Bürger, ihr eigenes Handeln der Supervision durch einen universellen moralischen Standpunkt zu unterziehen. Dieser moralische Standpunkt lässt sich – bildlich gesprochen – nicht innerhalb nationalstaatlicher Grenzen halten. Da er auch innerhalb einer Gesellschaft Differierendes und Fremdes über gemeinsame Regeln zu integrieren gelernt hat, wird er alles umfassen, was geeignet erscheint, Teil eines fairen Kooperationsgefüges zu sein oder zu werden. Nicht-demokratisch verfasste politische Ordnungen sind von daher eine potenzielle Bedrohung, die nicht in das Modell des fairen Vertrages einbezogen werden können. Darin, in der politischen Wirksamkeit moralischer Überzeugungen, in der gesellschaftlichen und politischen Macht des moralischen Standpunktes, ist die Erklärung des Doyleschen Gesetzes zu suchen.[20]

20 Vgl.: M. W. Doyle, «Liberalism and World Politics», in: *American Political Science Review* 80/1986, S. 1151–1163, der alle kriegerischen Konflikte seit 1800 auf die Betei-

V.

Dennoch stellt die weit gehende institutionelle Ungebundenheit der Akteure im Bereich internationaler Beziehungen eine Gefährdung einer globalen Zivilgesellschaft dar. Die institutionelle Stützung durch Rechtsnormen, deren Durchsetzung in Form eines normativ eingefassten Gewaltmonopols hinreichend gesichert ist, erscheint unverzichtbar. Grundlegender ist in diesem Zusammenhang aber der Aspekt der Gerechtigkeit, der durch den Fairnessvertrag operationalisiert wird. Der Gerechtigkeitssinn ist eng an den universellen moralischen Standpunkt gekoppelt. Wenn er auch zunächst eine erklärende Funktion für das notwendige Maß an Konformität mit den für eine Zivilgesellschaft konstitutiven moralischen und institutionellen Regeln darstellt, so können die Kriterien, nach denen diese Regeln als gerecht beurteilt werden, doch nicht auf den subjektiven Standpunkt, auf eine spezifische Lebensform, bestimmte Werthaltungen und kulturelle Bindungen bezogen sein. Gerechtigkeit motiviert je individuell zur Konformität, aber ihre Beurteilung setzt voraus, dass die einzelne Person sich vom eigenen Standpunkt distanziert.

Daraus ergibt sich ein grundlegendes Problem für eine nationalstaatlich parzellierte globale Zivilgesellschaft. Eine je intern demokratisch strukturierte, auf hinreichend gerechten Institutionen beruhende zivilgesellschaftliche Ordnung kann das Gesamt des globalen Kooperationsgefüges nur tragen, wenn zwischen diesen zivilgesellschaftlichen Parzellen eine übergreifende Struktur moralischer und institutioneller Regeln etabliert ist, die einem nationenübergreifenden Gerechtigkeitssinn entsprechen. Ein konsequent zu Ende gedachter Fairnessvertrag kann nur umfassend, und das heißt global sein.

Nationalstaatliche Grenzen sind vor diesem Hintergrund nur pragmatisch gerechtfertigt. Kooperation muss auch über die staatlichen Grenzen hinaus politisch flankiert werden und dies erfordert den schrittweisen Aufbau demokratischer supranationaler Institutionen. Die herkömmliche staatliche Souveränitätslehre, die auf zwi-

ligung demokratischer Staaten überprüft hat und das erstaunliche Phänomen aufdeckte, dass zwischen demokratischen Staaten (so gut wie) keine Kriege stattgefunden haben.

schenstaatlicher Ebene ein anarchisches Interaktionsmodell fest-
schreibt, ist mit dieser Konzeption unvereinbar.

VI.

Die skizzierte Perspektive einer globalen Zivilgesellschaft ist eine
Variante des ethischen Kosmopolitismus, nicht des Eurozentrismus.
Es gibt gewichtige Belege dafür, dass ihre Fundamente – ein normativer Minimalkonsens und ein Ethos der Toleranz und des Respekts
– nicht lediglich ein Spezifikum der europäisch-westlichen Kultur
sind. Diese Fundamente sind hinreichend neutral, um mit einer
Vielfalt von Lebensformen, existenziellen Bindungen und kulturellen Prägungen vereinbar zu sein. Die zivilgesellschaftliche Perspektive umreißt ein Programm der Inklusion, nicht eines der kulturellen Nivellierung.

Die offene Gesellschaft und ihre Feinde*

I.

«Die offene Gesellschaft und ihre Feinde» hatte Karl Popper seine polemische Auseinandersetzung mit Platon, Hegel und Marx überschrieben, die er verantwortlich machte für fatale Entwicklungen des politischen Denkens, insbesondere des Marxismus. Die Analysen Poppers haben reichlich Kritik erfahren – wissenschaftliche Kritik und – vor allem von Seiten der Linken – politische, die das Poppersche Verständnis einer offenen Gesellschaft als bourgeoise Ideologie brandmarkte.

Als es spätestens seit 1989 darum ging zu erklären, wie die kommunistischen Regimes des sowjetischen Einflussbereiches so unerwartet kollabieren konnten, reanimierte die westliche intellektuelle Linke den Begriff der Zivilgesellschaft, um das zentrale Versagen der real-sozialistischen Regimes zu charakterisieren. Eine Rehabilitierung Poppers hat es – verständlicherweise, wenn man die Polemiken und wechselseitigen Missverständnisse in Erinnerung hat – nicht gegeben. Ich war damals der Überzeugung, dass Popper hier Unrecht geschehen sei, und ich bin heute noch dieser Auffassung. Die traditionelle Opposition rechten politischen Denkens gegen die Substanz einer freiheitlichen Gesellschaft hatte ein merkwürdiges Pendant im linken politischen Spektrum.

Diese Opposition hatte und hat ihre stärksten Momente in der Kritik am Markt als Ordnungsmodell, aber sie übersieht den unaufgebbaren Kern des politischen und philosophischen Liberalismus: den Respekt vor jeder einzelnen Person, vor der je individuell und möglichst autonom gewählten Lebensform. Die offene Gesellschaft, gleiches Wahlrecht, demokratische Kontrolle politischer Macht, Verpflichtung zum sozialen Ausgleich und Rechtsstaatlichkeit scheinen mir direkte Konsequenzen dieser normativen Grundorientie-

* *Mosse-Lectures* der Humboldt-Universität, Berlin, November 2001.

rung zu sein. Der freie, von Gewinn- und Konsuminteressen gestaltete Markt ist nicht die Essenz einer offenen Gesellschaft, sondern kann zu seiner Bedrohung werden. Nur ein politisch kontrollierter freier Markt ist mit dem Respekt vor der je individuellen menschlichen Würde vereinbar. Die Kritik der offenen Gesellschaft geht über die Kritik des Marktes weit hinaus, und die Verteidigung der offenen Gesellschaft mündet nicht in eine Apologie des entfesselten globalen Marktes.

Der Terror des 11. September ist ein Anschlag auf die offene Gesellschaft. Aber die offene Gesellschaft darf nicht mit dem *american way of life*, darf auch nicht mit dem globalen Markt, ja nicht einmal mit christlich-abendländischer Kultur identifiziert werden. Die offene Gesellschaft ist die Grundlage einer zivilen Ordnung des menschlichen Zusammenlebens und in ihrem Mittelpunkt steht ein humanistisches Ethos des Respekts und der Toleranz. Der 11. September ist kein Menetekel des Konfliktes zwischen Erster und Dritter Welt, zwischen Christentum und Islam, zwischen Westen und Osten. Der 11. September hat nicht nur unendliches Leid für die Opfer und ihre Angehörigen gebracht, sondern er hat deutlich werden lassen, über welche materiellen, emotionalen und politischen Ressourcen diejenigen Gruppierungen verfügen, die aus einer islamistisch verbrämten Ideologie heraus die offene Gesellschaft hassen. Hier geht es mir allerdings nicht um eine Interpretation des 11. September und seiner Folgen – so wichtig dies ist, da die Interpretation auch die Optionen der politischen Praxis entscheidend beeinflussen wird. Vielmehr möchte ich im Folgenden den Versuch unternehmen zu klären, was den normativen Kern der offenen Gesellschaft ausmacht.

II.

Meine These ist, dass eine spezifische Form von Toleranz, die ich als «Toleranz als Respekt» bezeichnen möchte, den normativen Kern einer offenen Gesellschaft bildet. Bevor ich diese These näher begründe, möchte ich fünf Strukturelemente der offenen Gesellschaft benennen.

Das erste Strukturelement ist das des normativen Universalismus. Es gibt allgemeingültige ethische Prinzipien, die verbindlich und mit einer Vielfalt kultureller Prägungen vereinbar sind. Nur auf der Grundlage universalistischer ethischer Regeln kann eine offene Weltgesellschaft entstehen.

Das zweite Strukturelement ist das des Individualismus, der beinhaltet, dass Personen nicht erst qua Gruppenzugehörigkeit zählen. Die Rede von «kollektiven Identitäten» bzw. «kollektivem Handeln» hat nur einen metaphorischen Stellenwert. Individualismus ist zunächst ein erkenntnistheoretisches Prinzip, hat aber auch normative Konsequenzen: Die Legitimität kollektiven und institutionellen Handelns wird ausschließlich von einzelnen Individuen hergeleitet.

Das dritte Strukturelement einer offenen Gesellschaft ist eine begründungsorientierte politische Praxis. Eine Politik, die Gründe anführt, muss von ihrer Intention her den partikularen Standpunkt verlassen. Strategische Interessen – ob nun persönlich oder parteipolitisch motiviert – sind für sich genommen ungeeignet, um gute Gründe zu bestimmen. Wer genuine Gründe benennt, legt sich auf Werturteile fest und vertritt diese gegenüber kritischen Einwänden. Diese Einwände werden nicht dadurch richtig, dass sie Mehrheiten gewinnen, und sie werden nicht dadurch falsch, dass sie sich in der politischen Meinungsbildung nicht behaupten. Die Demokratie bietet ein Verfahren der Entscheidungsfindung im Rahmen der Verfassung, der Gesetze und der Institutionen an, das Handeln auch bei Dissens erlaubt und den gesellschaftlichen Frieden bewahrt. Abstimmungen entscheiden jedoch keine Wahrheitsfragen.

Das vierte Strukturelement hängt mit dem Dritten eng zusammen, es ist die für eine offene Gesellschaft unverzichtbare politische und kulturelle Öffentlichkeit. Begründungen richten sich grundsätzlich an alle, die Zweifel vorbringen oder vorbringen könnten. Der politische Diskurs in einer offenen Gesellschaft ist öffentlich und muss entsprechend von einer Kultur des öffentlichen Argumentierens getragen werden. Ohne kulturelle Gemeinsamkeiten, die diese Öffentlichkeit erst ermöglichen – und dazu gehört zum Beispiel ein gemeinsames Medium der Verständigung –, ist eine offene Gesellschaft nicht zu realisieren. Ohne den begleitenden Diskurs und ohne die Bereitschaft, sich auf das Sachargument auch dann einzulassen, wenn es den persönlichen oder Parteiinteressen zuwiderläuft, würde das Spannungsverhältnis von objektivem Begründungsanspruch einerseits und pragmatischer Entscheidungsfindung andererseits unerträglich werden. Ohne ein Ethos der Begründung zerbricht das normative Fundament einer demokratischen und zivilen Gesellschaft. Das fünfte Strukturelement ist das der Fallibilität und damit der Kontrolle politischer Programme und institutioneller Arrangements. Sowohl die Wissenschaft als auch die Demokratie beruhen auf der Institutionalisierung von Kritik. In der Wissenschaft ermöglicht Kritik neue Erkenntnisse auf dem Wege der Prüfung von Hypothesen; in einer offenen Gesellschaft ermöglicht sie die Zähmung von Machtansprüchen des Staates und der Religion – auch zu diesem Punkt lohnt es sich, Popper erneut zu lesen.

Ich will es bei der Benennung dieser fünf Strukturelemente einer offenen Gesellschaft bewenden lassen, als Hinweis auf den weiteren Zusammenhang mögen sie vielleicht genügen. Ich interessiere mich im Folgenden für einen zentralen Wert oder – präziser – für diejenige Einstellung, die für eine offene Gesellschaft konstitutiv ist. Es ist eine Einstellung, die menschliche Individuen anderen menschlichen Individuen gegenüber haben bzw. haben sollten und ohne deren weite Verbreitung und tiefe Verankerung in den je individuellen Lebensformen und in der gesellschaftlichen Alltagspraxis keines der genannten Strukturelemente einer offenen Gesellschaft auf Dauer Bestand haben kann.

III.

Stellen wir uns vor, zwei kulturelle Gemeinschaften stünden sich gegenüber und seien weit divergierender Auffassung darüber, was das richtige Leben ausmache, in welcher Weise Institutionen verfasst sein sollten, was gerecht und ungerecht sei. Jedes Mitglied der beiden Gesellschaften ist davon überzeugt, dass die eigenen Auffassungen zutreffen und die abweichenden falsch sind. Dabei geht es ihnen nicht um eine Frage der richtigen Erkenntnis, sondern um eine Frage des richtigen Lebens. Mehr noch: Die Auffassungsunterschiede sind so grundlegend, dass die Mitglieder der einen Gruppe jeweils glauben, dass es auch für die Mitglieder der anderen Gruppe am besten wäre, wenn sie davon überzeugt werden könnten, dass sie irrten. Wenn man sich den Konflikt noch als dadurch verschärft vorstellt, dass beide Gruppen davon überzeugt sind, in göttlichem

Auftrage zu handeln, so beschreibt diese Situation in etwa die Ausgangslage des Dreißigjährigen Krieges im Europa des 17. Jahrhunderts. Im Selbstverständnis der Beteiligten ging es nicht um persönliche oder ökonomische Interessen. Es ging um die Etablierung einer gesellschaftlichen Ordnung, um die Durchsetzung von Lebens- und Gesellschaftsformen, die als Ausfluss religiöser Erkenntnis gedacht waren. Auch nachdem weite Landstriche entvölkert, die soziale und wirtschaftliche Infrastruktur weitgehend zerstört und eine allgemeine Entmenschlichung um sich gegriffen hatte, blieb die Ausgangslage unverändert: Beide Gruppen waren weiterhin von der Richtigkeit der eigenen Auffassungen überzeugt, was zeigt, dass es ihnen um genuin existenzielle Fragen ging. Die einzige Option einer Befriedung lag darin, diese existenziellen Differenzen auszuhalten und den Mitgliedern der jeweils anderen Gruppe soweit mit Respekt zu begegnen, dass eine Koexistenz möglich wurde. Wohlgemerkt: Diese Form der Toleranz ebnete die religiös geprägten kulturellen und kognitiven Unterschiede nicht ein. Man verbaut sich das Verständnis für die kaum zu überschätzende Rolle einer bis dato nicht gekannten Grundhaltung, wenn man sie aus dem Abstand einiger Jahrhunderte zur «modernen» Toleranz des mangelnden Interesses verkleinert. Die Toleranz, die die Beendigung des Dreißigjährigen Krieges möglich machte, domestizierte nicht die tief empfundenen religiösen Gefühle und löste auch nicht die Bindungen und Loyalitäten. Sie trieb vielmehr einen Keil zwischen die kulturellen und religiösen Prägungen auf der einen Seite und die Praxis der Rücksichtslosigkeit im Umgang mit Andersgläubigen auf der anderen Seite. Die normative Revolution bestand nicht darin, das bis dato existenziell Bedeutsame zu relativieren, sondern darin, Regeln des respektvollen Umgangs zu befolgen. Am Beginn der Entwicklung zur offenen Gesellschaft stand eine Haltung des Respekts, die tiefe kulturelle Differenzen auszuhalten gestattete.

IV.

Bleiben wir einen Moment bei den europäischen Lösungen des 17. Jahrhunderts. Einer der bedeutendsten Theoretiker der Befriedung gesellschaftlicher Konflikte ist Thomas Hobbes. Er beginnt –

vor dem Hintergrund der religiös-politischen Auseinandersetzungen seiner Zeit – mit einem in dunklen Tönen gemalten Bild des *status naturalis*. Der Naturzustand zeichnet sich dadurch aus, dass die Individuen versuchen, ihre Interessen durchzusetzen. Aus Hobbes' Sicht ist der Bürgerkrieg die unausweichliche Konsequenz dieser schrankenlosen Konkurrenz. Der Übergang in den *status civilis* wird allein durch die Einsetzung eines starken Souveräns ermöglicht. Für Hobbes hat der Leviathan nur ein Interesse: Die Vermeidung des Bürgerkriegs, denn dieser würde seine eigene Position gefährden. Im Interesse der Stabilität wird der Souverän gewisse Freiräume eröffnen – für den Markt, aber auch religiöse und kulturelle. Insofern ist Toleranz durchaus in der Hobbesschen Denkweise angelegt. Es handelt sich jedoch um eine Form der Toleranz, die auf Indifferenz basiert: Der Souverän ist indifferent gegenüber den moralischen, kulturellen und religiösen Haltungen der Individuen, solange sie privat bleiben, und die Individuen orientieren sich lediglich an Eigennutz und Selbsterhaltung.

Der Hobbessche Ansatz ist attraktiv, weil er auf sparsamen, zumindest *prima facie* realistischen Annahmen beruht. Aber in der Sparsamkeit liegt auch das Problem: Der Souverän gewährt Räume der Toleranz nicht von einem moralischen Standpunkt aus, sondern nur unter dem Gesichtspunkt des eigenen Machterhalts. Das heißt aber: Toleranz bei Hobbes ist nicht genuin, da sie nur unter dem Vorbehalt der politischen Stabilität gewährt wird. Der Hobbessche Souverän kann existenzielle Bindungen nicht anerkennen. Für ein Ethos der Toleranz und der Autonomie lässt die Denkweise Hobbes' keinen Raum.

Die Hobbessche Lösung der Bürgerkriegs- und Toleranzproblematik gilt als «rechte» Variante politischen Denkens. Eine andere Variante erfreut sich in der zeitgenössischen Diskussion größerer Beliebtheit. Politisch gesehen ist sie als «links» und philosophisch gesehen als «relativistisch» einzustufen. Wie Hobbes setzen Anhänger dieser Version beim Problem der Gewährleistung des inneren und äußeren Friedens an. Sie konstatieren ein Spannungsverhältnis zwischen Demokratie und universellen, objektiven normativen Ansprüchen. Normative Wahrheitsansprüche gefährden ihnen zu Folge das friedliche Zusammenleben in einer Demokratie. Dieselben Bedenken werden für die Interaktion zwischen Staaten und Gesellschaften geltend gemacht.

Vertreter der «links-relativistischen» Variante wie Richard Rorty
lösen das von ihnen unterstellte Spannungsverhältnis zu Ungunsten
des normativen Universalismus auf. Der dahinter stehende Gedan-
kengang ist, knapp skizziert, folgender: Es sei offenkundig, dass es
ganz verschiedene Interpretationen des moralisch Richtigen und
Falschen gebe. Dies zeige etwa ein Vergleich von Kulturen und historischen Epochen. Wenn jemand diese Relativität des Moralischen
akzeptiere, werde er in normativen Fragen Toleranz gegenüber abweichenden Positionen walten lassen. Toleranz sei die Kardinaltu-
gend der Demokratie. Es gebe einen Primat der Demokratie vor
universellen normativen Prinzipien, dem man am besten dadurch
gerecht werde, dass man den Glauben an diese Prinzipien aufgebe –
insofern: Toleranz als Indifferenz. Auf die Frage, ob er von der
Richtigkeit eines (beliebigen) moralischen Urteils überzeugt sei,
kann der Relativist im Grunde nur mit einem Achselzucken antworten. Eine Kritik der relativistischen Position kann an mehreren
Punkten ansetzen. Man könnte zeigen, dass der normative Relativis-
mus mit Inkohärenzen behaftet ist – ich werde diese Linie hier nicht
verfolgen. Geltend machen werde ich aber, dass die für das friedliche Zusammenleben in einer Demokratie notwendige Anerkennung
von Differenzen – um die es Rorty und anderen «Linksrelativisten»
primär geht – durchaus mit universellen normativen Ansprüchen
vereinbar ist.

V.

Es gibt in der politischen Philosophie einen Gegenpol zum Verständnis von Toleranz als Indifferenz. Diese Denkrichtung setzt im
Kern darauf, dass es eine Gemeinschaft der Bürgerinnen und Bürger gibt, die durch einheitliche Wertorientierungen zusammengehalten wird, dass es so etwas wie einen Gemeinwillen gibt. Die
Individuen mögen qua Privatpersonen ihre Differenzen austragen,
aber nicht als Bürger eines politischen Gemeinwesens. Vorausgesetzt wird also, dass sich die Bürger an einem gemeinsamen Interesse orientieren. Der Staat tritt unter Umständen hinzu, aber er
unterstützt nur einen tieferen normativen Konsens. Man findet
diese philosophische Richtung in der Antike, beispielsweise bei

Platon und Aristoteles, die sich – auf unterschiedliche Weise – am Ideal der Polis orientieren. In der Neuzeit verdankt diese Sichtweise vor allem Rousseau wesentliche Impulse. Auch viele zeitgenössische Vorschläge speisen sich aus dieser Tradition, z. B. von Alasdair MacIntyre. Toleranz ist hier gewissermaßen Ausfluss eines tieferen normativen Konsenses. Möglich ist sie nur vor dem Hintergrund eines hohen Maßes an geteilten Einstellungen. Deswegen kann man diese Position als «empathische Toleranz» bezeichnen: Sie setzt voraus, dass wir uns weitgehend in das je andere Individuum hineinversetzen. Ein zentrales Problem dieser Strömung – hier würde ich sogar mit Relativisten wie Rorty übereinstimmen – besteht darin, dass er auf die Einebnung von Differenzen zielt, auf kulturelle Homogenität und Assimilation. Konventionelle Konzeptionen der Nationalstaatsbildung sind zum Beispiel genau darauf ausgerichtet. Dass aus der Perspektive dieses Ansatzes Toleranz nur um den Preis eines hohen Maßes an Übereinstimmung zu haben ist, lässt ihn auch mit Blick auf die derzeitige weltpolitische Situation wenig attraktiv erscheinen. Es gibt weder im globalen Maßstab noch im Inneren einer multikulturellen Gesellschaft den Gemeinwillen im umfassenden Sinn, den die Konzeption voraussetzt.

Ähnlich wie die Richtung, die Toleranz als Indifferenz versteht (bzw. missversteht), umfasst der an Empathie orientierte Ansatz politisch gesehen ein breites Spektrum. Konservative Varianten zielen auf Einebnung und Assimilation, zeitgenössische linksromantische Versionen dagegen auf ein Nebeneinander möglichst authentischer Kulturen, impliziter auf gesellschaftliche Segregation unter den Vorzeichen des Multikulturalismus. Beide Richtungen unterliegen aber demselben Irrtum, indem sie davon ausgehen, dass das friedliche Zusammenleben in einer Gesellschaft von einer kollektiven Identität abhängig sei. Auch die linksromantische Variante hat keine Antwort auf die Frage der Toleranz, jedenfalls dann nicht, wenn die Frage auf den toleranten Umgang zwischen kulturell homogenen *communities* zielt. Was verbindet diese *communities* in einer Weise, die es ihren Mitgliedern erlaubt, über kulturelle Grenzen hinweg tolerant miteinander umzugehen?

VI.

Die politischen Debatten – implizit in den Parlamenten und den Medien, expliziter in der politischen Philosophie – orientieren sich weitgehend an diesen gegensätzlichen Polen: Toleranz als Indifferenz versus Toleranz im empathischen Sinne. Toleranz als Indifferenz verlangt, dass sich das, was ich als existenzielle Prägungen bezeichnet habe, auflösen oder zumindest privatisieren lässt. Das Projekt der Säkularisierung würde damit radikalisiert, um am Ende lediglich domestizierte Wirtschaftssubjekte übrig zu lassen, die sich auf dem Markt als Anbieter und Nachfrager begegnen. Ich bezweifle, dass das wünschenswert ist, sicher scheint mir: Diese Vision ist unrealistisch. Das Gefühl, ein sinnvolles Leben zu leben, verlangt mehr als die leidenschaftslose Verfolgung privater Interessen. Das Vakuum, das eine auf diese Weise befriedete Gesellschaft hinterließe, würde gefüllt und fanatische Gruppierungen bekämen Auftrieb. Mit anderen Worten: Selbst unter der kontrafaktischen Annahme, dass sich die Vision einer befriedeten Gesellschaft auf der Basis von Toleranz als Indifferenz realisieren ließe, wäre das Ergebnis instabil. Dies spricht aber gegen die politische Vision selbst. Und auch die zweite politische Vision, die auf einem Verständnis von Toleranz auf der Basis von Empathie gründet, kann, wie wir gesehen haben, in beiden Varianten – der konventionellen der homogenen Gesellschaft und der zeitgenössischen «multikulturalistisch-romantischen» nicht überzeugen. Es gibt jedoch ein drittes Verständnis von Toleranz als normativer Grundhaltung in einer offenen Gesellschaft. Die notwendige Grundhaltung ist die der Toleranz aus Respekt. Sie ermöglicht erst eine stabile offene und zivile Gesellschaft, daher kann man auch von einem zivilgesellschaftlichen Verständnis von Toleranz sprechen. Die Zivilgesellschaft gründet auf Kooperation, wie ich an anderer Stelle ausführlicher dargelegt habe.[21] Kooperation verlangt, wenn sie langfristig über Differenzen hinweg stabil sein soll, dass alle die Interessen und kulturellen Prägungen anderer respektieren. Ein gewisses Maß an Empathie und interkultureller Verständigung ist wünschenswert, aber Toleranz als

---

21 Vgl.: Julian Nida-Rümelin: *Demokratie als Kooperation*, Frankfurt am Main 1999.

Respekt verlangt weniger Mitgefühl als die Bereitschaft, sich auf
diejenigen Regeln zu verständigen, die für die Beteiligten über alle
Differenzen der Interessen und der kulturellen Prägung hinweg akzeptabel sind. Bildlich gesprochen kann man sich hier – mit John
Rawls – einen *overlapping consensus* vorstellen, der den verschiedenen
kulturellen Gruppierungen gemeinsam ist. Die Verständigung auf
universell gültigen Grundregeln aus einer Haltung der Toleranz als
Respekt heraus stellt für die existenziellen Prägungen eine Herausforderung dar. Diese Prägungen, die ja tief in den privaten Lebensformen und alltäglichen Kooperations- und Verständigungsformen
verankert sind, müssen mit jenen universellen Regeln vereinbar
sein, und wo dies nicht der Fall ist, geht es um eine entsprechende
wechselseitige Anpassung. Eine vollständige Harmonie wird sich da
nie herstellen lassen. Im Verständnis der Toleranz als Respekt ist ein
Spannungsverhältnis angelegt, das aber ausgehalten werden muss,
um eine offene und zivile Weltgesellschaft zu ermöglichen. Die
Grundidee besteht darin, dass sich aus den in vielerlei Hinsicht dif-
ferierenden moralischen Überzeugungen der Bürgerinnen und Bürger ein gemeinsamer Kern rekonstruieren lässt. Aus der Systematisierung ergeben sich minimale, aber allgemein gültige normative
Prinzipien. Dieser Ansatz ist nicht zuletzt deswegen so attraktiv,
weil er unterhalb der Schwelle allgemeiner Prinzipien Raum lässt
für Lösungen spezifischer moralischer Fragen. Die Konzeption erlaubt daher die Anerkennung von Differenzen. Universelle normative Ansprüche sind mit einer Pluralität von Lebensformen vereinbar
– entgegen der Sichtweise postmoderner Relativisten wie Rorty und
auch entgegen der Auffassung, die ich als «empathische Toleranz»
charakterisiert habe. Der normative Minimalkonsens, wie ich ihn
verstehe, beruht auf einem Ethos des Respekts – Respekt für den je
individuellen Lebensentwurf, für die Autonomie und Integrität anderer Personen, für ihre existenziellen Bindungen. Dieser Kern
trägt die abstrakten universellen Prinzipien. Menschenrechte, die
ein zentrales Paradigma bilden, und andere normative Prinzipien,
die hinzutreten, bauen auf der fundamentalen Haltung des Respekts
auf. Die Haltung der Toleranz aus Respekt ist die Basis einer human
verfassten Gesellschaft.

Vierter Teil

INTERVIEW MIT
ULF POSCHARDT

Authentizität und Präzision.
Julian Nida-Rümelin im Gespräch
mit Ulf Poschardt[*]

Ulf Poschardt: «Das Ich ist kein Gegenstand», heißt es bei einem Ihrer Lieblingsphilosophen, Ludwig Wittgenstein. Sie haben aus Ihrem familiären Hintergrund, einer Münchner Künstlerfamilie entstammend, nie einen Hehl gemacht. Wie wichtig ist die Biographie für die Authentizität und Präzision des Denkens?

Julian Nida-Rümelin: Wittgenstein hat Recht: Über das Ich kann man nicht reden wie über gewöhnliche Gegenstände; es ist weder anderen, noch einem selbst direkt zugänglich. Einzelne Aspekte des Ich mögen einem selbst und anderen gelegentlich klar werden, aber in seiner Gesamtheit bleibt es ein Rätsel, wenn es denn überhaupt sinnvoll ist, von dem *einen* Ich zu sprechen. Eigenschaften, die sich über eine längere Zeit durchhalten und die eine wichtige Rolle spielen, um eine Person, ihr Urteilen und Handeln zu verstehen, sehen wir als Persönlichkeitsmerkmale an. Und je älter man wird, ich bin jetzt 48 Jahre alt, desto weniger haben neue Lebensbedingungen einen prägenden Einfluss auf die Persönlichkeit. Dennoch bleibt die Freiheit, sein Leben zu gestalten, wir exekutieren nicht lediglich unsere Anlagen und frühen Prägungen. Aber das, was einen in der Kindheit und Jugend umgab, begleitet einen in späteren Phasen des Lebens, darunter auch vieles, was man nicht oder falsch erinnert. Bei manchen Prägungen bleiben uns die Ursachen für immer verborgen. Der Schleier reißt im Leben manchmal auf, besonders in Zeiten des Umbruchs, und gibt einen klaren Blick auch auf ferne Erinnerungen frei.

Sie erleben gerade Zeiten des Umbruchs: raus aus der Politik und dem Kanzleramt, Rückkehr an den Philosophielehrstuhl in Göttingen und in die Wohnung nach München. Der Blick für ferne Erinnerungen müsste demnach günstig sein.

---

[*] Das Gespräch wurde in mehreren Etappen Anfang 2003 geführt.

Ja, in der Tat. Nach fast fünf Jahren Politik in München und Berlin – eine meist ziemlich rastlose Zeit – komme ich jetzt dazu, Luft zu holen, Dinge zu ordnen, auch im Kopf. Nach dem Umzug nach München habe ich Tage damit zugebracht, meinen Speicher auszuräumen und mich von vielen Metern angesammelten Erinnerungen zu trennen. Das führt zurück, auch in die eigene Kindheit. Wir – meine zwei Jahre jüngere Schwester und ich – sind unter Bedingungen groß geworden, die uns völlig normal vorkamen; erst mit der Zeit wurde uns klar, dass sie ziemlich ungewöhnlich waren. Wir sind in einem Künstlerhaus aufgewachsen, das letzte der vier bedeutenden Münchner Künstlerhäuser aus der Zeit der Münchner «Künstlerfürsten» mit großbürgerlichem bis feudalem Lebensstil, einflussreicher Persönlichkeiten des öffentlichen Lebens ihrer Zeit. Adolf von Hildebrand hatte es übernommen, den großen Wittelsbacher Brunnen am Lenbachplatz in München zu schaffen und siedelte zu diesem Zweck aus der Nähe von Florenz nach München um. Er baute dort eine Villa im Jugendstil mit einem Ateliertrakt (Portrait-, Entwurfs- und Ausführungsatelier) für sich und weitere Ateliers für seine ebenfalls künstlerisch tätigen Töchter an der Maria-Theresiastraße in der Nähe des Friedensengels am Rand der Isaranlagen. Die Idee war, an diesem Ort Leben, Natur und Kunst zu verbinden, wie es in anderer, politischerer Weise etwa auch Heinrich Vogeler und sein Worpsweder Künstlerkreis und viele andere in dieser geistig so lebhaften Zeit um und nach der Jahrhundertwende getan haben. Dieses Haus wurde durch den Sohn Dietrich von Hildebrand, der zum Katholizismus konvertierte, zeitweise zu einem Treffpunkt katholischer Intellektueller und phänomenologischer Philosophen. Die Villa blieb jedoch primär Künstlerhaus. Mein Großvater Prof. Wilhelm Nida-Rümelin, Freskomaler und Bildhauer, geb. 1876, hatte schon vor dem Krieg im früheren Ausführungsatelier Hildebrands gearbeitet, das mein Vater, geb. 1910, ebenfalls Bildhauer, dann nach dem Krieg übernahm. Sein eigenes in der Georgenstraße war ausgebombt. Ich wurde dort im November 1954 geboren, meine Schwester folgte im Juni 1957. Wir lebten im Hildebrandhaus in einer kleinen Zwei-Zimmer-Wohnung, die mein Vater aus Holz in das große (12 × 12 m) und hohe (8 m) Atelier eigenhändig eingebaut hatte. Die Wohnung stand auf Holzstelzen im Atelier.

Das klingt aus heutiger Sicht, als wären Sie in einer Installation groß geworden.

Nicht gerade in einer Installation, aber mitten in einem Künstleratelier. Die Treppe zur Wohnung musste abgenommen werden, wenn schwere Plastiken auf Schienen aus dem Atelier befördert wurden. Vom Schlafzimmer konnten wir dem Vater beim Arbeiten zusehen. In der Umgebung waren nur wenige Familien mit Kindern. Konsulate, Kanzleien, vornehme Büros prägten zunehmend die unmittelbare Umgebung. Wir fühlten uns dennoch in dieser Enklave wohl. Der Englische Garten (genauer die Isaranlagen) begannen auf der anderen Straßenseite.

Muss oder kann man sich das idyllisch vorstellen?

«Idyllisch» ist das falsche Wort. Steinarbeiten an Reliefs etwa machen Lärm und Staub. Mein Vater wusste oft nicht, ob er rechtzeitig einen neuen Auftrag erhalten würde. Aber wir beiden Geschwister waren uns stundenlang genug. Unterhielten uns halbe Tage und versponnen uns dabei in eine eigene Welt. Meine Schwester erinnert sich noch besser als ich an die Themen. In meinem Vater hatten wir jedenfalls einen geduldigen Erklärer unserer mehr oder weniger tiefschürfenden Fragen. Anders als viele bildenden Künstler war er ein intellektueller Kopf: er liebte das rationale Argument, war ein scharfzüngiger, manchmal verletzender Diskutierer, rational, mit Kritik an den klerikalen Autoritäten, liberal, und nach den Erfahrungen der Nazi-Zeit skeptisch gegenüber großem Pathos, auch in der Kunst. Diese sollte sich von ihrer expressionistischen Attitüde lösen, wieder bescheiden werden, Handwerk und Kunst, Architektur und Kunst sollten wieder enger zusammenwirken. Trotz einiger seltener Ausflüge in die Abstraktion richtete er sich nach den meist realistisch-figürlichen Erwartungen seiner Auftraggeber, aber in einer strengen, einfachen, charakterisierenden, nicht imitierenden Formensprache.

Und Ihre Mutter?

Meine Mutter arbeitete zunächst als Bibliothekarin, später als Koordinatorin des Forschungsinstituts im Deutschen Museum. Dies empfand sie jahrzehntelang als ihre große Aufgabe, voller Respekt für die Wissenschaft, die sie dort allerdings auch in all ihren Eitelkeiten und intriganten Neigungen kennen lernte. Mein Vater hatte mit Kunstaufträgen für den öffentlichen Raum meist viel zu tun. Materiell lebten wir ziemlich bescheiden. Ich habe aber im Rückblick die ersten fünfzehn Jahre meines Lebens im Hildebrand-haus wie ein Paradies empfunden und es fiel mir jahrelang schwer dort vorbeizugehen, nachdem wir ausgezogen waren. Als die neue Eigentümerin des Künstlerhauses, die Evangelische Landeskirche, aus ihrem Vermächtnis Geld machen wollte und es in der beginnenden Boomphase des Immobilienmarktes verkaufte, begann ein auch mit politischen Mitteln geführter Kampf, in dem es vordergründig um Fragen des Denkmalschutzes und der kulturellen Erinnerung ging, für die betroffenen Künstlerinnen und Künstler und ihre Familien aber auch um die eigene berufliche Existenz. Der Denkmalschutz siegte, zunächst unter Berufung auf ein altes Gesetz aus Nazi-Zeiten, dann gestützt auf das neue Bayerische Denkmalschutzgesetz von 1973, bei dessen Abfassung die Geschicke des Hildebrandhauses eine Rolle spielten. Das Haus gehört heute der Stadt München, die in den Ateliers und Wohnungen eine Bibliothek, die Monacensia, untergebracht hat; idyllisch gelegen ist es ein Treffpunkt von Literatur- und München-Begeisterten geworden.

War diese politische Auseinandersetzung um das Gehäuse Ihrer Kindheit eine Art kulturpolitisches Erweckungserlebnis?

Ja, das kann man so sagen. Bedenklich an dem gesamten, sich insgesamt über sechs Jahre hinziehenden Konflikt war nicht so sehr, dass Stadträte und städtische Beamte in Kunstdingen oft nicht den nötigen Sachverstand mitbringen – wie sollten sie auch über alles informiert sein –, sondern wie schwer es ist, sachlich zutreffende Argumente politisch wirksam werden zu lassen. In diesem Fall dominierten jedenfalls fast durchgängig sachfremde Argumente, ein verkrüppeltes Verständnis von Denkmalschutz, das eher als Bauhüllenschutz bezeichnet werden sollte, Nachgiebigkeit gegenüber wirtschaftlich potenten Investoren, sehr persönliche Interessen und politische Hasenfüßigkeit. Die Stadt, die das Künstlerhaus wenige Jahre zuvor für weniger als eine halbe Million Mark der Evangelischen Landeskirche hätte abkaufen und der Kunst erhalten können, kaufte es schließlich von einem Investor für ein Vielfaches und musste es aufwändig renovieren, da nach dem Auszug des letzten Mieters die Sträucher mannshoch auf dem Dach wuchsen. Wir waren als Letzte ausgezogen und das Haus war immer gespenstischer geworden, die üblichen Schikanen der Entmietung hatten eingesetzt, von der defekten Kanalisation bis zu eingeschlagenen Fenstern. Als mein Vater dann einen Weg fand, sich wieder ein Atelier in München zu bauen, verließen meine Schwester und ich nicht nur den Ort unserer gesamten Kindheit und Jugend, sondern auch eine zerstörte Welt, in der ein bildungsbürgerliches Milieu, Kunst und Kauzigkeit eine besondere Verbindung eingegangen waren.

Welchen Grundprinzipien gemäß wurden Sie erzogen? Was blieb, was wurde verworfen?

Es war für die damalige Zeit ein ungewöhnlich liberales Elternhaus. Meine Mutter kam aus einer bildungsbürgerlichen Familie, ihr Vater Landgerichtsdirektor, ihre Mutter Schauspielerin, Rezitatorin, eine der ersten Radiosprecherinnen in Deutschland, politisiert durch die Erfahrungen der Nazi-Zeit und der beiden Weltkriege. Sie war aktiv in der ersten und zweiten deutschen Friedensbewegung (gegen Wiederbewaffnung und gegen Atomtod), Albert-Schweitzer-Anhängerin, seelisch schwer getroffen durch persönliche Verluste in beiden Weltkriegen, ein faszinierendes Exemplar dessen, was manche linke Aktivisten später als «Friedenstanten» verulkten und instrumentalisierten. Der Großvater, gebildet, streng, autoritär, von seinen fünf Kindern geachtet, ja gefürchtet, und doch politisch liberal bis links. Im Vergleich zu der großen, über ganz Deutschland verbreiteten Familie meiner Mutter erschien die Familie meines Vaters dezimiert und ein wenig dekadent. Dies reicht vom Bruder meines Vaters, einem Architekten, der merkwürdige philosophisch-esoterische Bücher schrieb und in offener Bigamie lebte, der Tante meines Vaters Wanda Rümelin, der «Venus im Pelz» des literarischen Begründers des Sado-Masochismus, bis zu Gustav und Max von Rümelin, den Gelehrten und Kanzlern der Tübinger Universität, und zu Verwicklungen in weit zurückliegende weltgeschichtliche Ereignisse von Ludwig II. bis zum Kotzebue-Mord. Im Gegensatz zur Familie meiner Mutter zieht sich eine gewisse Exzentrik durch die Familiengeschichte meines Vaters. Mein Vater hatte relativ spät geheiratet und sich dann auf etwas eingelassen, was er zuvor sorgsam vermieden hatte, nämlich als freier Künstler Verantwortung für eine Familie zu übernehmen. Vor und nach dem Krieg, an dem er sechs Jahre mit teilweise schlimmen Erlebnissen, auch in Gefangenschaft, teilgenommen hatte, lebte er zunächst in seinen jeweiligen Ateliers mit Bollerofen und Schlafecke.

Hat dieser Vater Sie zum Exzentriker erziehen wollen?

Nein, keineswegs. Die Erziehung hatte eine liberale Grundhaltung, war musisch orientiert, bildungsbürgerlich, auch etwas *bohème*, voll Verachtung für Materialismus und Spießertum. Mein Vater war früh von der Schule gegangen, um Maler und Bildhauer zu werden. Er interessierte sich für Politik, Philosophie, Wissenschaft, las viel, ohne aber im Sinne akademischer Standards gebildet zu sein, er hat weder Latein noch Griechisch gelernt, und sein Wissen bezog sich auf die Dinge, die ihn persönlich interessierten – von der Kunstgeschichte bis zur Politik. Von ihm haben wir Kinder vor allem zwei Dinge gelernt. Erstens: Man kann und muss sich immer sein eigenes Urteil bilden, wobei Intelligenz wichtiger ist als Wissen. Und zweitens: Die wenigsten Menschen haben Material- und Stilempfinden, man muss es sich durch genaue Beobachtung erarbeiten. Wir haben viel gezeichnet, gemalt, auch ein wenig modelliert, Instrumente gespielt. Es gab öfter Hauskonzerte. Die Freunde der Familie waren selten bildende Künstler, sondern Schriftsteller, Musiker, Architekten. Ich hatte eine Begabung geerbt für Zeichnen und Räume, weniger für Farben, und selbst musizieren machte mir auch nach Jahren wenig Spaß. Es gab kein Fernsehen zu Hause; wir haben es nicht vermisst.

Hätten Sie demgemäß nicht Künstler werden müssen?

Ich hatte als Kind, auch noch als Jugendlicher, die Vorstellung, wie mein Vater Bildhauer zu werden. Er bestätigte meine Begabung dafür, riet mir aber dennoch eindringlich davon ab. Die Kunstentwicklung lasse es nicht mehr zu, dass man aus einer künstlerischen Begabung einen Beruf macht. Erfolg hänge von Zufälligkeiten und Moden ab. Zudem wisse er, wie schwer es sei, wenn auch der Vater Künstler ist.

Sind Sie heute darüber glücklich?

Ich bin mit meinem beruflichen Weg in die Wissenschaft, den ich dann gegangen bin, sehr zufrieden. Aber natürlich weiß man nicht, was gewesen wäre, wenn. Die Warnungen waren jedenfalls nicht unbegründet.

Ihre athletische, bühnenhafte Erscheinung lässt Sie nicht sofort als so genannten Geistesmenschen oder nietzscheanischen «Eckensteher» erkennen.

Als verhuschten, körperlosen Büchergeist empfinde ich mich auch nicht, als Jugendlicher war ich das schon gar nicht. Ich trieb viele Jahre intensiv Sport: Schwimmen, Tauchen, Radeln, Skifahren.

Waren Sie ein eifriger Schüler?

Den Unterricht in der Schule empfand ich meist als wenig anregend. Ich besuchte nach der Grundschule neun Jahre das humanistische Wilhelmsgymnasium in München, mit damals noch festem Fächerkanon, neun Jahre Latein, fünf Jahre Griechisch. Als irritierend empfand ich, dass es sich – damals noch – um eine reine Jungenschule handelte. Ich musste das andere Geschlecht also außerhalb der Schule suchen, beim Sport zum Beispiel. Ich habe sehr früh, mit zwölf Jahren, angefangen mich durch die Weltliteratur zu lesen, zumal die russische von Puschkin, Tolstoi, Turgenjew, Dostojewski bis Pasternak. Deutsch, Mathematik und Physik fielen mir leicht – ich war allerdings gerade in diesen Fächern oft besonders nachlässig, während mich der Sprachenunterricht zunächst wenig interessierte und ich das Vokabellernen gar nicht liebte. Später kam ein Interesse am Theater dazu, ich gehörte der Theatergruppe der Schule an und übernahm dann vom Deutschlehrer für ein Jahr die Leitung. Ich schlug vor, «Caligula» von Albert Camus zu inszenieren, es war mühsam und am Ende ein Misserfolg. Kurz vor dem Abitur entdeckte ich eine Liebe für Altgriechisch. Die wunderbaren Texte, die Ilias und die Odyssee, die platonischen Dialoge, hier schien, zum ersten Mal, die Sprachenlernerei in der Schule auch belohnt zu werden. Aber es wurde Zeit: Obwohl in den letzten Jahren Schulsprecher, fühlte ich mich der Schule längst entwachsen und freute mich auf das Studium.

Die späten 6oer Jahre waren Jahre der Rebellion, in der eine neue Welt nicht nur erdacht, sondern auch erstritten werden sollte. Eine schwere Zeit für einen Feingeist, oder aber der Königsweg der Politisierung Ihrer Generation?

Die Politisierung der späten 6oer Jahre erfasste nicht nur die Universitäten, sondern auch die Schulen. Ich war als Schüler politisch interessiert, aber zunächst nicht engagiert. Das änderte sich erst in den letzten Jahren der Schulzeit. Ich war eher ein Einzelgänger, hörte die Stones, Amon Düül II und Led Zeppelin, ließ meine Locken schulterlang wachsen und lebte in dem Gefühl, die Gesellschaft werde durch einen historischen Zufall zeitgleich mit meiner Generation erwachsen. Die Jahrgänge der in den 5oern Geborenen gestalteten die Bewegung nicht, eher ihren Niedergang, aber sie wurden persönlich stärker von ihr geprägt. Das betrifft besonders die neuen Freiheiten der Sexualität und die Depotenzierung von Autorität aller Art. Ich bewahrte mir allerdings eine gute Portion Skepsis. Das Eiferertum, der neue Konformismus linker Mitläufer, die Verspießerung und Idyllisierung, vor allem aber die marxistische Dogmatisierung der 68er Bewegung stießen mich ab. Demokratische Institutionen sollte man als Stützung gesellschaftlicher Kooperation verstehen und entsprechend ausgestalten. Ich habe das später die Konzeption des «zivilen Staates» genannt.[22] Hier scheint mir *in nuce* die Idee einer modernen Sozialdemokratie zu liegen: gegen Anarchismus und Marktradikalismus staatliche Institutionen zur Stabilisierung gesellschaftlicher Kooperation der Bürgerinnen und Bürger, und gegen die linke Konkurrenz ein optimistisches Menschenbild, das erlaubt, Politik nicht als Kampf der Klassen zu sehen, sondern als großes, nie vollendetes humanistisches Projekt – das zu stärken, was in jedem Menschen als *zoon politikon* angelegt ist, nämlich miteinander auf der Grundlage akzeptierter Regeln des Zusammenlebens, des Vertrauens und der Wahrhaftigkeit, der Empathie und des Respektes zu kooperieren.

Das klingt nach unschuldigem Idealismus, der für sich alle Verlogenheiten ausschloss?

Unschuldiger Idealismus – das trifft es sicher nicht. Der Unterschied zu den meisten der politisch Engagierten meines Umfeldes und meiner Generation lässt sich vielleicht so charakterisieren: Ich war (und bin) aus ethischen Motiven heraus politisch engagiert und nicht aus ideologischen – ich misstraute den dominierenden, insbesondere den psychoanalytischen und marxistischen Theorien. Beides Weltanschauungen, die gegenüber ethischen Argumenten zu einer vermeintlich entlarvenden, oft aber im Kern zynischen Haltung neigen: die Frage «cui bono?» als paradigmatische Entwertung des ethischen Argumentes von Seiten des Marxisten und «Was verbirgt sich an unbewussten Wünschen hinter dieser Wertung?» als paradigmatische Entwertung von Seiten des Psychoanalytikers. Damit will ich nicht die wissenschaftliche Bedeutung beider, damals so beliebter Erklärungsmodelle bestreiten. Zur festen Ideologie geronnen allerdings entfalteten sie ein beträchtliches anti-humanistisches Potenzial. Die Differenz bezieht sich auf das ethische, humanistische

22 Vgl.: Julian Nida-Rümelin: *Demokratie als Kooperation*, Frankfurt 1999.

Fundament politischen Handelns. Die ethisch motivierte Kritik darf viel sein, nur nicht naiv, dann würde sie politisch wirkungslos. Aufgrund dieser Differenz zum linken Mainstream konnte ich übrigens auch nicht in der gleichen Weise erschüttert werden durch die spätere historische Entwicklung. Der Zusammenbruch des Kommunismus sowjetischen Typs hat de facto den Marxismus als politische Kraft auch im Westen beerdigt. Dies zeigt ex post auf wie dünnen programmatischen Beinen die Neue Linke im Westen stand. Ich habe in all diesen Jahren des politischen Engagements selten Grund gehabt, meine ethischen und politischen Grundüberzeugungen in Frage zu stellen. Wenn ich das so unbescheiden sagen darf: Über das Maß der Verlässlichkeit meines normativen politischen Urteils bin ich – im Rückblick – selbst überrascht, vor allem, wenn ich – wie jetzt während des Umzugs von Berlin nach München geschehen – alte Texte von mir lese. Ich habe mich jedenfalls dem epochalen politischen Zug von links unten nach rechts oben nicht angeschlossen.

Sich selbst treu bleiben ist in Zeiten gesellschaftlicher Dynamik liebenswert, möglicherweise aber auch ein Indiz (selbst gewollter) Beschränkung. Mit Pop war das Zeitalter des Privilegs angebrochen, sich selbst ständig neu zu erfinden und eine Art serielle Identität anzunehmen. Das «Seid viele» von Deleuze und Guattari, gegen den Terror der Identität gerichtet, hat Sie nie interessiert? Haben Sie da immer schon den «flexiblen Menschen» von Richard Sennett gewittert, die Marionette der globalisierten Ökonomie?

In einer Gesellschaft, die sich rasch verändert, in der unterschiedliche kulturelle Identitäten aufeinander einwirken, sind Ich-starke Persönlichkeiten gefordert, die ihr Eigenes nicht verlieren und ihre Identität auch in der Vielfalt gesellschaftlicher Erwartungen wahren. Die Rede vom «Terror der Identität» empfinde ich als eine im Grunde hysterische Reaktion labiler Intellektueller auf die neue politische und kulturelle Unübersichtlichkeit. Es gibt übrigens nicht nur solche, über deren Zelig'sche[23] Fähigkeiten ich mich mokiere, sondern auch einige, deren politische Urteilssicherheit ich vorbehaltlos bewundere. Zu ihnen gehören der französische Historiker der damals jungen Demokratie in Amerika, Alexis de Tocqueville, der Philosoph Bertrand Russell, aber auch der Soziologe Max

23 Nach Woody Allens Film *Zelig*, Anm. d. Herausgeberin.

Weber und der Wissenschaftstheoretiker Karl Popper oder der
deutsche Dichter Günter Grass, der sich von früheren Eiferern der
Neuen Linken, die ihn zu Zeiten als braven Reformisten verspottet
hatten, nach der Wende als unverbesserlicher Linker in rechts-bür-
gerlichen Blättern beschimpfen lassen musste. Der Versatilität des
intellektuellen Spielers, der Meinungen und Argumente testet, der
sich jeweils ganz mit ihnen zu identifizieren scheint, um sie dann
doch scheinbar ohne Schaden und Skrupel wieder aufzugeben, entspricht der Typ des politischen Spielers, der seine Meinungen den
Rollen anpasst, die er spielt. Der ehemalige Ministerpräsident, der
sich heute über seine früheren radikal-föderalistischen Auffassungen
lustig macht – «ich kenne die Burschen, ich war selbst einer von
ihnen» –, kann durchaus sympathisch wirken, der Seriosität der Politik erweist er damit keinen guten Dienst.

War das Schröder?

Nein, ich dachte da an einen anderen sozialdemokratischen Politiker, aber nehmen Sie das als *pars pro toto*, daher ist der Name hier
ganz unwesentlich. Nicht zum Spieler zu neigen hat Nachteile, aber
auch Vorteile. Das Beispiel von vorhin: Die Überzeugung, dass es
sich in der DDR oder der UdSSR um Diktaturen mit totalitären Zügen handelte, erschien damals den meisten Altersgenossen als geradezu skandalös. Entsprechend brach für sie Ende der 8oer Jahre
eine Welt zusammen, während ich mich bestätigt sah. Meine Einschätzung, dass die *Solidarność*-Bewegung der Anfang vom Ende der
kommunistischen Herrschaft in Mittel- und Osteuropa sein würde,
erwies sich als zutreffend und damit wurde deutlich, dass die Igno-
ranz, welche die westeuropäische Linke, mit Ausnahme der französischen und eines Teils der italienischen, den Bürgerrechtsbewegungen
Osteuropas gegenüber zeigte, nicht nur moralisch diskreditierte,
sondern auch ein historischer politischer Fehler war. Wer seine Meinung den jeweiligen Stimmungen anpasst, weil er Angst hat, «nicht
dabei zu sein», oder weil ihm die intellektuelle Kraft des eigenen Urteils fehlt, zahlt den Preis des Wankelmuts, der mangelnden Beständigkeit und Verlässlichkeit. Das bessere politische Urteil ist nicht immer das spektakulärere. Beliebt macht man sich damit eher selten.

Wer sich so früh, so intensiv und über so viele Jahre politisch engagiert,
der muss starke Motive haben, die ihn treiben. Lassen sich diese näher
charakterisieren?

Das gesellschaftliche und politische Engagement schien mir schon mit Anfang Zwanzig selbstverständlicher Bestandteil eines erfüllten Lebens zu sein. Die Welt erschien durch den Konflikt zwischen Ost und West gefährdet, der Umgang des Westens mit der Dritten Welt strafte alle humanitären Bekenntnisse Lügen, die Verteilung der Lebenschancen war auch in Deutschland ungerecht, die Potenziale des technischen und ökonomischen Fortschritts wurden nicht für eine Humanisierung der Lebensbedingungen genutzt. Herbert Marcuse, den ich schon zu Schulzeiten gerne gelesen habe, brachte mit seiner Vision einer Aussöhnung von Eros und Zivilisation ein humanistisches Element in die Studentenbewegung. Da mir jedoch die Studentenpolitik vergleichsweise begrenzt und in ihren Aktionsformen unreif erschien, trat ich 1974, auch als Reaktion auf die in den Landtagswahlen offensichtlich gewordene Schwäche der Opposition in Bayern, in die SPD ein. Ein pragmatischer Schritt, der mir aber sinnvoller schien, als mich in den zerfasernden und zerstrittenen Gruppen der Neuen Linken zu engagieren. Es gibt Hausse-Aktivisten und – weit weniger – Baisse-Aktivisten. Letztere sind kaum zu erschüttern, während manche Willy-Enthusiasten in der SPD, eingetreten zwischen 1969 und 1972, bei Gegenwind rasch einknicken. Ich hatte mir jedenfalls in der für einen 19-Jährigen nicht untypischen Selbstüberschätzung vorgenommen, der schwächelnden Sozialdemokratie angesichts einer CSU, die knapp vor der verfassungsändernden Mehrheit mit über 62 % im Bayerischen Landtag stand, unter die Arme zu greifen – intellektuell und praktisch. Zugleich schien es mir notwendig, dem Kurs der Regierung Helmut Schmidt eine ökologische und friedenspolitische Alternative entgegenzustellen.

Wie hat man einen langhaarigen Bohemien aus einer Künstlerfamilie in der SPD aufgenommen?

Insgesamt im Rückblick gesehen erstaunlich offen. Ein gewisses Misstrauen habe ich durchaus gespürt, aber als Intellektueller in einer alten Arbeiterpartei lernt man rasch Bescheidenheit. Die moralische Substanz, die sich in der Geschichte der SPD, bei all ihren Irrtümern und Verirrungen, niedergeschlagen hat, beeindruckte mich tief. Entstanden aus dem Kampf des vierten Standes um gesellschaftliche und politische Anerkennung, aus liberalen Bildungsvereinen des 19. Jahrhunderts hervorgegangen, gestützt über Jahrzehnte auf ein Bündnis aus Arbeiteraristokratie und bürgerlichen (oft adligen) Intellektuellen von Ferdinand Lassalle bis Waldemar von Knoeringen. Die einzige genuine Republik-Partei der Weimarer Zeit, die mit dieser Republik, die sie bis zuletzt verteidigte, unterging, deren Vertreter emigrierten oder in die Konzentrationslager gingen.

Wie muss man sich Ihre Anfänge in der Politik vorstellen? Kaffeekochen für die Bezirksvorstände oder Weltverbesserungspläne schmieden bei den Jusos?

Ich habe mich von Anbeginn in der SPD engagiert, aber nur kurz bei den Jusos. Ich habe Ende der 70er Jahre eine Arbeitsgruppe «Ökologie, Umwelt, Wachstum» eingerichtet und über Jahre geleitet, später 1985–89 eine Kommission, die das neue Grundsatzprogramm vorbereitete. Ich war aber auch fünf Jahre Vorsitzender eines Kreisverbandes 1979–85 – als ich begann, hatte dieser ein Mitglied im Münchner Stadtrat, als ich aufhörte vier – und drei Jahre stellvertretender Vorsitzender der Münchner SPD. Von diesem Amt trat ich 1987 zurück, nachdem einige Abweichler der SPD-Stadtratsfraktion einem CSU-Kandidaten gegen Christian Ude als Kreisverwaltungsreferenten den Vorzug gegeben hatten und einige weitere Chaoten eine disziplinierte, erfolgsorientierte Politik unmöglich gemacht hatten. Ich habe dennoch wenige Jahre später den Kultur-Wahlkampf für Christian Ude bei seinem ersten erfolgreichen Anlauf als Münchner Oberbürgermeister gegen Peter Gauweiler organisiert und war 1994 Mitglied des sog. «Schattenkabinetts» von Renate Schmidt. Ich hatte jedoch nie vor, Berufspolitiker zu werden. Ich hatte andere Berufsvorstellungen, als über Jahrzehnte hinweg im Parlament einer Stadt, des Landes oder des Bundes zu sitzen. Mein Traumberuf war und ist tatsächlich die Philosophie, das geht heute in Deutschland eigentlich nur als Universitätsprofessor. Beruflich von der Politik abhängig zu sein wie so viele, schien mir wenig attraktiv, wohl schon auch, weil mein starkes Autarkiebedürfnis dem entgegenstand.

Ihr Traum wurde ziemlich schnell zum Beruf?

Ja, nach Abschluss meines Promotionsstudiums 1983 erhielt ich eine Stelle als wissenschaftlicher Assistent am Geschwister-Scholl-Institut, mit dem Schwerpunkt Politische Philosophie. Nach der Habilitation wurde ich nach Lehrstuhlvertretungen in München und einer Gastprofessur in den USA 1991 auf eine Stiftungsprofessur des Landes Baden-Württemberg für «Ethik in den Biowissen-

schaften» an die Universität Tübingen berufen, zwei Jahre später hatte ich die Wahl zwischen den Universitäten Konstanz, Göttingen oder Tübingen. Diese Entscheidung fiel mir nicht leicht. In Tübingen war vieles auf einem guten Weg, das Doktoranden-Kolleg für Ethik in den Wissenschaften, die Interdisziplinarität, die Thematik Bioethik. Konstanz konnte mit Modernität und Schwerpunkten in analytischer Philosophie glänzen. Dennoch nahm ich schließlich den Ruf auf den Lehrstuhl für Philosophie an der Universität Göttingen an, als unmittelbarer Nachfolger von Günther Patzig. Patzig war zwar nicht mein akademischer Lehrer, er vertritt aber eine «Ethik ohne Metaphysik», die meinen eigenen Vorstellungen eng verwandt ist, und er hat – nach meinem Doktorvater Wolfgang Stegmüller – am meisten für die erneute Etablierung der durch die Nazis vertriebenen analytischen Philosophie in Deutschland geleistet. Diese Kontinuität philosophischen Denkens spielte für die Entscheidung eine ausschlaggebende Rolle, nachdem die drei Universitäten sehr ähnliche Angebote gemacht hatten. Die Philosophie war damit endgültig zu meinem Beruf geworden. Logisches Denken, präzises Analysieren, eigenständig urteilen, begrifflich sorgfältig argumentieren, das ist nicht nur Handwerkszeug, sondern wesentlich auch Inhalt der Philosophie. Das erfordert Konzentration, auch die Ruhe, um etwa einen Text sorgfältig zu lesen. Die Politik dagegen ist – jedenfalls in ihrer modernen Gestalt – *polypragmosyne* ...
... *das heißt* ...
Wörtlich übersetzt etwa «Vielbeschäftigtheit», auch «Neugierde», «Unruhe» – nicht «Gschaftlhuberei». Die Politik erlaubt selten Konzentration, ist thematisch sprunghaft, weniger auf das Argument als auf die Entscheidung orientiert, pragmatisch. Diese Spannung zwischen Philosophie und Politik entspricht jedoch meiner eigenen inneren Verfassung. Ich habe früh bemerkt, dass ich gut und effizient organisieren kann, dass Menschen bereit sind, sich von mir leiten lassen. Zudem fällt es mir leicht, frei zu sprechen, auch ohne Notizen und gerade auch vor einem nicht-akademischen Publikum. In dieser Hinsicht brachte ich also eine gewisse Begabung für die Politik mit. In anderer allerdings war und bin ich gänzlich unbegabt: das betrifft die Geselligkeit, zumal das männerbündische abendliche Trinken und Schwadronieren, Schultern klopfen und sich klopfen zu lassen...

Politik und Philosophie scheinen nicht gut zusammenzupassen, ja recht gegensätzliche Lebensformen zu sein. Es sind zwei komplett unterschiedliche Sprachspiele und damit Lebensformen.

Dieses Spannungsverhältnis zwischen politischer und philosophischer Existenz spielte schon in der antiken Ethik eine Rolle. Aristoteles kannte nur zwei gute Lebensformen: *bios theoretikos* und *bios praktikos*. Der *bios praktikos*, das praktische Leben, ist die genuine Existenzweise des Bürgers. Der Bürger nimmt Anteil an den Geschicken der Stadt bzw. des Staates, der Gemeinschaft, in der er lebt, und zwar nicht lediglich als Beobachter, sondern als Mitgestalter. Er übernimmt politische Verantwortung. «*Polites*» mit «Politiker» zu übersetzen, führt in die Irre, das Wort steht für «Bürger», allerdings nicht im Sinne der bloßen Staatsangehörigkeit oder gar des *bourgeois*, sondern im Sinne des (politisch, für das Gemeinwesen) engagierten Bürgers. «*Idiotes*» ist übrigens der reine Privatmann. Dass sich «Idiot» daraus ableitet, ist kein Zufall. Erst in der *polis* lässt sich eine Art kollektiver Autarkie herstellen. Die Bürger sind aufeinander angewiesen, wissen das und handeln entsprechend. Der *bios praktikos* entspricht der anthropologischen Bestimmung des Menschen, der nach Aristoteles von seinem Wesen her *polis*-bildend ist, er formt eine politisch verfasste Gemeinschaft. Vor diesem geistigen Hintergrund etwas überraschend schätzt Aristoteles allerdings eine andere Lebensform noch höher ein, den *bios theoretikos*, das betrachtende, reflektierende Leben. «*Theorein*» heißt in erster Linie «betrachten», aber auch die «Theorie» oder das «Theorem» leiten sich daraus ab. Diese Lebensform haben wir mit den Göttern gemeinsam, meint Aristoteles. Die griechischen Götter sind sehr menschenähnlich, aber vollständig autark, sie müssen sich nicht mehr um die Angelegenheiten ihres göttlichen Gemeinwesens kümmern, sie können sich auf das Betrachten beschränken. Die Teichoskopie aus der Ilias kommt einem dabei in den Sinn. Die Beobachter stehen auf der Stadtmauer und teilen sich bzw. dem Leser das Gesehene mit. Die griechischen Götter nehmen Anteil am menschlichen Geschehen, aber lediglich als Betrachtende, nicht als Beteiligte, wenn auch die homerischen Geschichten anderes erzählen. Mir schien und scheint, dass keine dieser beiden Lebensformen für sich ein gutes Leben ergibt. Ich jedenfalls brauche die Balance zwischen *bios praktikos* und *bios theoretikos*.

*Bei Ihnen klingt so etwas wie eine umfassende Dialogfähigkeit durch:
Sie konnten und können – trotz oder vielleicht gerade wegen Ihrer besonderen Biographie und Herkunft – mit allen Leuten sprechen: konservativen Altgriechen wie verwirrten Linksradikalen. Stimmt das?*

So viel stimmt wohl daran, dass ich zuhören kann und mein Gegenüber ernst nehme, auch wenn er oder sie ganz anderer Herkunft
oder Weltanschauung ist. Andererseits habe ich eine Abneigung gegen die pathetische Rede, den Versuch emotional mitzunehmen, zu
«agitieren». Diese Abneigung schränkt meine politischen Wirkungsmöglichkeiten ein. Manchmal hätte ich wohl gewusst, wie
Beifall herbeizuführen wäre – da müssen oft nur bestimmte Schlüs-
selworte fallen –, habe das aber unterlassen. Ich finde, man sollte
überzeugen, nicht mitreißen. Mit dem Mitreißen ist gerade in
Deutschland zu viel Schindluder getrieben worden.

*Je mehr man weiß, desto dialogfähiger müsste man sein. Ist dies nicht
naiv?*

Ja, so kann man das nennen. Aber was wäre denn die Alternative?
Ein Elitismus, den es links und rechts gibt: Die Wissenden entwickeln die Strategien, die anderen haben auf die höhere Einsicht der
Wissenden zu vertrauen und führen aus, was man dann Taktik
nennt, oder müssen entsprechend «emotional angesprochen» oder
sagen wir ruhig manipuliert werden. Das empfinde ich als eine in-
humane Einstellung, so verbreitet sie zu sein scheint. Sie steht auch
meist in einem merkwürdigen Kontrast zu den Wertorientierungen
der jeweiligen politischen Strömung.

*Was erschreckte Sie an den Bewohnern der Elfenbeintürme, denen Sie
in der akademischen Welt begegneten?*

«Erschrecken» ist zuviel gesagt, aber die akademische Welt ist –
zumindest in den Geisteswissenschaften, wo materielle Interessen
traditionell eine untergeordnete Rolle spielen – ganz auf das Recht-
haben, das bessere Argument, die größere Belesenheit, das detail-
liertere Wissen ausgerichtet. Natürlich gibt es auch dort «politische» Prozesse, Seilschaften, Mehrheitsbildungen, Freund- und
Feindbeziehungen. Aber die Interaktionen sind doch sehr stark
durch das schriftlich vorgetragene Argument und Gegenargument
geprägt. Die Handlungsdimension tritt in den Hintergrund. Man
könnte sagen, dass es gerade die Stärke reiner Wissenschaft ausmacht, dass sie von der Handlungsdimension entlastet ist. Es gibt

zwei Kräfte, die diese Entlastung einschränken: der Diskurs um die ethische Verantwortung der Wissenschaft, an dem ich mich selbst zeitweise beteiligt habe, und die pragmatische, speziell ökonomische Instrumentalisierung der Wissenschaft. Dennoch bleibt die Handlungsschwäche der akademischen Welt bestehen. Wer einmal Uni-Gremiensitzungen miterlebt oder gar geleitet hat, weiß, von was ich rede. Die Politik ist dagegen ergebnis- und entscheidungsorientiert. Hier liegt ihre spezifische Rationalität und Stärke. Sie liebt das komplexe wissenschaftliche Argument nicht, weil es politische Handlungen eher hemmt als befördert. Die großen Vereinfacher aus der Wissenschaft haben daher die größeren Chancen, in der Politik gehört zu werden. Es gibt eine Korrumpierung der Wissenschaft durch außerwissenschaftliche, auch politische Interessen. Die zeitgenössische Ökonomie scheint mir da besonders weit vorangeschritten zu sein. Wer nun Philosophie, zumal praktische Philosophie zu seinem Beruf gemacht hat, muss an ihrer praktischen Fruchtbarmachung interessiert sein oder er nimmt sein Fach nicht ernst. Was soll es denn für einen Sinn machen, wenn wir philosophische Fragen der Gerechtigkeit erörtern, ohne je einen Beitrag zu einer gerechten Entscheidung damit leisten zu können? Die Verwissenschaftlichung der Philosophie, die notwendig ist, um Scharlatanerie und bloßes Feuilleton, das sich als Philosophie ausgibt, in die Schranken zu weisen, hat hier eine problematische Seite. Die existenziellen philosophischen Fragen bleiben im akademischen Schutz- und Schonraum. Das schadet der philosophischen Ernsthaftigkeit, aber auch der Gesellschaft, die dann ihre existenziellen Fragen den Ratgebern bunter Blätter anvertraut.

Wieso haben Sie 1998 den Göttinger Philosophielehrstuhl gegen einen Sitz auf der Dezernentenbank im Münchner Stadtrat getauscht?

«Getauscht» ist der falsche Ausdruck. Ich war bereit für eine Amtszeit als Kulturreferent, wie in Bayern Dezernenten heißen, um in München zu versuchen, Brücken zwischen Kunst und Politik zu schlagen und der eingetretenen Dauerdefensive kommunaler Kulturpolitik mit Gestaltungskraft zu begegnen. Das waren ehrgeizige Ziele, aber sie haben mich damals motiviert, gewissermaßen in der Logik meiner Biographie. Schließlich hatte ich rund zehn Jahre zuvor das KulturForum in München initiiert und dann mit Christian Ude aufgebaut, dem unterdessen rund 500 Künstler und kulturinteressierte Bürger angehörten, mit ca. 50 Veranstaltungen im Jahr. Kulturreferent in München, das schien mir ein besonders faszinierendes politisches Amt zu sein. Mit Christian Ude würde ich einen Chef haben, mit dem ich gemeinsame kulturelle Interessen teilte und den ich lange genug kannte, um ihm zu vertrauen. Ich kannte zudem das kulturelle Leben der Stadt von Kindesbeinen an und hatte und habe eine enge, durchaus emotionale Beziehung zu München. Meine Professur wollte ich allerdings nicht gegen das Amt des Kulturreferenten eintauschen, vielmehr war es meine Bedingung, dass ich danach, das wäre 2004 gewesen, wieder auf meinen Lehrstuhl zurückkehren konnte. In der Tat entschied der damalige Präsident der Universität Göttingen (Prof. Schreiber), dass ich für sechs Jahre (1998 bis 2004) beurlaubt würde. Ihm schien es selbstverständlich und wünschenswert, dass Wissenschaftler auch zeitweise politische Ämter wahrnehmen können, ohne berufliche Nachteile erleiden zu müssen. Eine, wie mir scheint, vorbildliche Haltung. Schreiber selbst war übrigens für die CDU Staatssekretär in der Regierungszeit Ernst Albrechts in Niedersachsen gewesen.

München gilt für viele als Stadt mit viel Geld und biederer Kultur.
Ja, das Image der Stadt ist merkwürdig entstellt. Viele glauben immer noch die Mär vom Millionendorf mit Bier und Dirndl verbreiten zu müssen, die andere Aspekte Münchens, z. B. dass sie eine der großen Musikstädte in Europa ist, überlagert. Tatsächlich ist München eine der führenden Kunststädte weltweit: in München entstand die Künstlergruppe des Blauen Reiters, in den wilden Jahren um '68 war München neben Berlin das kulturelle Zentrum der Jugendbewegung, und es entsteht unterdessen auch zunehmend so etwas wie ein metropolitaner Charakter der Stadt. Die Stadt München hat ein reiches kulturelles Leben, mit dem in Deutschland nur Berlin konkurrieren kann. Es existiert ein kunstinteressiertes Bildungsbürgertum mit allerdings überwiegend konservativem Geschmack. Die Opern, Theater und Philharmonie-Plätze sind begehrt und meist ausverkauft. Die Museumslandschaft ist beachtlich. Zeitgenössische Kunst hat es nicht leicht, aber immerhin gibt es die von der Stadt getragene Biennale für zeitgenössisches Musiktheater, zahlreiche Galerien und eine faszinierende Kunstszene. Parallel dazu ist eine kommunale Kultur in den Stadtteilen entstanden, mit über 30 kleineren kulturellen Zentren, der wohl besten Stadtbibliothek weltweit und der größ-

ten europäischen Erwachsenenbildungseinrichtung, der Münchner
Volkshochschule. Die Kommune und der Freistaat unterhalten je-
weils ihre eigenen Einrichtungen, es gibt wenig Kooperation. Der
Freistaat hat dabei zu einem wesentlichen Teil das Erbe der feudalen
Residenzkultur angetreten, während die Stadt vor allem die Traditi-
on der Bürgerkultur in München fortführt.
Was wollten Sie in München erreichen?

Ich hatte mir viele Ziele gesetzt, die drei wichtigsten waren: Ich
wollte der traditionellen Diskursfeindlichkeit Münchens entgegen-
wirken und die Wissenschaft in das kulturelle Weichbild der Stadt
stärker integrieren, ich wollte der teilweise erstarrten Stadtteilkultur
neue inhaltliche Impulse geben und schließlich die Kunst im öffentlichen Raum auf ein neues Fundament stellen. Tatsächlich ist da in
rund zweieinhalb Jahren einiges auf den Weg gebracht worden: zum
ersten Mal in der Geschichte der Stadtkultur befasst sich München
aus einer kulturellen Perspektive mit den Wissenschaften und ihren
teilweise hochkarätigen Einrichtungen. Es wurde ein Fachgebiet
Wissenschaft neu eingerichtet, das sich seitdem besonders um die
Öffnung der Wissenschaft in die Kultur der Stadt hinein verdient
macht. In Kooperation von Kulturreferat und Wissenschaftseinrich-
tungen findet öffentliche Wissenschaft in einer Vielzahl von Veran-
staltungsformen statt. Es war nicht ganz leicht, sowohl der Volkskultur als auch der Stadtteilkultur neue inhaltliche Impulse zu geben.
Schließlich gibt es in beiden Bereichen eine große Tradition, auf die
ihre Protagonisten zu Recht stolz sind. Dennoch war auch erfahre-
nen Pragmatikern klar, dass im Laufe der Jahre eine gewisse Erstarrung in den immer gleichen kulturellen Aktionsformen um sich gegriffen hatte. Die neue Ausrichtung scheint sich aber zu bewähren:
die zeitgenössische Kunst stärker in der Stadtteilkultur zu berücksichtigen und die Volkskultur nicht primär als Traditionspflege zu
verstehen, zeitgenössische Fortentwicklungen und die Kultur unterschiedlicher Migrantengruppen gleichberechtigt einzubeziehen.
Ein schwieriges Projekt war offenbar die personelle Erneuerung an den
städtischen Theatern. Am meisten Aufsehen erregte die Causa Dorn. Wie
kam es denn zu dieser Eskalation?

Nie ist in den fünf Jahren ein kulturpolitischer Sachverhalt in der
Berichterstattung derart entstellt worden, und auch noch nachträglich wurde angestrengt, aber erstaunlich erfolgreich an einer Legen-

de gestrickt. «Warum nur hat Nida-Rümelin den verdienten Dieter Dorn aus den Kammerspielen vertrieben?», so fragen sich manche Münchner immer noch, selbst solche, die meine sonstige kulturpolitische Arbeit schätzen. Vielleicht ist es sinnvoll, das einmal im Zusammenhang darzustellen, weil ähnliche Konfliktkonstellationen in der Kulturpolitik ja immer wieder auftreten. Dieter Dorn hatte dem Oberbürgermeister frühzeitig mitgeteilt, dass er für weitere fünf Jahre Intendanz mit Mitte Sechzig nicht mehr zur Verfügung stehe. Mir teilte er in einem ersten Vier-Augen-Gespräch im Sommer 1998, um das ich ihn gebeten hatte, mit, dass er sich lediglich eine Verlängerung um noch einmal zwei Jahre vorstellen könne und auch da unsicher sei, da er nun endlich freier sein möchte, auch für Gastinszenierungen im Ausland. Ich selbst tendierte zunächst zu einer weiteren Verlängerung um diese zwei Jahre, da sich mir keine Intendantenpersönlichkeit vom Format Dorns aufdrängte. Als meine Recherchen ergaben, dass Frank Baumbauer – in den 90er Jahren oft als erfolgreichster Intendant des deutschsprachigen Theaterraums apostrophiert – sich für einen Wechsel von Hamburg an die Kammerspiele interessierte, obwohl Berlin ihm das Angebot der Intendanz des Deutschen Theaters unterbreitet hatte, war die Abwägung für mich zweifellos schwierig. Auf der einen Seite der unterdessen erkennbare Wunsch Dorns, seine Intendanz noch einmal um zwei Jahre zu verlängern, auf der anderen Seite das Angebot, einen gleichrangigen, wenn auch ganz andersartigen Intendanten für München zu gewinnen, der zwei Jahre später nicht mehr zur Verfügung gestanden hätte. In dieser Abwägung spielte eine wichtige Rolle, dass sich Dieter Dorn in einem weiteren Gespräch ratlos zeigte, wie es denn gegebenenfalls nach diesen zwei Jahren am Theater weitergehen könnte und dass zunehmend aus seiner Umgebung versucht wurde, Druck auf mich auszuüben. Gegen Pressionen aller Art bin ich allerdings allergisch. Das wird in der Politik immer wieder versucht und ist allzu oft erfolgreich. Bei mir wird damit das Gegenteil des Beabsichtigten bewirkt. So habe ich mich denn im Januar 1999 entschieden, dem Stadtrat vorzuschlagen, keine weitere Verlängerung der Intendanz Dorn vorzusehen, sondern das Angebot Baumbauers anzunehmen. Dieser Vorschlag wurde bei einer einzigen Gegenstimme im Stadtrat von allen Fraktionen einhellig angenommen. Ein großer, von der Öffentlichkeit kaum beachteter Vorteil dieser

Entscheidung war es, dass nun die Umbaumaßnahmen noch auf die Wünsche des neuen Intendanten abgestellt werden konnten. Kurz darauf brannte es im zweiten Theater der Stadt, dem Volkstheater. Der noch vor meinem Amtsantritt installierte neue Intendant des Volkstheaters Hanns-Christian Müller erwies sich trotz seiner vielfältigen Begabungen, die er in Kooperation mit Gisela Schneeberger und Gerhard Polt immer wieder unter Beweis gestellt hatte, als eine Fehlbesetzung. Er musste vorzeitig gehen. Spät abends, nachdem die Krise schon Wochen schwelte, kam mir die verwegene Idee, Ruth Drexel, die das schwierige Haus zuvor zehn Jahre lang geleitet hatte, zu fragen, ob sie bereit wäre, das Haus wieder interimistisch zu übernehmen. Ich rief sie um 22 Uhr an und sie sagte mir ohne zu zögern zu. Ohne diese Zusage wäre das Haus möglicherweise insgesamt gefährdet gewesen. Ihre Solidarität kann daher nicht hoch genug geschätzt werden. Als ihren Nachfolger schlug ich Christian Stückl vor, der an den Kammerspielen inszeniert und bei den Oberammergauer Passionsspielen viel bewunderte Regiearbeit mit Laien gezeigt hatte, eine kraftvolle, sehr bayerische, aber der Moderne zugetane, zugleich pragmatische Persönlichkeit. Der Stadtrat folgte auch diesem Vorschlag einhellig. Diese Lösung scheint sich unterdessen bei allen Widrigkeiten, die das im Grunde unterfinanzierte Haus mit sich bringt, zu bewähren. Die menschlich anrührendste, aber längst überfällige Entscheidung war aber die Verabschiedung des Neunzigjährigen Leiters des Münchner Marionettentheaters, der sich mit Händen und Füßen und viel Bauernschläue, ja sogar mit journalistischer Unterstützung dagegen wehrte. Es war übrigens der CSU-Korreferent Franz Forchheimer, der dazu die Initiative ergriffen hatte und mit dem ich ein ähnlich gutes Verhältnis «rationaler antagonistischer Kooperation» hatte wie später mit dem Kultursprecher der CDU im Bundestag, Norbert Lammert.

Wie stupide muss man sich Kommunalpolitik vorstellen – für jemanden, der schon zu diesem Zeitpunkt ein bekannter Philosoph war?

Der Unterschied zwischen Diskussionen im Stadtrat und im Philosophischen Oberseminar lässt sich nicht leugnen. Wenn ich die Erfahrungen aus den langen Jahren meines politischen Engagements nicht gehabt hätte, wäre der Wechsel für mich wohl ein Kulturschock gewesen. Die auffälligen Probleme, die Seiteneinsteiger in der Politik häufig haben, mögen damit zusammenhängen. Sie haben eben nicht gelernt mit Menschen anderer Berufe und sozialer Milieus auf gleicher Augenhöhe umzugehen, Konflikte auszuhalten, ohne sie zu dauernder Gegnerschaft entarten zu lassen, um Mehrheiten ohne Arroganz zu werben und politische Niederlagen ohne bleibendes Ressentiment wegzustecken. Gewöhnungsbedürftig war auch für mich der Umgang mit der Presse. Ich hatte und habe kein Problem mit Kritik, auch scharfer und, wenn es sein muss, polemischer. Mit zwei Formen des Kulturjournalismus tat ich mich jedoch auch in Berlin noch schwer. Die eine beruht auf mangelnder Recherche. Eigene Unkenntnis und eigene Missverständnisse werden gelegentlich zu gewichtigen journalistischen Ereignissen, gegen die man kaum angehen kann. Ein Missverständnis pflanzt sich dann oft in wundersamer Weise, bis auf Stellen hinter dem Komma, fort – es wird viel, allzu viel voneinander ungeprüft abgeschrieben. Die zweite, unangenehmere Form ist anhaltendes, sich oft maskierendes Detraktationsstreben aus Motiven, die man manchmal erahnen kann, die aber meist im Dunkeln bleiben.

Ein Beispiel, bitte.

Die widerlichste und unheimlichste Begegnung mit Medienmacht und Missbrauch geschah erst in Berlin. Ich hatte meiner Frau ein Geschenk zu unserer Hochzeit am 20. Juli 2001 gemacht, nämlich vier Wochen Urlaub am Stück, da ich, seitdem wir uns kennen, sehr wenig Zeit für Privates gehabt hatte. Der Urlaub in Brasilien war noch nicht einmal zur Hälfte um, da erfuhr ich per Telefon vom Bundespresseamt, dass in Bild am Sonntag ein Artikel erschienen sei, in dem es hieß, ich mache sieben Wochen Urlaub und sei Schröders faulster Minister. Ich reagierte recht gelassen: Mitteilen, dass ich lediglich und nachweislich (Flugbuchungen) vier Wochen Urlaub mache und Richtigstellung verlangen. Das Bundespresseamt versicherte, entsprechende Informationen herauszugeben, empfahl einige Tage zu warten und keinen Anwalt einzuschalten, die Sache sei sicher gleich wieder vergessen. Das war sie nicht. Im Gegenteil, die Berichterstattung setzte sich in übelster Form fort. Solche Situationen scheinen die niedrigsten Instinkte unter charakterschwachen Politikern wachzurufen. Der CSU-Abgeordnete Peter Ramsauer, ohnehin nicht gerade als Feingeist bekannt, forderte meinen Rücktritt, und CDU-Pflüger, von dem ich anderes erwartet hatte, betätigte sich als Trittbrettfahrer. Selbst Uwe Karsten Heye machte auf einer Pressekonferenz recht ungeschickte und deplaziert ironische Äußerungen zum Thema. Von Solidarität spürte ich wenig. Erst Monate später, als klar wurde, dass mit Schonung nicht mehr gerechnet werden konnte und vor allem der Kanzler eine härtere Gangart eingeschlagen hatte, kehrte wieder ein wenig Courage in die politische Klasse zurück. Als die Kampagne dann selbst nach meiner Rückkehr nicht aufhörte, habe ich schließlich doch über den Anwalt Nesselhauf Klage eingereicht und obsiegte vor dem Landgericht Hamburg, das drei einstweilige Verfügungen erließ, durch die dem Springer und dem Bauer Verlag ihre Behauptungen untersagt wurden. Alle drei wurden rechtskräftig, denn an meiner Flugbuchung München-Rio, 22. Juli 2001 hin, 22. August zurück, konnte kein vernünftiger Zweifel bestehen.

Verstanden Sie die Arbeit als Kulturreferent und dann als Kulturstaatsminister als Frondienst?

Es ist nicht immer das reine Vergnügen, täglich vielen Petenten persönlich oder durch Mitarbeiter klarzumachen, dass die Woche auch bei weitgehender Vernachlässigung des Privatlebens auf Dauer nicht mehr als 80 notfalls 90 Arbeitsstunden erlaubt. Eigentlich sind regelmäßige Arbeitszeiten über 60 Stunden Unsinn. Wer sich damit brüstet – und das ist besonders unter Politikern weit verbreitet – zeigt nur, dass er von Effektivität wenig versteht. Die Langatmigkeit vieler Sitzungen ist dafür ein beredtes Zeugnis. Es ist jedenfalls auch bei 80 Wochenstunden ausgeschlossen, allen bedeutenden kulturellen Ereignissen der Stadt beizuwohnen und alle berechtigten kulturellen Anliegen persönlich anzuhören. Ich fühlte mich gerade in der ersten Zeit oft wie ein Hamster im Rad, obwohl ich von vielen für meinen effizienten Arbeitsstil gelobt wurde (selbst die Kulturausschusssitzungen endeten in der Regel wesentlich früher als in den Jahren zuvor).

Ich habe durch eine Organisationsreform die oft schwerfälligen administrativen Prozesse beschleunigt, eine Hierarchiestufe abgebaut, Eigenverantwortung gestärkt. Aber es half nichts: die Vorlagen aus den Fachgebieten für den Stadtrat kamen weiterhin oft erst Tage und Wochen nach gesetzten Terminen, sie waren oft schludrig geschrieben, manche waren schon aufgrund ihrer sprachlichen Form im Grunde nicht präsentabel. Zugleich war allerdings bei vielen der Mitarbeiter ein hohes Maß an persönlichem kulturellen Engagement erkennbar. Es ging ihnen um die Sache und viele brachten exzellente Fachkenntnisse mit. Hier ist München einen anderen Weg gegangen als Frankfurt oder Hamburg oder gar die Kulturverwaltung des Bundes. Im Münchener Kulturreferat dominiert die kulturelle gegenüber der administrativen Kompetenz. Kunsthistoriker, Philologen, Pädagogen, auch Künstler, während nur wenige Juristen unter den rund 6000 Angestellten sind (im Kernbereich des Referates, ohne die Institute Stadtbibliothek, Philharmonie, Kammerspiele etc. rund 100). Das Kulturreferat selbst ist bei Hunderten von kulturellen Aktivitäten – Ausstellungen, Konzerten, Diskussionen etc. – Eigenveranstalter, was angesichts der gebotenen Staatsferne der Kunst nicht ganz unproblematisch ist. Aber München wäre kulturell wesentlich ärmer, wenn es diese, die Kulturverwaltung oft überlastenden Aktivitäten nicht gäbe.

Wie viele Bücher haben Sie nach dem Wechsel noch gelesen? Spürten Sie intellektuelle Verelendung?

Ich hatte während der rund fünf Jahre in kulturpolitischen Ämtern das Gefühl, von der Substanz zu leben; auch Michael Naumann sagte mir beim Amtswechsel, er habe das so empfunden. Der Kulturpolitiker nimmt an den kulturellen Diskursen teil, er kann und sollte sich dem nicht völlig entziehen. Im Gegensatz etwa zum Intendanten eines Theaters erstrecken sich diese Diskurse über ein riesiges thematisches Spektrum, das alle Bereiche des kulturellen Lebens – von der Trachtenpflege über Popmusik, bildende Kunst, zeitgenössische Oper, klassische Musik, Museen bis zur Soziokultur, um nur einige zu nennen – umfasst. Es gibt jeden Tag Anlässe, Eröffnungsreden zu halten, an Podiumsdiskussionen teilzunehmen, Interviews zu geben. Manche meiner Kollegen scheinen wenig Probleme damit zu haben, vorbereitete Reden auch ohne Kenntnis des theoretischen Hintergrundes und der künstlerischen Kontexte abzulesen. Es mag sein, dass mir da ein wissenschaftliches Ethos, speziell eines, von dem die analytische Tradition der Philosophie geprägt ist, in die Quere kommt: Rede nur über Dinge, zu denen du dir ein eigenes begründetes Urteil gebildet hast. Wer Wittgenstein folgt, fügt hinzu: Was sich überhaupt sagen lässt, lässt sich klar sagen, und wovon man nicht reden kann, darüber muss man schweigen.

Die Begriffe, die Sie verwenden, sind tendenziell kühl und abstrakt. Ein dummer, abgedroschener Vorwurf? Steckt in ihm auch ein Quäntchen

Wahrheit? Liebe, Heimat, Kampf – warum meiden Sie das Pathos? Kann man so überhaupt Politiker werden?

Ja, da ist sicher etwas Wahres dran. In der ewigen Spannung zwischen Romantik und Klassik bin ich ganz auf der Seite der Klassik: Verbindlichkeit, Klarheit, Vernunft statt Gefühl. Aber denken Sie nicht, dass dies Gefühllosigkeit heißt. Es gibt ein privates Leben ohne Allgemeingültigkeit und Begründungsanspruch. Emotionale Zurückhaltung kann auch Respekt zum Ausdruck bringen. Man muss anderen ja nicht jede seiner eigenen Gefühlslagen aufdrängen. Das erschwert den Umgang mit Konflikten. Mit der so genannten Postmoderne hat die Romantik wieder Oberhand gewonnen. Das hat die politische Kultur beschädigt, denn ohne das ernste Ringen um das bessere Argument wird die Demokratie bloß ein Modus des Interessenkampfes. Die Betroffenheitsrhetorik von links, aber zunehmend etwa in der Bioethik auch von rechts, ist da kein guter Ersatz. Ich erwarte sogar, dass wir vor einer Epoche neuer Klarheit und Sachlichkeit stehen, nachdem klar geworden ist, dass Einigkeit in einer sich immer enger verflechtenden Welt weder durch die Tünche einer amerikanisierten Oberflächenkultur aus Pop und Cola zusammengehalten, noch mit der überlegenen Waffengewalt der einzigen verbliebenen Weltmacht erzwungen werden kann. Ein Minimalkonsens an Normen und Werten und ein schrittweises Zurückdrängen weltanschaulichen, kulturellen und politischen Eiferertums wird dann, so wenig inspirierend das klingen mag, zunehmend attraktiv werden. In der Selbstbeschränkung liegt eine große Kraft.

Die politische Sprache, die Sprache der politischen Kaste – ist das für einen Feingeist nicht eine Zumutung? Eine Abrissbirne der instrumentellen Vernunft an der Poesie unserer Kultur?

Große Rhetoriker sind im Vergleich zu den ersten Jahrzehnten nach dem Zweiten Weltkrieg selten geworden. Sicher gehört Joschka Fischer dazu, trotz seines für Autodidakten nicht untypischen Bemühens, sich auch sprachlich durch Anpassung als dazugehörig zu beweisen. Es dominiert im Parlament die sprachlich eher schlichte Rede, die allerdings mit Begriffen aus der Jurisprudenz und der Ökonomie angereichert wird. Begriffe aus den Geistes- und Sozialwissenschaften, gar der Mathematik und den Naturwissenschaften sollte man tunlich vermeiden, sie lösen nur Irritation aus. Es scheint, dass es nur zwei wissenschaftlichen Disziplinen gelun-

gen ist, in die politische Sphäre einzudringen, ja diese zu prägen.
Dies erklärt zu einem Teil die Armut der politischen Sprache und
die Abschottung der Politik gegenüber großen Bereichen des sozialen und kulturellen Lebens. Jede nicht abgelesene Rede bringt etwas
Farbe in die Debatte. Die Floskelsucht von «ich möchte erneut betonen» bis zu «ich komme zum Schluss» nimmt drastisch ab und
der mundartliche Kolorit deutscher Provinzen wird kenntlicher.
Und schließlich täten mehr Einzelpersönlichkeiten auch der Sprache im Parlament gut, deren primäre Lebens- und Berufserfahrung
außerhalb der politischen Sphäre gewonnen wurde.

Ich musste manchmal in den langen Stunden im Bundestag an die
Kritik Platons im *Gorgias*-Dialog an der Rhetorik denken, die eine
Scheinwissenschaft sei, wie die Schminkkunst, die nicht Schönheit
schafft, sondern nur vortäuscht. Tatsachen nach bestem Wissen darzustellen und seine Bewertungen zu begründen, ist mit dem Zünden
rhetorischer Funken oft schwer vereinbar. Die berühmte Beschimp-
fungsrhetorik Herbert Wehners ist vielen noch im Gedächtnis, aber
ihre Wirkung war auch einer inneren Verhärtung, ja Zynismus und
Menschenverachtung geschuldet. Manches rhetorische Glanzlicht
wird von Empörung, meist nur gespielter, befeuert, manches andere
von unverhohlener Eitelkeit. Die beifallsheischende Rede kann Erfolg haben, der Vortragende aber wirkt unseriös. Von den erfolgreichsten deutschen Politikern war ein auffällig hoher Prozentsatz
rednerisch unbegabt: Adenauer und Kohl gehören dazu. Bei Kohl
merkte man den Widerwillen, etwas zum Besten zu geben, sich zu
offenbaren, gar um Zustimmung zu werben, bis in die Mimik.
Die «Poesie der Kultur» jedenfalls muss übersetzt werden in eine
politikverträgliche Sprache, damit sie dort, wo die kulturpolitischen
Entscheidungen getroffen werden, Wirkung zeigt.

*Wie viel bleibt von der Liebe zur Kultur übrig? Und wie groß und
zeitgenössisch war diese Liebe damals?*

Meine persönlichen kulturellen Interessen haben sich im Laufe
der Zeit verändert. Von den zeitgenössischen Künsten interessiert
mich am stärksten nach wie vor die bildende Kunst. Gelegentlich
auch zeitgenössischer Tanz und zeitgenössisches Musiktheater,
während ich zu weiten Teilen der zeitgenössischen E-Musik nur
schwer Zugang finde. Ich bin ein Opernmuffel – jetzt kann ich es ja
sagen –, während ich gern ins Theater gehe. Und – Sie werden es

nicht glauben, weil es offenbar mit meinem Image nicht recht in Einklang zu bringen ist – ich höre viel Pop, Rock, Techno.

Okay, der Test: Die drei besten Pop-Platten aller Zeiten?

Ich habe nur meine persönlichen Vorlieben, ohne Anspruch auf Allgemeingültigkeit: Rolling Stones, Led Zeppelin, besonders Physical Graffiti, als Münchner natürlich Amon Düül II, Keith Jarrett, besonders das Köln Concert. Alles lang her, aber das Neuere zum Beispiel aus Techno und House scheint mir eine kürzere Verfallszeit zu haben, aber auch da gibt es wunderbare Samples, etwa Euphoria (Paul van Dyk, Carl Cox, Anne Clark, Underworld etc.).

Wie sehr darf man in der Kulturpolitik seinen eigenen Vorlieben folgen?

Es sollte zum Ethos der Kulturpolitik gehören, persönliche kulturelle Vorlieben und kulturpolitische Entscheidungen möglichst weitgehend zu separieren. Die kulturelle Entwicklung einer Stadt oder eines Landes darf nicht von den Zufälligkeiten des persönlichen Kunstgeschmacks abhängen. Aus dieser Haltung heraus habe ich mich auch dort mit persönlichen Auskünften und Stellungnahmen zurückgehalten, wo ich sehr bestimmte Vorstellungen habe. Ich persönlich fand zum Beispiel den Eisenman-Entwurf problematisch. Sollte ich mit dieser persönlichen Auffassung die Feuilletons beschäftigen? Hochkarätig besetzte unabhängige Juries und exzellente Kuratoren sind ein Segen. Die Kulturpolitik sollte diesen den notwendigen Freiraum verschaffen und erhalten. Vielleicht würde ich sogar einen ganz passablen Kurator für zeitgenössische bildende Kunst abgeben, aber als Kulturpolitiker habe ich einen anderen Job. Ich weiß, dass manche Kulturjournalisten diese Trennung nicht verstehen können, sie jedenfalls in der journalistischen Praxis nur ungern akzeptieren. Ich hatte manchmal Schwierigkeiten, diese Haltung durchzuhalten. Meist ist es mir gelungen, nicht immer zur Freude der Kommentatoren.

Was haben Sie 1998 gedacht, als Sie hörten, dass Schröder einen Kulturminister etablieren will?

Ich hielt das schon länger für überfällig. Der Bund trägt eine eminente kulturelle Verantwortung, die man auch personell deutlich machen muss. Die Kulturpolitik «bei Hofe», zu der Helmut Kohl eine Neigung hatte, wenn er auch oft gut beraten war, ist für eine freiheitliche Demokratie problematisch. Eine Abteilung K im Innenministerium reicht nicht aus. Mit Otto Schily hätte übrigens die Republik zum ersten Mal einen kunstsinnigen Innenminister gehabt,

der die vertrauten Peinlichkeiten Kulturpreise vergebender Polizei-
minister nicht wiederholt hätte. Es war also höchste Zeit, und es handelte sich hier nicht um eine einsame und unerwartete Entscheidung
Schröders. Vielmehr war eine intensive Diskussion vorausgegangen,
in der sich besonders die Kulturpolitische Gesellschaft und der Deutsche Kulturrat für einen Kulturminister in der Bundesregierung aus-
gesprochen hatten. Die Konstruktion eines parlamentarischen Staats-
sekretärs, der kein Mandat hat und sich «Staatsminister» nennen darf
«beim Bundeskanzler», ist allerdings nur für den Start geeignet.
Wie haben Sie das Wirken Ihres Vorgängers Michael Naumann erlebt?
Er war für den Start die Idealbesetzung. Er ging keinem Streit aus
dem Weg und verschaffte dem neuen Amt die notwendige Aufmerksamkeit. Zudem ist er ein eigenwilliger Kopf, der sich keinem Denk-
verbot unterwirft. Mir persönlich war zudem seine ethische Haltung
zur Politik sympathisch. Naumann gehört zu denjenigen, die von Eric
Voegelins ontologisch-normativem Politikverständnis geprägt sind.
Und obwohl Voegelin ein politisch eher konservativer, an klassischer
Philosophie und christlicher Theologie orientierter Denker war, hat
er einen Teil der Intellektuellen besonders in München beeinflusst, die
aus einer ethischen und nicht aus einer marxistischen Grundhaltung
heraus sich politisch in den 6oer und 7oer Jahren engagierten. Naumann gehörte dazu. Ich war Assistent bei einem Schüler Voegelins am
Geschwister-Scholl-Institut und mich hat dieser Versuch einer Neu-
begründung der Politikwissenschaft durch ein normativ-ontologisches
Verständnis politischer Ordnungen immer fasziniert, obwohl ich seine
philosophischen Grundlagen als philosophischer Analytiker und ethischer Kantianer nicht teilen konnte. Naumann und mich verbindet
jedenfalls mehr, als in den journalistischen Gegenüberstellungen später deutlich geworden ist. Die Schattenseite des Naumannschen
Wirkens war, dass der Konflikt mit den Kulturpolitikern der Länder,
und nicht nur der CDU/CSU-regierten, derart eskalierte, dass man
sich Sorgen um den kooperativen Kulturföderalismus machen musste. Der Bund hätte da langfristig die schlechteren Karten gehabt.
Was war Ihre größte Leistung in München und was die größte Niederlage?
Die größte Leistung war zweifellos, die Kunst im öffentlichen
Raum auf eine völlig neue Grundlage gestellt zu haben. Als erste Stadt
in Deutschland machte München mit der Forderung ernst, die bis in
die 2oer Jahre zurückreicht, 2 % der städtischen Bausumme der Kunst

zu widmen. Deutlich mehr als eine Verdoppelung der Kunstmittel. Mein Vorschlag sah dabei vor, dass die Mittel hälftig nicht baugebunden, sondern für «freie» Kunstprojekte vergeben werden. Damit kommt die Bürgerschaft nicht nur in Neubaugebieten oder dem Umfeld städtischer Baumaßnahmen in Kontakt zu zeitgenössischer Kunst im öffentlichen Raum, sondern in jedem Stadtviertel. Zudem kann man so den jüngsten Entwicklungen in der bildenden Kunst gerecht werden, die eben einen Schwerpunkt in interventionistischen und transitorischen Projekten hat. Die Vorstellung, Plastiken jeweils für die Ewigkeit zu schaffen, schreckt gerade jüngere Künstler ab. Auch in der Kunsttheorie wird seit einiger Zeit großer Wert auf den veränderlichen kulturellen und sozialen Kontext gelegt, dem man mit den abstrakten Großplastiken aus den 50er bis 70er Jahren, der spöttisch als «drop art» bezeichneten Kunst, nicht gerecht werden kann.

So, und nun zur größten Niederlage.

Meine größte Niederlage war, dass ich die inhaltliche Füllung dieses neuen Rahmens für die Kunst im öffentlichen Raum, die noch vor meinem Weggang im Stadtrat für das Jahr 2001 und folgende beschlossen wurde, nicht mehr selbst moderieren konnte.

Wie kam es dann zum Wechsel nach Berlin?

Während einer Kulturausschuss-Sitzung wurde ich vom Saaldiener gefragt, ob ich raus ans Telefon kommen könne, der Herr Bundeskanzler wolle mich sprechen. Gerhard Schröder teilte mir mit, dass zu erwarten sei, dass Michael Naumann in den nächsten Tagen zur ZEIT wechsle und er der Auffassung sei, ich sei der geeignete Nachfolger. Ich antwortete ebenso direkt und ohne Bedenkzeit zu erbitten, dass diese Aufgabe mich sehr reizen würde, dass ich ihm also zusagen könnte unter der Bedingung, dass sowohl Christian Ude als auch meine Lebensgefährtin Nathalie Weidenfeld dem zustimmen können. Schließlich habe Christian Ude mich nach München geholt und Nathalie werde dann wohl auch mit nach Berlin ziehen. Wichtig war für mich die Bemerkung des Bundeskanzlers, er könne natürlich keinerlei Garantien für die Zeit nach der Wahl geben, er sei jedoch für einen institutionellen Ausbau des Amtes offen.

Was war das für ein Gefühl: vom Bundeskanzler gefragt zu werden, ob man Minister werden will?

Insgeheim hatte ich mir schon länger gedacht, dass ich für dieses Amt nicht ganz ungeeignet sein würde, aber ich hatte natürlich nicht mit einem vorzeitigen Abgang Naumanns gerechnet. Insofern war es eine große Überraschung. Die Amtsübergabe wurde dann auch etwas turbulenter als gedacht, da Journalisten aus Berlin vom Wechsel Naumanns zur ZEIT und von mir als vorgesehenem Nachfolger Wind bekommen hatten und nun Druck machten, obwohl der Vertrag mit der ZEIT offenbar noch nicht perfekt war und Naumann daher weiter dementieren musste. Am 23. November gab der Bundeskanzler eine kurze Pressekonferenz, auf der er Michael Naumann verabschiedete und mich vorstellte. Ich gab an diesem Tag eine Unzahl von Interviews und versuchte, die Neugierde zu kanalisieren, um mich nicht inhaltlich in einzelnen Fragen festzulegen, bevor der Sachverstand meiner zukünftigen Behörde einbezogen war.

Am 10. Januar 2001 nahm ich meine Arbeit in Berlin auf. Das Büro lag in einem trostlosen Trakt des früheren Staatsratsgebäudes der DDR. Die jungen Frauen, die den Stab von Naumann gebildet hatten, schienen mir sehr engagiert und kompetent zu sein, so dass ich personell zunächst keine Veränderungen vornahm. Allerdings erschien mir die Arbeitsatmosphäre allzu aufgekratzt und hektisch. Effizienz setzt Ruhe und Konzentration voraus, wie sie etwa der Kanzleramtschef Frank Steinmeier exzellent praktiziert, mit dem ich von Anbeginn sehr gut und verlässlich kooperieren konnte. Ich ging ein Risiko ein, ohne personelle Unterstützung in ein solches Amt zu wechseln. Loyalitäten brauchen Zeit, um zu wachsen.

Wie wichtig ist Ihnen Karriere?

Man ist sich selbst ja der Triebfedern seines Handelns nicht voll bewusst. In der Schule fehlte mir der Ehrgeiz. Im Sport wollte ich gut sein, aber nicht unbedingt besser als andere. Karriere im Sinne von viel Geld verdienen und sich wichtig machen hat mich nie interessiert, sonst hätte ich ein anderes Studium gewählt. Und dennoch, ich kann nicht bestreiten, dass ich einen starken Willen entwickele, wenn ich mir einmal ein Ziel gesetzt habe, und dass ich von einigen meiner Fähigkeiten eine gute Meinung habe: z. B. etwas schneller und präziser denken zu können als die meisten. Aber ich habe andererseits kein gutes Detailgedächtnis, Namen entfallen mir oft schon nach Minuten und die Geduld, dicke Schmöker zu lesen und Wissen anzuhäufen, fehlt mir. Meine berufliche und politische Entwicklung ist wohl zum großen Teil zwei Motiven zu verdanken: Zum einen meinem Bedürfnis nach Autarkie, «mein eigenes Ding» machen zu können, mir von niemandem reinreden lassen zu müssen, und zum anderen im Sinne bestimmter Grundüberzeugungen, über die wir schon gesprochen haben, etwas in der Welt zu bewirken, das über die eigene Interessenlage hinausreicht.

Welche Agenda hatten Sie für Ihre «halbe» Legislaturperiode?

Diese Agenda ergab sich im Laufe der ersten Wochen aus der Kombination mitgebrachter inhaltlicher Vorstellungen und dem, was sich mir als Handlungsspielraum des Bundes darstellte. Ich war – und bin – überzeugt, dass der Bund nicht mit den Kommunen und Ländern in der Förderung kultureller Projekte konkurrieren, sondern seinen Schwerpunkt auf die Gestaltung der Rahmenbedingungen der kulturellen Entwicklung des Landes legen sollte. Kulturelle Ordnungspolitik habe ich das genannt, ein Begriff, der unterdessen verstanden wird und der in den politischen Sprachgebrauch eingeflossen ist. Neben der Gründung der Kulturstiftung des Bundes standen daher für mich insbesondere folgende Projekte auf der Agenda: Erstens eine grundlegende Reform der Besteuerung ausländischer Künstler. Es ist ein Skandal, dass in einer Zeit, in der Europa zusammenwachsen soll, gerade Deutschland sich seit 1996 eine, im europäischen Vergleich besonders ungünstige Besteuerung ausländischer Künstler geleistet hat, mit einem drastischen Rückgang des grenznahen Kulturaustausches. Damals wollte Theo Waigel «Künstler» wie Margarete Schreinemaker treffen, die ihren Wohnsitz zur Steuerminderung außerhalb der Bundesrepublik genommen hatte, und traf dann doch vor allem die «Kleinen», deren Auftrittshonorare mit dem Spitzensteuersatz von 50% auf das Nettohonorar besteuert wurden. Dies musste geändert werden trotz des zunächst geschlossenen Widerstandes der Finanzpolitiker des Bundes und der Länder. Und es wurde geändert; im Dezember 2001 erfolgte mit dem Steueränderungsgesetz eine drastische Absenkung der Besteuerung in Stufen auf 10%, 15% und 20% je nach Höhe des Brutto-Künstlerhonorars. Dieser Erfolg war nur durch die Unterstützung der Fraktionen der SPD und der Grünen möglich geworden. Der Finanzminister und sein Staatssekretär hatten monatelang Widerstand geleistet und die Dimension der Problematik in finanzieller Hinsicht maßlos (und im Widerspruch zu eigenen früheren Berechnungen) über- und in kultureller Hinsicht gleichermaßen unterschätzt.

Können Sie verstehen, wenn solche Themen – außerhalb der kleinen Kulturwelt – niemanden interessieren? Hat Sie auch hier Ihre Pathos-Scheu zur beispiellosen Pragmatik geführt?

Dieses Thema, wie wir mit ausländischen Künstlern in Deutschland umgehen, hat eine große kulturelle Bedeutung. Ich habe viele Kulturzentren besucht, überall wurde der Rückgang des Kulturaustauschs beklagt. Ich bin sogar überzeugt: wenn diese Reform nicht gelungen wäre, wäre es sehr schwer gewesen, irgendeinen anderen kulturpolitischen Erfolg zu vermitteln. Das hätte alles Übrige kaputt gemacht. Und was die «kleine Kulturwelt» angeht: Heute gehen fast zehn Mal so viele Menschen in Deutschland jährlich ins Museum als in ein Fußballstadion. Die Kultur ist eine soziale Macht, deren Protagonisten das nur noch nicht bemerkt haben. In Zürich hat kürzlich eine Mehrheit der Einwohner für eine höhere Dotierung ihres Theaters votiert, eines Theaters, das mit einem anspruchsvollen bis avantgardistischen Programm zu wenig Zuschauer und deswegen Finanzierungsprobleme hatte. Und Züricher sind sparsame Leute.

Hätten Sie als Kulturstaatsminister nicht auch eine Chance gehabt, nur als «Erster aller Künstler und Intellektuellen» eine Rolle als Vor- und Chefdenker der Bundesrepublik einzunehmen? Einer, der das kulturelle Klima des Landes durch stetiges, dynamisches Brainstorming aus dem Trott reflexionsarmer Reproduktionen alter, falscher Lösungen geschubst hätte? Eine Art hoch dekorierter Vorstand eines nationalen Thinktanks?

Das wäre in meinen Augen ein falsches Rollenverständnis, eines, das sogar mit dem Auftrag des Grundgesetzes Artikel 5 an den Staat, die Freiheit von Kunst und Wissenschaft zu garantieren, kollidieren würde. Der Kulturpolitiker ist nicht *praeceptor culturae*. Die Hauptaufgabe ist also eine andere, nämlich den politischen Rahmen, in dem sich die Kultur entwickelt, gut auszugestalten und nicht den Inhalt zu füllen. Dennoch habe ich mehrfach auch inhaltlich interveniert. Massiv in der Bio-Ethik-Debatte,[24] nach dem 11. September mit meiner *Mosse-Lecture* an der Humboldt-Universität und weiteren Stellungnahmen, im Sprachenstreit etc. Für mich war das immer auch mit einem inneren Konflikt verbunden. In gewissem Sinne trat ich in solchen Fällen als Philosoph in die Arena, entwickelte meine eigene Position. Ich konnte damit nicht in Anspruch nehmen, für die Bundesregierung zu sprechen. Andererseits wäre eine weiter gehende inhaltliche Askese für mich nicht nur schwer erträglich gewesen, sondern hätte zugleich die Wirkungsmöglichkeiten dieses Amtes massiv beschnitten.

---

24 Vgl.: Julian Nida-Rümelin: *Ethische Essays*, Frankfurt a. M. 2002, Teil IV.

Auffällig ist, dass ähnliche Erwartungen an die Kultusminister der Länder nicht herangetragen werden. Hier scheint ein Residuum aus der deutschen Geschichte nachzuwirken: der damals feudale Staat als Motor und Steuermann der Kultur vom bayerischen Ludwig dem Ersten bis zum preußischen Friedrich dem Großen. Überzogene Orientierungserwartungen dieser Art sind wie Kinderkrankheiten eines jungen Amtes. Sie werden vergehen und einem pragmatischeren, demokratisch angemessenen Amtsverständnis Platz machen. Ich denke, ich habe dazu einen Beitrag geleistet.

Also: Realismus. Ihre Agenda.

Pragmatismus, auch Realismus, ist damit vereinbar, von Prinzipien geleitet zu sein und inhaltlich Orientierung zu geben. Da wurde schon Helmut Schmidt und vielen anderen pragmatischen Politikern Unrecht getan. Ich hatte das erklärte und unbescheidene Ziel, der Kulturpolitik auch programmatisch Orientierung zu vermitteln, aber diese muss sich in der Praxis bewähren. Ganz oben auf der Agenda stand daher auch die dauerhafte Sicherung der Buchpreisbindung. Ich machte auf dem *salon du livre* im März 2001 in einer öffentlichen Diskussionsveranstaltung den Vorschlag, dem französischen Beispiel zu folgen und ein nationales Buchpreisbindungsgesetz zu verabschieden, das es dem europäischen Wettbewerbskommissar schwer machen würde, die Buchpreisbindung in Deutschland weiter zu hintertreiben. Der Börsenverein folgte diesem Vorschlag wenige Wochen darauf. Der Kanzler versprach in einer Runde mit Verlegern im Kanzleramt, die den Konflikt um das Urhebervertragsrecht entschärfen sollte, sich für ein solches Gesetz zu verwenden, wenn der Börsenverein und die Großen der Branche dem zustimmten. Am Ende wurde der Gesetzentwurf, der unter gemeinsamer Federführung von Werner Müller und mir erarbeitet worden war, einstimmig im Bundestag beschlossen. All die besorgten Stimmen über viele Jahre in den deutschen Feuilletons, die Buchpreisbindung sei zwar kulturell wichtig, aber sie sei angesichts der Freihandelspolitik der EU nicht mehr lange aufrechtzuerhalten, waren mit einem Schlag Makulatur geworden.

Drittens schien mir eine weitere Verbesserung der Stiftungskultur in Deutschland geboten. Der erste Schritt, die Reform des Stiftungssteuerrechts, hatte einen seit dem Zweiten Weltkrieg nie gekannten Gründungsboom ausgelöst. In der langfristigen Perspektive hatte sich der Aufwuchs verzehnfacht mit zuletzt fast 1000 Stiftungsgründungen. Dieser wirklich beeindruckende Erfolg, der eine neue Bereitschaft anzeigte unabhängig vom Staat Verantwortung für das Gemeinwohl zu übernehmen, sollte fortgesetzt, die Bürger zu Stiftungen ermutigt werden. Eine zweite Reform im Stiftungszivilrecht kam daher ebenfalls auf meine Agenda. Die Vorbereitungen dazu waren allerdings mühsam, da sich diese Initiative gegen die Sorge der Länder, Kompetenzen an den Bund abzutreten, ebenso behaupten musste, wie gegen die Beharrungstendenz im Bundesjustizministerium. Wir waren inhaltlich mit dem Bundesverband der Stiftungen weitgehend einig. Obwohl man es schon als Erfolg ansehen kann, dass überhaupt eine Reform zustande kam, bleibt hier nach meiner Überzeugung noch viel zu tun, damit Deutschland wieder eine Stiftungskultur entwickelt, wie sie im Laufe des 19. Jahrhunderts erblüht war und die dann in zwei Weltkriegen, im Nazismus und Stalinismus untergegangen ist.

Viertens musste der Bund seine Verantwortung für die Kultur in Berlin klären. Sie kennen meine hier eher defensive Haltung. Berlin ist nicht Paris, Deutschland eine späte Nation, deren Regionen durch eigene historische, kulturelle und staatliche Identitäten geprägt sind. Eine Konzentration der Kulturförderung des Bundes in Berlin über das schon realisierte Maß hinaus (rund die Hälfte der Kulturförderung des Bundes dient Einrichtungen in Berlin), hielt und halte ich für schädlich, es würde die kulturelle Rolle des Bundes und Berlins beschädigen. Mein Ansatz war, dass sich die kulturelle Dimension des deutschen Nationalstaates nicht in der Addition des kulturellen Lebens der Länder und Kommunen erschöpft. Es gibt einen Rest nationaler kultureller Verantwortung, der nicht ohne Verlust auf regionale Verantwortungen aufgeteilt werden kann. Das beginnt bei der Förderung von kulturellen Bundesverbänden, vom Musikrat bis zur Kulturpolitischen Gesellschaft. Große nationale Kulturereignisse, wie das Schiller- oder das Hessejahr, sollten nicht allein in der Verantwortung einiger Kommunen und des jeweiligen Landes stehen. Der Bund wurde da von den Kulturpolitikern der Länder und Kommunen regelmäßig und zu Recht aufgefordert, sich zu beteiligen. Dass da im Laufe der Jahre Projektförderungen zu Dauerförderungen geworden waren, manche Zufälligkeiten des politischen Lebens inkohärente Förderstrukturen geschaffen haben, kann man sich vorstellen. Entsprechend war ich offen für eine Systematisierung und ggf. Entflechtung der Kulturförderungen in Deutschland, vorausgesetzt die einzelnen kulturellen Einrichtungen und die Kooperation zwischen Bund, Ländern und Gemeinden für die gemeinsame zu verantwortende kulturelle Entwicklung des Landes würden keinen Schaden nehmen.

Hat Ihnen das wirklich Spaß gemacht – das wirkt für Außenstehende eher wie ein Pflichtprogramm.

Die Verhandlungen waren spannend wie ein Krimi. Ich will sie aber hier nicht nachzeichnen. Nur so viel: Die Frontstellung war anders, als die Journalisten und die breite Öffentlichkeit meinten. Es waren nicht die Länder, die entflechten wollten, während der Bund sich dagegen sperrte. Es war nicht der Bund, der eine gemeinsam von Bund und Ländern getragene Nationalstiftung anstrebte, während die Länder das zu verhindern trachteten. Die Verhandlungen hatten eine weit komplexere Ausgangslage und nahmen entsprechend einen recht komplexen Verlauf.

Ist der deutsche Föderalismus eine absurde Veranstaltung, wenn man mit Kultur zu tun hat, oder eher ein sympathisch lebendiger Dschungel?

Der Kulturföderalismus hat ja zwei Quellen: das eine ist die Vielgestaltigkeit staatlicher Einheiten in Deutschland. Da sind eigenständige regionale kulturelle Identitäten entstanden und diese wollen weiter gepflegt sein, und zwar nicht von einer fernen Metropole aus. Und zum anderen hat der Nazi-Staat die Kultur für nationalistische Zwecke instrumentalisiert. Die Nachkriegsverfassung Deutschlands sollte eine solche Entwicklung für alle Zeiten ausschließen. Daher gibt es in Deutschland neben der Stärke kommunaler und regionaler Verantwortung auch die Schwäche nationaler Koordination und Kooperation. Die berühmte KMK konzentriert sich auf Schulpolitik und auch dort sind die Abstimmungsprozesse langwierig und oft erfolglos. Daher habe ich ja dafür plädiert, den kooperativen Kulturföderalismus beizubehalten, aber ihn um die Komponente nationaler Kulturverantwortung zu ergänzen.

Wie verliefen die Fronten in den Auseinandersetzungen über die Kulturhoheit von Bund und Ländern?

Die Front verlief vor allem zwischen den Kultusministern der Länder auf der einen und den Chefs der Staatskanzleien auf der anderen Seite. So hatte mein ursprüngliches Konzept vorgesehen, eine separate Kulturstiftung des Bundes zu etablieren, ohne Beteiligung der

Länder. Die Kultusminister der Länder beharrten jedoch darauf, dass eine solche Stiftung nur bei Fusion mit der schon bestehenden Kulturstiftung der Länder und bei gemeinsamer Trägerschaft denkbar sei. Ich wollte dem zunächst nicht folgen, da ich komplizierte Abstimmungsprozesse mit 16 Ländern und jahrelange Verzögerungen befürchtete. Erst als mir auch von einigen Kollegen und Ministerpräsidenten persönlich zugesichert wurde, dass eine solche gemeinsame Stiftung nicht auf die lange Bank geschoben würde, habe ich dem Drängen auf eine gemeinsame Stiftung nachgegeben und mir dieses Modell bei getrennter Verantwortung für einzelne Bereiche der Kulturförderung zu Eigen gemacht. Es waren die Staatskanzleien, die diesen Prozess, der im Sommer 2001 schon weit vorangeschritten war, stoppten und einer gemeinsamen Stiftung, die ja von ihren eigenen Kultusministern gefordert worden war, eine Absage erteilten.

Die zweite Front verlief zwischen den drei großen westdeutschen Flächenländern Baden-Württemberg, Bayern und Nordrhein-Westfalen auf der einen, die eine vollständige Entflechtung forderten und auf der alleinigen Kulturverantwortung der Länder beharrten, und den kleineren sowie den ostdeutschen Ländern auf der anderen Seite, die einem Ausbau der Kooperation mit dem Bund aufgeschlossen gegenüberstanden. Die dritte, «geheime» Front verlief zwischen dem Kultur- und Finanzressort des Bundes, dieses nämlich vertrat die Auffassung, der Bund solle, ganz so wie es die Staatskanzleichefs der Länder forderten, seine Kulturförderung auf Berlin konzentrieren und die Länder aus ihrer Mitverantwortung für die Stiftung Preussischer Kulturbesitz entlassen, die Stiftung dann auflösen und die einzelnen Einrichtungen wieder der direkten behördlichen Kontrolle unterstellen.

Zur Agenda gehörte es, die vom Bund übernommenen Einrichtungen – Jüdisches Museum, Berliner Festspiele, Haus der Kulturen der Welt, Berlinale – auf ein solides Fundament zu stellen. Dies erfolgte mit den zusätzlichen Mitteln von 5 Mio. € und der Zusammenfassung in einer GmbH, dessen Aufsichtsratsvorsitz ich übernahm.

Da sich Berlin noch in der Amtszeit Stölzl als unzuverlässiger Partner bei der Finanzierung der Museumsinsel, dem größten europäischen Kulturbauprojekt, erwiesen hatte, drang ich darauf, die Investitionen, die nur auf dem Papier zu 50% von Berlin getragen wurden, ganz in Bundesverantwortung zu überführen. Das erfolgte durch eine Zusage des Bundeskanzlers gegenüber dem Berliner Senat im Sommer 2002. Auf meiner Agenda stand aber auch von Anbeginn eine grundlegende Reform der deutschen Filmförderung. Es gibt zwei Besonderheiten des deutschen Kinofilms: Erstens, seine Förderung ist in ungewöhnlich hohem Maße, rund 80%, von Gremienentscheidungen abhängig. Auch in Frankreich hängt der nationale Film am Tropf von Steuern und Branchenabgaben, aber er ist dort in weit geringerem Maße von Gremienentscheidungen abhängig. Frankreich bedient sich auch beim Film einer Quote, die die staatlichen Fernsehveranstalter zur Filmförderung verpflichtet. Und zweitens: der Kinofilm wird durch den auch international erfolgreichen deutschen Fernsehfilm marginalisiert. Die Filmbranche ist in Deutschland in einem international wohl einmaligen Ausmaß vom Fernsehen abhängig. Künstlerische Genialität und Kreativität kann man nicht staatlich verordnen, aber man kann die Rahmenbedingungen für den künstlerischen und kommerziellen Erfolg des deutschen Kinofilms verbessern und dazu wollte ich beitragen. Da nicht nur die Förderungslandschaft föderal aufgefächert ist, sondern die kleine deutsche Filmbranche von bestenfalls mittelständischen, oft eher Familienbetrieben geprägt ist, haben sich ganz unterschiedliche Interessengruppen wohl etabliert und sehen sich untereinander vor allem in Konkurrenz und nicht in einer gemeinsamen Solidarität zum deutschen Kino. Es galt also nicht nur eine in sich schlüssige Reformkonzeption zu entwickeln, sondern auch möglichst viele auf den Weg mitzunehmen, deutlich zu machen, dass es bei allen Divergenzen auch gemeinsame Interessen gibt, die aber nur dann realisiert werden können, wenn man von eigenen Idealvorstellungen Abstriche macht. Das war sehr zeitaufwändig, nach innen und nach außen. Ich habe wohl für keinen Bereich so viel Arbeit aufgewendet, wie für die Reform der Filmförderung. Am Ende stand ein weithin unterstütztes Konzept, das ich aber nicht mehr – etwa in Gestalt der Novelle des Filmförderungsgesetzes – umsetzen konnte. Dieser Aspekt hat mir den Abschied von der Kulturpolitik am meisten erschwert.

Haben Sie ein Jacques Lang-Poster mit in Ihr neues Büro genommen? Haben Sie Ihn als Genossen der SI kontaktiert und um Rat gebeten?

Jacques Lang hat der europäischen Kulturpolitik besonders dadurch neue Impulse gegeben, dass er Pop- und E-Kultur gleichermaßen

ernst nahm. Frankreich geht da einen eigenen, interessanten Weg.
Kino, Pop-Musik, auch Comic wird hoch geschätzt, ohne jedoch zu-
zulassen, dass der popkulturelle Bereich wie in den USA dominiert.
Frankreichs Kulturpolitik generell, nicht nur die Jacques Langs, steht
meinen eigenen Auffassungen sehr nahe, wenn man einmal von der
Differenz hinsichtlich Föderalismus und nationaler Identität absieht.
Ich habe mich sowohl mit Catherine Tasca als auch mit Aillagon auf
Anhieb sehr gut verstanden, im Falle Tasca hat sich daraus sogar –
ähnlich wie beim russischen Kulturminister Mikail Schwydkoi – so
etwas wie eine persönliche Freundschaft entwickelt. Jacques Lang
legte Wert darauf, mich in Paris zu treffen. Es war eine denkwürdige
Begegnung. Ein feiner, graumelierter Herr, etwas exzentrisch geklei-
det im rosa Hemd, gebräunt, sehr zurückhaltend, ein gutes Deutsch
leise sprechend. Ein fast intimes Zwiegespräch, das aber von Kamera-
leuten aus wechselnden Stellungen aufgenommen wurde, umgeben
von einigen Journalisten. Ich hatte zuvor nie erlebt, dass bei einem
Gespräch die Presse völlig unbehelligt dabei ist. Wir haben allerdings
keine Geheimnisse ausgetauscht und er war als Bildungsminister ja
nicht mein französisches Pendant, wie er das früher gewesen wäre.

*Er war eine Art Popstar als Kulturminister – hatte sich selbst zum ästhe-
tischen Phänomen gemacht. Er verkörperte überraschend zeitgenössisch das
moderne Dogma von KUNST = LEBEN. Hätten Sie das auch gerne?*

Da bin ich mir nicht sicher. Gerade in Frankreich gilt er als ein
typischer Repräsentant der 8oer Jahre: Glamour, gebräunt, char-
mant. Er inszeniert sich gern und erfolgreich, manchmal wirkt das
oberflächlich. Inszenierungspolitik ist meine Sache nicht.

*Sicher fehlte in Deutschland auch ein Politiker wie Mitterrand an der
Spitze des Staates. Weder Kohl noch Schröder sind Intellektuelle. Schmidt
spielte Klavier, Brandt wurde von allen Künstlern geliebt. Reicht das?*

Nein, aber dennoch muss man fairerweise feststellen: Noch nie in
der deutschen Geschichte gab es eine so einhellige Unterstützung
sozialdemokratischer Politik durch die Kultur wie in den Monaten
vor der Bundestagswahl 2002. Das waren diesmal nicht nur kritische Schriftsteller und Intellektuelle wie zu Brandts Zeiten, sondern
zum ersten Mal auch die Pop- und Film-Szene von Sascha bis
Bernd Eichinger. Es gibt eine kulturelle Mehrheit in Deutschland
und die steht links von der Mitte, deren Lebensgefühl und Wertorientierung tun sich mit einem Politiker wie Stoiber schwer.

Warum gab und gibt es so wenige Intellektuelle in der deutschen Politik? Vielleicht wäre Politik dann auch lustiger und unterhaltsamer, visionär und inspirierend.

Ja, das ist eine interessante Frage. Hier scheint es eine tiefe Differenz zwischen dem lateinischen einerseits und dem anglo-amerikanischen und germanischen Kulturkreis andererseits zu geben, wenn ich das so politisch unkorrekt sagen darf: Nirgends ist die Distanz zwischen Macht und Geist heute wohl größer als in den USA, aber auch Großbritannien kennt traditionell wenig Einfluss, gar Mitwirkung von Intellektuellen in der Politik. Anders in den meisten lateinischen Ländern, Südamerika, Frankreich, Spanien, lange Zeit auch Italien. Da mag der Katholizismus eine Rolle spielen. Jedenfalls fällt der Einfluss und das politische Engagement von Intellektuellen in Polen oder Tschechien, aber auch im orthodox geprägten Serbien auf. Es täte der Politik auch in Deutschland gut. Das setzt aber auch eine entsprechende Bereitschaft in Kultur und Wissenschaft voraus, sich auf dieses mühselige Bohren dicker Bretter, um Max Weber zu zitieren, einzulassen.

Hat Frankreich nicht ein ganz besonders inniges Verhältnis zwischen Kultur und Politik?

Ja, die französische Generallinie hält sich in der Kulturpolitik bei allen Regierungswechseln durch: Die französische Nation wird als wesentlich kulturell verfasst verstanden, der Staat hat daher eine eminente kulturelle Verantwortung, die auch durch entsprechende staatliche Repräsentation bei Kulturereignissen deutlich zu machen ist. Und: die kulturelle Entwicklung darf nicht von den wirtschaftlichen Kräften bestimmt werden: Kulturgüter dürfen nicht den Marktgesetzen ausgesetzt werden, wenn sie nicht Schaden nehmen sollen. Auch wenn sich Frankreich mit dem Prinzip der *exception culturelle* bei den GATS-Verhandlungen nicht durchsetzen konnte, kann doch kein Zweifel bestehen, dass dieses Prinzip lediglich die Einsicht widerspiegelt, dass Kulturgüter zwar auch individuell genossen, ja «konsumiert» werden, dass sie darüber hinaus in aller Regel aber auch den Charakter öffentlicher Güter haben. Wenn wir Theater, Orchester, Museen etc. fördern, dann nicht nur, um den Interessierten einen kostengünstigen Zutritt zu ermöglichen. Wir wollen, dass die Theater-, Musik-, Kunstentwicklung nicht abreißt, dass unsere Gesellschaft kulturell verfasst bleibt. So gab es bei den Treffen der EU-Kulturminister in meiner Amtszeit fast immer eine große Übereinstimmung zwischen den Positionen des französischen und des deutschen Ministers, wobei es nicht immer einfach war, meine Position gegen die Eigendynamik der Ressortabstimmung und der Bund-Länder-Koordination durchzuhalten, so dass ich gelegentlich von den vorgefertigten Statements auch inhaltlich abgewichen bin. Einen Konflikt zwischen dem Vertreter der Länder, fast immer Hans Zehetmair, und mir gab es dabei nie.

Die Beziehungen zwischen der französischen und der deutschen Regierung waren seit dem missglückten deutsch-französischem Gipfel, in dem es vor allem um eine stärkere Repräsentanz Deutschlands im EU-Parlament ging, recht angespannt. Der Bundeskanzler hatte den Eindruck gewonnen, die französische Politik wolle den Weg Europas bestimmen und die deutschen lediglich als Zahlmeister an ihrer Seite haben. Ein hochrangiger französischer Politiker sagte bei einem Essen, Frankreich hätte nur zwei Trümpfe gegenüber Deutschland, eine charmante Deutsch-Französin an der Seite des Kulturstaatsministers und Brigitte Sauzay im Kanzleramt. Es wurde in Frankreich jedenfalls aufmerksam registriert, dass es in der Kulturpolitik eine ungewöhnlich große inhaltliche Übereinstimmung gab. Und hier wurden auch gelegentlich Anspielungen auf «le jeune Jacques Lang allemand» gemacht. Erst beim deutsch-französischen Treffen in Schwerin hat sich das politische Verhältnis zwischen den beiden Ländern deutlich verbessert, die Übereinstimmung in der Irak-Frage spielte dabei schon eine wichtige Rolle.

Was war Ihre erste Amtshandlung, die Sie stolz gemacht hat? Sie als Politiker oder als Intellektuellen?

Ende Dezember 2001 hatte ich ein rundum gutes Gefühl: Die Ministerpräsidenten hatten der Gründung der Bundeskulturstiftung zugestimmt, der Tort von Anbeginn mit 16 Ländervertretern über Inhalte und Formen der Stiftungsarbeit zu verhandeln und das kurz vor dem Beginn des Bundestagswahlkampfes, war mir erspart geblieben, eine Verfassungsklage war nicht mehr zu erwarten. Der Bundestag hatte gerade fast alle meine finanziellen Vorstellungen mit den Stimmen von SPD und Grünen beschlossen. Dem war bis in die letzte Minute eine heftige interne Auseinandersetzung vorausgegangen. Auf meiner Seite standen sehr engagiert die Abgeordneten Monika Griefahn und Eckhardt Barthel, Antje Vollmer, Lothar Mark und, wenn auch diskret im Hintergrund, Frank Steinmeier; diejenigen, die versuchten, die Sache noch zu stoppen, will ich namentlich nicht nennen. Die Kulturstiftung erhielt im ersten Jahr 25 Mio. DM (bzw. das Äquivalent in Euro), im zweiten 50 Mio. DM und im dritten 75 Mio. DM, also genau die Summe, die ich schon in meiner ersten Stellungnahme als Ziel genannt habe, was bei 5% Verzinsung einem Kapital von 1,5 Mrd. DM entspricht. Die größte europäische Kulturstiftung war damit aus der Taufe gehoben, was so kaum jemand erwartet hatte.

Erstaunlicherweise war im gleichen Monat auch der lang währende Streit zwischen Eichel und mir um die Besteuerung ausländischer Künstler zu meinen Gunsten – im Steueränderungsgesetz 2002 – beendet worden und die beiden übernommenen Einrichtungen Festspiele und Haus der Kulturen der Welt erhielten je 5 Mio. € mehr, was auch Ergebnis einer erfolgreichen Lobbyarbeit der Intendanten im Parlament war.

Ich war nun genau ein Jahr im Amt und meine anfängliche Sorge, ich könne in der kurzen Zeit nicht mehr allzu viel bewegen, hatte sich erübrigt. «Stolz» ist für das Gefühl, das sich über die Weihnachtszeit einstellte, der falsche Ausdruck, «Erleichterung und Zufriedenheit» wäre treffender.

Wie inspirierend war die Kulturlandschaft Berlins? Wie haben Sie sie wahrgenommen?

Ich habe die zwei Jahre in Berlin sehr genossen. Die Stadt entwickelt sich, trotz ihrer ökonomischen Schwäche, rasant und ihr kulturelles Angebot wird in Europa wohl nur von London übertroffen. Die Szene junger Kunst ist europaweit führend; nach Berlin zu gehen, um dort als Künstler zu arbeiten, ist selbst in Paris «in», wie ich bei Gesprächen dort feststellen konnte. Ich habe allerdings selbst von diesem Angebot nur zu einem kleinen Teil Gebrauch machen können, da ich kaum je Abende zur freien Verfügung hatte. Immerhin gab es dienstliche Termine, die das Notwendige mit dem kulturell Anregenden gut verbanden: Ausstellungseröffnungen im Hamburger Bahnhof zum Beispiel, Besuche bei den Kunstwerken und Vorstellungen beim Theatertreffen.

Das Land der Dichter und Denker erlebte in Ihrer Amtszeit auch eine Ihrer schlimmsten Demütigungen: das katastrophale Abschneiden der Bildungsanstalten in der PISA-Studie. Muss dies nicht auch ein Thema für Kulturpolitiker sein?

Ja, allerdings. Ich warne da vor einer Engführung der Debatte. Als müsse es jetzt lediglich noch darum gehen, den Kindern Rechnen und Schreiben beizubringen, sie für den Arbeitsmarkt fit zu machen. Selbst denken und urteilen lernen, andere Kulturen zu verstehen, sich in einer naturwissenschaftlich-technischen Welt zurechtzufinden, das erfordert mehr. Ich plädiere für eine radikale Bildungsreform in humanistischem Geist, natürlich angepasst an die neuen Herausforderungen. Auch Tugenden, wie die der Rücksichtnahme, des Einfühlungsvermögens, der Fairness, sind heute in einer multikulturellen Welt wichtiger denn je.

Oswald Spengler hat den Untergang des Abendlandes vorausgesehen. Nicht nur Kulturpessimisten erblicken in der Dekadenz unserer Wohlstandsgesellschaft die Gefährdung unserer Zukunft. Muss die Kultur(politik) nicht für Infusionen stetiger intellektueller und damit vitaler Dynamik sorgen, die jeden Stillstand verhindert? Muss Kultur nicht stetiger immer währender Motor von Innovation sein?

Ja, ich denke es gibt nur zwei große Quellen der Innovation: Kunst und Wissenschaft. Wenn diese versiegen, erstarrt die Gesellschaft. Große Kulturregionen, wie etwa das Osmanische Reich, haben das historisch vorexerziert. Wer sich gegenüber den geistigen Veränderungen abschließt, verliert am Ende alles.

Warum haben Sie eigentlich schon nach knapp zwei Jahren das Handtuch geschmissen?

Ich wollte meinen Beruf nicht aufgeben, als ich das erste und auch als ich das zweite politische Amt übernahm. Daher ließ mir die Mitteilung des Präsidenten meiner Universität, dass mir mein Lehrstuhl nicht länger freigehalten werden könne, gar keine andere Wahl. Ich will aber auch nicht verhehlen, dass mir der Zuschnitt des Amtes auf Dauer nicht angemessen erschien. Die Leitung eines eigenständigen Bundesministeriums mit mehr Handlungsspielraum, insbesondere bei der Erarbeitung von Gesetzesentwürfen, eigener Pressearbeit und Ressortverantwortung, wäre mir lieber gewesen. Das war aber angesichts der Kabinettszusammensetzung und neuer Prioritäten nicht zu realisieren.

Drucknachweise*

Bildung und Kultur in Deutschland – Zur Lage, in: Die Zeit, 3.3.2005, als: «Das hat Humboldt nie gewollt!»

Zur kulturellen Dimension der Bildung, in: Die Welt, 27.3.2002, als: «Alles wandelt sich, der Humanismus bleibt»

Für einen erneuerten Humanismus, in: Der europäische Bildungsauftrag der alten Sprachen, hg. vom Deutschen Altphilologenverband e.V., Leipzig et al. 2004

Menschenbild und Ethik im postgenomischen Zeitalter, in: UNIVERSITAS 56/2001

Zukunftsfähige Bildung: Persönlichkeit – Fähigkeiten – Tugenden, in: Pädagogik 7–8/2003

Die Zukunft der Geisteswissenschaften – eine humanistische Perspektive, in: Die Zukunft der Geisteswissenschaften, hg. von U. Arnswald, Heidelberg 2004

Die geisteswissenschaftliche Perspektive, in: Information Philosophie 2/2004, als: «Die Bedeutung der geisteswissenschaftlichen Perspektive»

Die Universität zwischen Humboldt und McKinsey, in: Süddeutsche Zeitung, 3.5.2005, als: «Auf dem Irrweg»

Wozu braucht die Gesellschaft welche Eliten, in: Beiträge zur Hochschulforschung 3/2004

Innovation in Wissenschaft und Kunst, in: Forschung & Lehre 5/2001

Baukörper und Menschenbilder, in: Architekturpreis Taut-Stipendium 2001, hg. von der Bundesarchitektenkammer, Berlin 2001

Kulturelle Integration als kulturpolitische Leitidee, in: Kulturpolitische Mitteilungen 75/1996, als: «Integration als kulturpolitische Leitidee»

Globalisierung und kulturelle Differenz. Eine zivilgesellschaftliche Perspektive, in: Aus Politik und Zeitgeschichte 12/2002

Die offene Gesellschaft und ihre Feinde, in: Frankfurter Allgemeine Zeitung, 9.11.2001

---

* Für die vorliegende Publikation wurden die Originalmitschriften und -manuskripte verwendet, daher kann es beträchtliche Unterschiede zu den nachstehend aufgeführten Druckversionen geben, Anm. d. Herausgeberin.